反洗钱岗位培训标准系列教材

金融机构洗钱风险管理

ML/FT RISK MANAGEMENT OF FINANCIAL SERVICE PROVIDERS

反洗钱岗位培训标准系列教材编委会　编著

中国金融出版社

责任编辑：王慧荣
责任校对：潘　洁
责任印制：裴　刚

图书在版编目（CIP）数据

金融机构洗钱风险管理（Jinrong Jigou Xiqian Fengxian Guanli）/反洗钱岗位培训标准系列教材编委会编著．—北京：中国金融出版社，2014.4

反洗钱岗位培训标准系列教材

ISBN978－7－5049－7455－6

Ⅰ．①金…　Ⅱ．①反　Ⅲ．①金融机构—洗钱罪—风险管理—中国—岗位培训—教材　Ⅳ．①D924.334

中国版本图书馆CIP数据核字（2014）第053183号

出版发行　中国金融出版社
社址　北京市丰台区益泽路2号
市场开发部　（010）63266347，63805472，63439533（传真）
网上书店　http://www.chinafph.com
（010）63286832，63365686（传真）
读者服务部　（010）66070833，62568380
邮编　100071
经销　新华书店
装订　平阳装订厂
印刷　北京松源印刷有限公司
尺寸　169毫米×239毫米
印张　16.5
字数　240千
版次　2014年4月第1版
印次　2014年4月第1次印刷
定价　40.00元
ISBN978－7－5049－7455－6/F.7015

编　委　会

序

近年来，随着洗钱和恐怖融资犯罪活动不断升级，反洗钱工作得到了国际和国内社会的高度关注。由于此项工作涉及行业领域广泛、专业技术标准严格，对反洗钱领域从业人员的学科背景和专业技能提出了较高标准。为适应新形势的挑战，迫切需要加强反洗钱和反恐怖融资人才队伍的培养，以维护金融行业的稳健运行和经济社会的稳定发展。

金融机构处在反洗钱工作前沿，国际反洗钱领域历来将金融机构反洗钱合规官及其工作团队视为风险控制的核心，因为反洗钱合规官的能力与权威性决定该机构风险控制体系的质量；反洗钱团队及其他从业人员的专业性决定监管者对该机构风险控制质量的信心。因此，确保从业人员得到专业训练，及时获得最新的知识，了解如何识别潜在的风险，在发现和怀疑潜在洗钱风险时如何应对，将有助于从业人员更好地履职尽职。

我国历来高度重视反洗钱领域人才队伍的培养和建设，2009 年发布的《中国反洗钱战略》（2008—2012）将加强队伍建设，培养一批专业化、知识化专家的人才队伍作为八项长期战略目标之一。2011 年，人民银行启动了金融机构反洗钱网络培训课程。为使培训专业化、标准化、系统化，提高培训的实际效果，人民银行牵头设计了集理论与实务、国际与国内、政策与案例为一体的系列教材，以期使参加培训的反洗钱从业人员通晓重要的国际、国内反洗钱规范文件，了解前沿的反洗钱技术与系统，洞彻公司产品和客户的组成以及面临特定的洗钱风险，着力培养其独立的思维能力、良好的判断能力以及出色的沟通能力，获得管理层的信任。

系列教材分为《反洗钱文献选读》、《反洗钱国际标准与监管实践》、《反洗钱操作实务》、《金融机构洗钱风险管理》、《中国洗钱案例评析》五册，兼具理论、知识和经验，涵盖了国际反洗钱业务的最新进展，国内反洗钱工作的制度要求，注重岗位专业理论和知识的介绍，广泛收集了国内外反洗钱监管和案件实例，尝试从金融机构的视角进行分析，增强实用性，培养从业人员对工作的敏感度。在教材的编写过程中，得到了周小川行长的关心和苏宁副行长、杜金富副行长、郭庆平行长助理的指导。

“学而不思则罔，思而不学则殆”，希望反洗钱及相关领域从业人员能够通过学习和思考，丰富专业知识，提高分析能力，增强防范能力，使银行成为防范反洗钱犯罪活动的坚固防线。我们期待监管部门和金融机构携手努力，不断提升反洗钱专业队伍的素质，共同推动中国的反洗钱事业进步；共同维护一个更加稳定的金融环境；共同建设一个更加安全和谐的世界。

中国人民银行副行长 

二〇一三年八月

目　录

第一章　洗钱风险管理概论

【本章导读】 洗钱风险管理属于风险管理范畴，金融机构开展洗钱风险管理工作，首先需要了解风险管理理论的发展演变和风险管理的要素，以及国际反洗钱领域对洗钱风险管理的基本原则和要求，掌握金融机构常用的风险管理技术。

本章的洗钱风险管理理论基础，对于金融机构构建洗钱风险管理框架非常重要。风险为本的洗钱风险管理制度和框架可以将有限的资源集中用于高风险管理，既能节约成本，又能实现金融机构风险管理目标，同时符合反洗钱监管要求。

第一节　风险为本理论的起源与发展

2004年，美国虚假财务报告委员会下属的发起人委员会（The Committee of Sponsoring Organizations of the National Commission of Fraudulent Financial Reporting，以下简称COSO）发布了著名的《企业风险管理——整合框架》（以下简称COSO框架），标志着企业管理的重心开始由以内部控制为主向以风险管理为主转变。同年，巴塞尔银行监管委员会（以下简称巴塞尔委员会）颁布了《巴塞尔协议Ⅱ》，全面风险管理理念开始逐步被各国金融监管机构以及金融机构采纳。之后，在反洗钱领域，2007年金融行动特别工作组（FATF）在吸收以上两个文件理念的基础上，针对不同行业发布了九个风险为本指引以及国家洗钱风险评估战略的指引文件，并于2010年6月发布了首份《FATF全球洗钱与恐怖融资威胁评估》。以此为标志，风险为本原则成为了国际反洗钱领域的改革方向。

一些研究者将风险为本原则的形成分为五个阶段：内部牵制阶段、内部控制阶段、内部控制结构阶段、内部控制整体框架阶段和全面风险管理阶段。

一、内部牵制阶段

在20世纪40年代以前，风险管理理论基本停留在内部牵制阶段。根据《柯式会计辞典》的解释，所谓内部牵制（internal check）是“以提供有效的组织和经营，并防止错误和其他非法业务发生的业务流程设计。其主要特点是以任何个人或部门不能单独控制任何一项或一部分业务权力的方式进行组织上的责任分工，每项业务通过正常发挥其他个人或部门的功能进行交叉检查或交叉控制”。

在这一阶段，内部牵制的着眼点在于职责的分工和业务流程及其记录上的交叉检查或交叉控制，以查错防弊为重要目的。一般来说，内部牵制技能的执行大致可分为以下四类：（1）实质牵制。例如，把保险柜的钥匙交给两个以上的工作人员持有，非同时使用这两把以上的钥匙，保险柜就打不开。（2）机械牵制。例如，保险柜的大门若非按照正确程序操作就打不开。（3）体制牵制。采用双重控制预防错误和舞弊的发生。（4）簿记牵制。定期将明细账与总账进行核对。

二、内部控制阶段

麦克逊·罗宾斯药材公司审计案例使得审计界开始重视对内部控制的审查。20世纪40年代至70年代，内部控制理论发展进入内部控制（internal control）阶段。1949年，美国注册会计师协会（AICPA）准则委员会在其报告《内部控制：一种协调制度要素及其对管理当局和独立公共会计师的重要性》中首次给内部控制作出权威定义：“一个企业为保护资产完整、保证会计数据的正确和可靠、提高经营效率、落实管理部门要求，所制定的政策、程序、方法和措施。”此内容广泛的定义及其相应解释，当时被普遍认为是对认识内部控制这一概念的重大贡献。

此后，1958年10月该委员会发布的《审计程序公告第29号》对内部控制概念重新进行表述，并将内部控制划分为会计控制和管理控制。其中，内部会计控制是指组织规划中与财产安全和财务记录可靠性有直接联系的方法和程序。而内部管理控制则是指与经营效率和落实管理要求有关的方法和程序。

三、内部控制结构阶段

20 世纪 80 年代，由于大量的公司破产倒闭或陷入财务困境，审计风险前所未有地增加，这使西方会计审计业界研究的重点逐步从一般含义向具体内容深化。首当其冲的是美国注册会计师协会（AICPA），发布了《审计准则公告第 55 号》（SAS No. 55），取代了 1972 年发布的《审计准则公告第 1 号》（SAP No. 1）。该公告首次以“内部控制结构”（internal control structure）代替“内部控制”，指出“企业的内部控制结构包括为达到企业特定目标提供合理保证而建立的各种政策和程序”。

从具体内容看，内部控制结构包括控制环境、会计制度、控制程序三个要素。其中，控制环境反映董事会、管理层、股东和其他人员对控制的态度和行为；会计系统由各项经济业务的确认、归集、分类、分析、登记和编报方法所组成；控制程序则是指管理当局制定的政策和程序。这种结构划分的显著特点在于将控制环境正式纳入内部控制范畴，而在此之前，控制环境仅被视为内部控制的一个外部因素。

四、内部控制整体框架阶段

进入 20 世纪 90 年代，对内部控制的研究进入了一个新阶段。1992 年，COSO 发布了《企业内部控制——整体框架》报告（*Enterprise Internal Control Integrated Framework*）报告。该报告第一次系统构建了企业的内部控制体系，并将内部控制划分为控制环境、风险评估、控制活动、信息与沟通、监督五个部分。由此，内部控制的概念突破了审计的局限，向企业全面管理控制的范畴发展。1994 年 COSO 委员会又发布了《对外报告的修改篇》，在原报告的基础上增加了保障资产安全的控制方面的内容，从而进一步扩大了内部控制的范围。

在这一时期，英国的内部控制研究也得到了快速发展，其中卡德伯利报告、哈姆佩尔报告和特恩布尔报告的影响最为广泛。1992 年的卡德伯利报告从财务角度入手，强调内部控制声明的重要性，重视独立的审计委员会对内部控制的意义，第一次提出了实行独立董事制度的观点，从而将内部控制、财务报告质量置于公司治理的框架之下。1998 年的哈姆佩尔报告明确提出了内部控制的目的是保护资产的安全、保持正确的财务会计记录、保证公司内部使用和对外提供的财务信息的可靠性，认为董事对内部控制具有关键作用，并且强调了“内部控制不局限于财务方面，而是应该包括更多的管理过程”的观点。1999 年的特恩布尔报告则是英国内部控制和公司治理研究的集大成者，为公司及董事会提供了具体的、颇具可行性的内部控制指引；高度重视董事会在内部控制中的地位和作用，包括制定正确的内部控制政策、提高内部控制有效性以及实行正确的风险管理政策等；尤为重要的是，该报告较早地认识到内部控制与风险管理的关系并且对公司管理层在风险控制和管理中的角色进行了分析与界定，从而为内部控制向全面风险管理方向的发展奠定了基础。

五、全面风险管理阶段

进入 21 世纪，美国“9・11”事件、安然公司倒闭、世通公司会计舞弊案等重大事件的发生使众多企业意识到风险是多元的、复杂的，必须采用综合的手段进行管理。在此背景下，全面风险管理（Enterprise Risk Management，ERM）理论应运而生。2001 年北美非寿险精算师协会（CAS）在一份报告中明确提出了全面企业风险管理（ERM）的概念。在该报告中，CAS 认为风险管理包括环境扫描、风险识别、风险分析、风险集成、风险评估、风险应对和风险监控七个相关步骤。随后，COSO 委员会在 1992 年报告和《萨班斯—奥克斯利法案》的基础上，于 2004 年 9 月发布了 COSO《企业风险管理——整体框架》报告（*Enterprise Risk Management Integrated Framework*）。此报告受到国际企业界、金融界和政府监管部门的广泛关注。

（一）全面风险管理的定义

COSO 框架对全面风险管理作了一个全新的、综合的定义：“全面风险管理是一个过程，它由一个企业的董事会、管理层和其他人员实施，应用于战略制定并贯穿于企业经营活动之中，旨在识别可能会影响主体的具有潜在风险的事项，将风险控制在该主体的风险容忍度之内，并为主体目标的实现提供合理保证。”

（二）全面风险管理的构成要素

COSO 框架还提出了风险组合的观念，并且增加了三个风险管理要素：目标制定、风险识别和风险反应。COSO 拓展了在内部控制框架，关注企业风险这一更宽的领域。全方位整合风险管理内容，包括四项目标和八大要素。四项目标分别是战略目标、经营目标、报告目标和合法目标。八大要素分别为内部环境、目标设定、风险识别、风险评估、风险应对、控制活动、信息与沟通和监控。

1. 内部环境

内部环境影响人们的风险意识，影响战略和目标的制订、经营活动的开展，以及对风险的识别、评估，是企业风险管理要素的基础。内部环境因素包括风险管理理念，风险容忍度，董事会的监督，员工的诚信、道德价值观和胜任能力，以及管理者分配权力和职责，组织和开发其他员工的方式等。

2. 目标设定

只有设立了明确的目标，管理当局才能识别影响目标实现的潜在风险。企业风险管理确保管理当局采取适当的程序去设定目标，并保证所选定的目标支持和符合其使命，同时与自身风险容忍度相匹配。目标设定是风险识别、风险评估和风险应对的前提。

3. 事项识别

来自内外部的因素会影响企业战略实施或目标实现。管理者必须识别可能对企业产生影响的潜在风险事项。事项可能带来正面或负面影响，或者两者兼而有之。带来负面影响的事件代表风险事项，它要求管理者予以评估和应对；带来正面影响的事件代表机会，管理者可以将其反馈到战略和目标设定过程之中。管理者应全面考虑可能带来风险和机会的内部和外部因素。

4. 风险评估

风险评估是评价潜在风险事项影响目标实现的程度。管理者通常采用定性和定量相结合的方法，从可能性和影响这两个角度对风险进行评估，考察事项的正面和负面影响，并基于固有风险和剩余风险来进行风险评估。通过分析风险的可能性和影响，以此作为管理风险的依据。

5. 风险应对

在评估相关风险之后，管理者就要确定如何应对风险，包括回避、降低、分担和承担四种方式。管理者评估每种应对方式对风险控制的可能性和影响的效果，以及成本效益，并选择能够使剩余风险控制在风险容忍度以内的应对方式。

6. 控制活动

控制活动是确保管理者的风险应对方式得以实施的政策和程序。控制活动贯穿于整个组织，遍及各个层级和各个职能机构。控制活动主要包括批准、授权、验证、调节、经营业绩评价、资产安全以及职责分离等。控制活动一般包括两个要素：确定应该制定什么样的政策，以及实现政策的程序。

7. 信息与沟通

对相关的信息予以识别、获取和沟通，以确保员工正确有效地履行其职责。风险存在的原因是不确定性，也就是信息不明晰。因此在推动全面风险管理的过程中，为使各个部门形成整体，就要进行信息交换与沟通。沟通的含义比较广泛，包括信息在主体中的向下、平行和向上流动。

8. 监控

企业风险管理的内容是不断变化的，曾经有效的风险应对方式可能会失灵，控制活动可能会变得无效或不再被执行，企业的目标也可能发生变化。面对这些变化，管理者需要通过监控手段确定企业风险管理的运行是否持续有效。监控可以通过持续的管理活动、个别评价或者两者结合来完成。

第二节　金融机构常用风险辨识技术

金融机构的风险辨识是指金融机构通过运用相关的知识、技术和方法，对所面临的风险类型、风险来源、严重程度等进行全面系统的识别、判断与分析，从而为选择合理的风险管理策略提供依据的过程。目前，辨识风险的方法很多，每一种方法都有其针对性和应用范围。从总体上看，可以大体分为定性分析方法和定量分析方法两类。本节中，我们将具体介绍这两类不同的风险辨识技术。

一、定性分析方法

在金融机构的风险管理中，受各种条件和因素的制约，在很多情况下很难用统计、实验分析、数学模型等方法来辨识金融风险，所以定性分析方法的使用更为普遍。目前，比较常用的定性方法主要有：现场调查法、问卷调查法、专家调查法、事故树分析法等。

（一）现场调查法

现场调查法（method of scene investigation）是指金融风险辨识主体对有可能存在或遭遇金融风险的各个机构、部门和所有经营活动进行详尽的现场调查来识别金融风险的方法。现场调查法是金融机构辨识风险的常用方法，在金融风险管理实务中广泛应用。现场调查法一般包括以下内容和步骤。

1. 调查前的准备工作

工作内容包括：一是查阅、了解以往相关的各种背景、资料等，以确定调查对象和目标；二是编制现场调查表，以明确调查的内容；三是根据前述内容确定调查的步骤和方法。本阶段的关键在于通过一张现场调查表来全面反映调查内容，不能遗漏或忽视某些重要环节。

2. 现场调查

在现场调查实施过程中，调查人员可以通过座谈、访问、实地观察、查阅文件档案等方式完成先期编制的现场调查表所列举的项目，同时还需要根据现场调查中发现的新信息调整调查项目，尽可能地为完成风险辨识等后续工作获得准确、全面的信息。

3. 调查报告

现场调查后，调查人员应在整理、研究和分析现场调查资料的基础上撰写调查报告。调查报告主要包括三部分内容：一是根据调查目的，对调查资料和信息去伪存真、进行梳理和总结后撰写调查资料与信息处理报告；二是依据调查资料与信息处理报告所提供的信息，作出的初步结论、对策和建议；三是后附包括现场调查表在内的现场调查的原始资料。

现场调查法简便、实用，并且可以通过获得风险识别第一手资料，确保所得资料和信息的可靠性，因此在风险辨识中应用非常广泛。例如，某银行贷前现场调查辨识贷款企业的信用风险时，其贷款的现场调查报告第一部分中的“调查资料与信息处理报告”通常包括客户基本情况及主体资格；贷款金额、用途、期限、利类、利率、还款方式及限制性条款；客户财务状况、经营效益和市场分析；担保情况。第二部分的“初步结论、对策和建议”应包括本次信贷业务的综合效益分析；信贷风险状况的基本判定；对是否发放贷款的意见和建议；等等。

（二）问卷调查法

问卷调查法（method of questionnaire survey），也称书面调查法或填表法，是指调查人员不进行现场调查而是通过发放审核表或其他形式的调查表让现场人员填写来识别风险的方法。也可以作为现场调查法的一种替代方法。

根据问卷填答者的不同，问卷调查可分为自填式问卷调查和代填式问卷调查。其中，自填式问卷调查，按照问卷传递方式的不同，可分为报刊问卷调查、邮政问卷调查和送发问卷调查；代填式问卷调查则按照与被调查者交谈方式的不同，可分为访问问卷调查和电话问卷调查。

问卷调查的具体过程包括问卷设计前的准备，问卷的设计，问卷印发与收回三个环节。问卷的设计最为关键，一般由标题、说明、被访者的背景资料、问题与回答方式和致谢语等部分组成。以下是某银行对其金融机构客户所进行的反洗钱调查问卷表。

表 1.1　某银行对其金融机构客户进行的反洗钱调查问卷表

反洗钱调查问卷

根据《中华人民共和国反洗钱法》的规定，中国的金融机构有义务收集客户信息。为遵守这一政策规定，请贵行填写以下表格，并由有权负责人（须是贵行高级管理层的成员）签字予以确认。

续表

I. 请填写基本信息

1. 机构基本信息

金融机构名称：	地址：
网址：	主要经营范围：
证券交易所名称：	证券代码：
反洗钱官员姓名：	职务：
E－mail：	联系电话：

2. 所有权和管理者信息

持有贵行10%以上股权的个人姓名或单位名称及所持有的股份比例：

贵行高级管理层的名单：

3. 监管信息

贵国金融监管机构名称：

反洗钱、反恐怖融资监管机构名称：

II. 反洗钱问卷（是/否）

反洗钱政策、程序及其实践概况

1. 贵行的反洗钱政策是否须经董事会或高层管理委员会审批？

2. 贵行的反洗钱政策是否规定须经高管批准指定一名合规官员负责协调和监督日常的反洗钱工作？

3. 贵行是否已制定了书面的、经高管批准的，旨在预防、监测和报告可疑交易的反洗钱政策？

4. 贵行的反洗钱政策程序是否遵循了金融行动特别工作组（FATF）所提出的建议？

5. 除了接受监管机构的监测外，贵行是否还需要接受内部或外部第三方对其反洗钱政策的常规审计？

6. 贵行有无政策禁止与空壳银行进行交易往来？

7. 贵行是否有符合法律规定的客户身份资料及交易记录保存制度？

8. 贵行的反洗钱制度是否适用于贵行在国内外的所有分支机构或子公司？

9. 贵行是否遵守贵国关于反洗钱/反恐怖融资方面的法律法规？

风险评价

10. 贵行是否对客户及其交易活动进行风险等级评估？

11. 当贵行有理由认为某些客户在贵行或通过贵行进行非法活动时，贵行是否会根据其提高的风险等级对其进行相应级别的尽职调查？

客户身份识别

12. 贵行是否实行客户身份识别制度，包括在客户开户时、进行交易时对客户身份信息进行

续表

识别？（例如，姓名，国籍，住址，联系电话，职业，出生年月，合法的身份证件种类和号码以及签发身份证件的国家、地区的名称）

13. 贵行是否被要求收集客户经营活动信息？

14. 贵行是否收集金融机构客户的反洗钱政策信息并对其进行评价？

15. 贵行是否根据客户的风险评价等级采取措施了解客户的正常和预期交易？

交易报告与非法融资交易的预防和监测

16. 对于应当向监管机构报告的交易，贵行在其识别和报告上有无相关政策或操作规程？

17. 贵行对于逃避大额交易报告的交易是否有相应程序予以识别？

18. 对于贵行认为有极高风险的客户或交易，贵行在完成交易前是否对其给予必要的特别的关注？

19. 贵行有无政策确保不会通过任何账户与空壳银行或代表空壳银行进行交易？

20. 贵行有无政策确保自身只与持有属地国经营许可证的境外代理行进行交易？

交易监控

21. 贵行有无建立监测系统，对转账、票据（如旅行支票、汇票）等业务的可疑或异常活动进行监测？

反洗钱培训

22. 贵行是否对相关员工进行反洗钱培训，培训内容是否包括贵行的反洗钱内控政策、对可疑交易的识别和报告以及对不同形式洗钱行为的案例分析？

23. 贵行是否保存了包括参训人员和相关培训材料在内的培训记录？

24. 贵行有否就反洗钱法律政策的颁布或修改与相关员工进行交流？

25. 贵行有否聘请代理人履行部分职能，如果有，贵行是否也对这些代理人进行反洗钱培训？

证明：

本人特此声明并向 A 银行保证此份反洗钱问卷所涉及的全部内容真实和准确，本人已尽己所知对以上的问题作出了准确的回答。

姓名：

职务：

签名：

日期：

（三）专家调查法

专家调查法（method of specialist investigation）是利用专家的集体智慧辨识金融风险的方法。在这里主要介绍使用频率较高的头脑风暴法

(brainstorming method）和德尔菲法（Delphi method)。

头脑风暴法是由 Alex F. Osborn 于 1939 年提出，是一种刺激创造性、产生新思想的技术。应用头脑风暴法的一般步骤是：先召集有关人员组成一个小组，然后以会议的方式展开讨论。该法的理论依据是群体智慧大于个体智慧，最主要的特点是尽量避免成员间的批评，最大限度地进行相互刺激和启发，以提出创造性的想法和方案。

德尔菲法是由美国咨询机构兰德公司提出，其最早用于军事领域的预测。当时美国空军委托该公司研究一个典型的风险辨识课题：若苏联对美国发动核袭击，其袭击的目标会是什么地方？后果会怎样？由于这种问题很难用数学模型进行精确计算，于是兰德公司提出了一种规定程序的专家调查法，当时为了保密而以古希腊阿波罗神殿所在地德尔菲命名，即称为德尔菲法。德尔菲法的特点在于，其主要依靠专家的直观能力对风险进行识别，并采用背对背的通信方式征询专家小组成员的预测意见，经过几轮征询，使专家小组的预测意见趋于集中，直至达成一致意见，故德尔菲法又叫专家意见集中法。

（四）事故树分析法

事故树分析法（method of fault tree analysis）是利用图解的形式将大的风险分解成各种小的风险，或对各种引起风险的原因进行分解的分析方法。该方法是由美国贝尔实验室的维森（H. A. Watson）提出的，最先运用于导弹发射控制系统，用来分析事故的原因和评价事故风险，故又称为故障树分析法或失效树分析法。

众所周知，任何一个事故的发生，都是一系列事件相继出现的结果。前一事件的出现是随后事件发生的条件，在事件的发展过程中，每一事件有两种可能的状态，成功和失败，各种事件不同状态的结合可得到不同的结果。事故树分析法就是基于这种分析思路，利用树状图将项目风险由粗到细、由大到小、分层排列，从而容易找出所有的风险因素。与事故树分析法相似的还有概率树分析法、决策树分析法等。

现以担保贷款风险的分解为例说明如何进行事故树分析。我们用长方形表示所关注的不同层次的大事故、小事故或事故原因；将事故树按照树状结构绘制，把最关注的事故风险放在最上层或树的顶端，然后按照不同的因果关系依次向下绘制出不同层次的树的分支用于表示各种小事故或事故原因。对于同一层次的小事故或事故原因，当其中有一个事故发生就会引起上一层较大的事故发生时，用“∪”将它们连接起来；当只有每个事故或事故原因都发生才会引起上一层较大的事故发生时，用“∩”将它们连接起来。长方形节点与“∪”和“∩”节点之间用直线段连接。图 1.1 是简化了的担保贷款风险事故树分析。

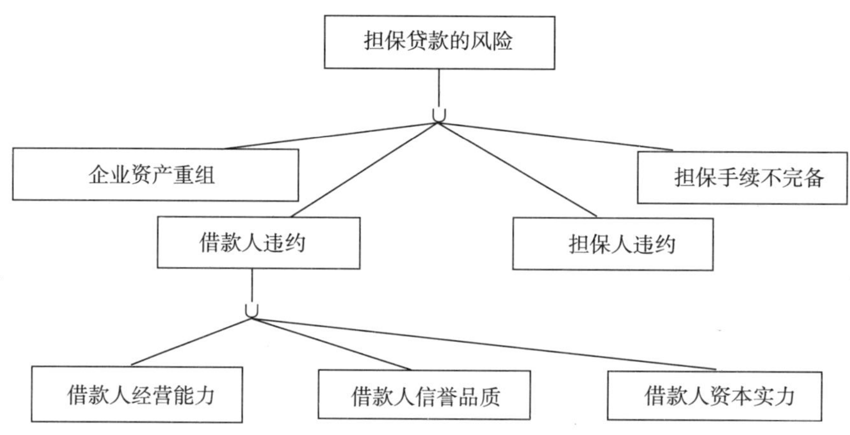

图 1.1　担保贷款事故树分析图

二、定量分析方法

近年来，随着人们对金融风险的研究逐步深入，各国金融机构开始将金融理论、管理经验、统计分析技术、数据挖掘技术和信息技术结合起来，设计和发展了大量的模型来管理风险，风险管理逐步由传统的定性管理向定量管理转变。目前，金融机构最常用的风险定量辨识方法是风险价值法，它是对投资组合总风险的统计度量，是一段时期内一定的置信水平下最大的损失值。另外，作为 VaR 的很好补充的压力测试法，可以确定极端市场情况下的潜在损失。

（一）风险价值法

风险价值（Value at Risk，VaR）是指资产价值中暴露风险的部分，由

G30 集团在 1994 年发表的《衍生产品的实践和规则》的报告中提出。最初主要用于市场风险的度量，此后又延伸到信用风险、操作风险等其他风险领域。目前，基于 VaR 度量金融风险已成为国外大多数金融机构广泛采用的方法。

根据定义，VaR 方法是指在正常的市场条件和给定的置信度内，评估一种金融资产或证券投资组合在既定时期内所面临的市场风险的大小和可能遭受的潜在最大价值损失。其统计学表达式为：

$$\text{Prob.}(\Delta p \leqslant \text{VaR}) = 1 - \alpha \tag{1.1}$$

其中，Δp 是指在一定的时期 Δt 内某种资产组合市场价值的变化；$1-\alpha$ 为置信水平，表示在参数值某一正负区间内的概率。该公式表达的意思是，在一定的持有期 Δt 内，给定的置信水平 $1-\alpha$ 下，该资产组合的最大损失不会超过 VaR。用 VaR 进行风险衡量时，首先要确定持有期和置信水平，巴塞尔银行监管委员会规定的持有期标准为 10 天，置信水平为 99%，但各个商业银行也可自行确定标准。例如，J. P. Morgan 公司在 1994 年的年报中规定的持有期为 1 天，置信水平为 95%，VaR 值为 1500 万美元。其含义即为 J. P. Morgan 公司在一天内，所持有的风险头寸的损失小于 1500 万美元的概率为 95%，超过 1500 万美元的概率为 5%。

VaR 的计算方法有很多，但从最基本的层次上可以归纳为两类，局部估值法和完全估值法（见图 1.2）。局部估值法（local valuation methods）也称为解析法，是通过对资产组合的初始状态进行一次估值，再进行局部求导来推断可能的资产变化而得出风险衡量值，又包括线性模型和非线性模型两种。相反，完全估值法（full valuation methods）根据各种风险因子在大范围内的变动对金融工具重新估值，包括历史模拟法和蒙特卡洛模拟法。其中，历史模拟法的核心在于根据市场因子的历史样本变化模拟证券组合的未来损益分布，利用分位数给出一定置信度下的 VaR 估计；蒙特卡洛模拟法是假设资产价格的变动服从某种随机过程的形态，借助电脑模拟构建资产价值的分布，在此基础上求出 VaR。

（二）压力测试法

风险价值法的有效性是以市场正常运行为前提条件的，但如果市场发

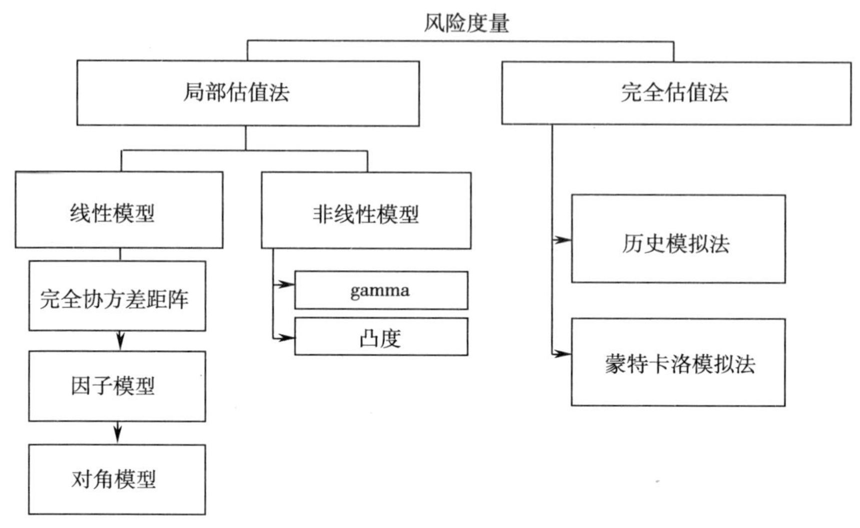

图 1.2　VaR 方法的主要分类

生异常变化或出现极端情况，如金融危机造成股价和汇率暴跌、利率骤升，风险价值法将失去效用。风险价值法的这一缺陷需要压力测试（stress testing）法来弥补。根据国际货币基金组织的定义，压力测试是指利用一系列方法来评估金融体系承受宏观经济或者重大事件冲击的压力程度及抗压可能性。随着巴塞尔银行监管委员会 2004 年在《资本协议关于市场风险的补充规定》中强调压力测试重要性，以及美国次贷危机的爆发，金融机构和金融监管当局都十分重视在风险管理过程中实施压力测试。

金融机构的压力测试方法可以分为情景分析法和系统化压力测试两类。情景分析法主要评估一个或几个风险因子由当前市场情景突然变化到某些极端情景的过程对金融机构的影响，包括典型情景构造法、历史情景模拟法、风险价值情景构造法、蒙特卡洛情景模拟法和特殊事件假定法等。系统化压力测试是采用数学或者统计的方法生成大量的市场情景，然后评估这些情景对金融机构资产组合价值的影响，从中找出损失最大的压力情景。

一般来说，情景分析法包括测试对象确定、风险因子识别、情景构造、情景评估、根据测试结果制定相应政策等步骤。其中风险因子识别、情景构造和情景评估是情景分析法实施中的三个关键步骤。现以个人房屋抵押贷款为例，简要说明金融机构在风险管理中对压力测试这三个关键步骤的运用。首先是风险因子识别，在这个阶段中主要对金融机构的薄弱部分进行识别。通过识别，可以假定造成房屋抵押贷款违约的因素主要是房价的下跌。其次是情景构造，即采用已经发生的历史事件构造或虚构一个逻辑上合理的情景。在此可以假定房价存在下跌10%、20%、30%的三种可能。最后是情景评估，就是应建立基于房价变动的压力测试模型，即基于一系列假设和函数关系，测算推断在房价下跌10%、20%、30%三种压力情景下，贷款余额的可能变动。

第三节　FATF《四十项建议》与风险为本反洗钱原则

随着经济金融发展的不断深化，反洗钱工作的广度和深度不断拓展，在2012年金融行动特别工作组（FATF）修订的新《四十项建议》和沃尔夫斯堡集团（Wolfsberg Group）自律性反洗钱原则的倡导下，风险为本日益成为各国反洗钱工作的核心理念。在此基础上，如何适应新形势要求，及时调整工作思路、实施风险为本原则，成为金融业反洗钱从业人员亟须了解的重要内容。

一、风险为本反洗钱原则的演进

全球范围内，英国是较早实践风险为本反洗钱分类监管的国家之一。2000年，英国金融服务局（FSA）的《新千年的新监管者》提出以风险为基础的监管内容。2004年发布的《国家反洗钱战略》承诺政府在履行监管职责时，“将以风险为基础，用灵活的原则性规定取代描述性的、具体的监管要求”。英国推行以风险为本的监管，主要基于三点因素：一是市场对金融机构自身内控机制的信心；二是承认监管资源的有限性和监管者的局限性；三是对合理的监管目标的界定，反洗钱监管的目标为有效识别、防范和化解风险，而不是要求金融机构机械地遵循监管规则，寻求反洗钱监管的“零失败”。

美国、澳大利亚等国家也相继在反洗钱领域推动风险为本的原则，美国金融犯罪执法网络（FinCEN）将风险为本的反洗钱监管方法概括为“将更多的反洗钱合规资源投入到洗钱风险更大的业务领域”，要求反洗钱义务主体科学地评估本行业、本单位、本部门面临的洗钱风险，有轻重、有主次地履行反洗钱合规职责，以有效监控和防范潜在的洗钱风险。

风险为本反洗钱原则的提出得到了国际组织的积极响应。2006 年 3 月，金融机构反洗钱自律组织沃尔夫斯堡集团发表了《风险为本的反洗钱方法指引》，将风险为本反洗钱原则确定为机构识别潜在洗钱风险的度量准则之一，机构在识别客户及交易的洗钱风险后，便可确定并实施相应的措施及控制方法。在总结各国经验并充分吸纳私营部门意见的基础上，金融行动特别工作组（FATF）、国际保险监督官协会（IAIS）、国际证券事务监察委员会组织（IOSCO）等国际组织也积极倡导并推行风险为本的反洗钱原则。2007 年以来，FATF 先后又发布了针对会计师、贵金属经销商、房地产中介等金融机构外的不同行业的九个风险为本指引，发布了国家洗钱风险评估战略的指引文件，启动全球洗钱风险“战略监测项目”，并于 2010 年 6 月发布了首份《FATF 全球洗钱与恐怖融资威胁评估》报告。上述指引性文件要求金融机构和特定非金融机构通过有效配置资源，使洗钱风险得到充分的重视和积极的应对。

与此相适应，调整监管方法，使之与金融机构实施风险为本原则激励相容的理念开始得到各个国家和国际组织的广泛认同。经过反复讨论修订，2012 年 2 月，FATF 全会通过了修订后的《打击洗钱、恐怖融资与扩散融资的国际标准：FATF 建议》（以下简称《四十项建议》）。《四十项建议》是对现有国际标准的升级，其中对以风险为本方法执行反洗钱与反恐怖融资措施进行了明确和全面论述，使风险为本的反洗钱工作原则成为国际反洗钱领域的改革方向。

2013 年 2 月，FATF 全会通过新的《反洗钱合规性和有效性评估方法》，首次将成员国反洗钱法律制度的有效执行与反洗钱法律制度的合规性作为重要的内容，使其成为第四轮反洗钱和反恐怖融资互评估的重点，着重评估各国反洗钱法律制度实施的效果，突出评估各成员国反洗钱工作的有效性。

二、风险为本反洗钱原则的内涵

（一）风险为本原则的含义

FATF 出台的指引没有明确“洗钱风险”的概念，而是表述为“风险”（Risk）、“威胁”（Threat）和“漏洞”（Vulnerability），且这三个词相互通用。在 2010 年 FATF 关于国家洗钱风险评估指引的讨论中，各国反洗钱部门、国际货币基金组织专家对风险要素进行了分解，对洗钱风险的概念达成了共识。目前，FATF 指引建议使用的术语中将“风险”定义为洗钱和恐怖融资活动发生的可能性；将“威胁”定义为潜在威胁，洗钱和恐怖融资活动对社会的危害；将“漏洞”定义为反洗钱和反恐怖融资制度体系中存在的使洗钱及恐怖融资分子有机可乘的薄弱环节。风险是威胁和漏洞共同产生的结果。

风险为本的反洗钱原则，简而言之，是根据风险状况及程度配置反洗钱资源。其中包括对金融机构和监管部门两个层面的要求。对于金融机构而言，在风险为本的反洗钱原则下，应当审视哪些区域或领域更具洗钱威胁，分析哪些产品或服务类型存在薄弱环节，识别哪些客户洗钱概率更大，根据自身对风险和危害程度的判断，灵活地选择实施与风险程度相应的反洗钱措施。对于反洗钱监管部门而言，风险为本的反洗钱原则要求其对金融机构的业务活动有深入和完整的了解，对金融机构所面临的洗钱威胁有全面的认识；能够运用合理的方法对金融机构的风险程度进行评估，并将评估为较高风险的金融机构确定为监管资源分配中需要优先考虑的部分；制定和优化制度措施，向金融机构提示风险，防范风险的蔓延。金融机构和监管部门应通过上述措施，优化资源配置，确保以有限的资源实现洗钱危害最小化的目标。

（二）风险为本原则的特征

风险为本的反洗钱原则集中体现了以下特征。首先，风险和措施相称。在风险为本的原则要求反洗钱监管部门、反洗钱义务主体为预防洗钱风险或降低洗钱危害所采取的措施与识别出的风险相匹配，按照优先次序，使风险或危害较大的领域受到更高的关注。其次，成本和收益相称。在风险为本原则下，反洗钱资源将被有效地运用于高风险金融机构、金融机构高风险业务和已识别的威胁，降低洗钱活动对社会的危害，并能够适应不断变化的形势，更好地管理风险。最后，方法和效率相称。根据风险为本的原则，反洗钱工作方法将更富弹性，并优先采取效率较高的方法，通过提高资源的使用效率，有效减少洗钱活动对全社会的危害。

从某种意义上，风险为本的反洗钱原则是市场经济条件下资源配置理论在公共政策领域的特殊运用，既体现资源配置的效率导向，又反映公共政策的社会诉求。其一，反洗钱监管主体与义务主体的目标相一致。风险为本的原则既适用于反洗钱行政监管部门，也适用于金融机构等反洗钱义务主体，要求双方均以防范洗钱风险、降低洗钱危害为目标，并从各自的工作层面共同为这一目标努力。其二，资源与成效相匹配。从防范风险、降低危害的目标出发，金融机构须将资源优先配置于能够使自身面临的洗钱风险或危害得到最大限度遏制的措施，监管部门则应当合理判断各个金融机构的洗钱威胁，通过监管导向，优化调配有限的反洗钱资源，将洗钱活动造成的损失降到最低，并降低金融机构反洗钱工作的成本。其三，原则与方法相统一。风险为本既是反洗钱工作须长期秉持的基础性原则，也是监管部门和金融机构面对个案时的指导性方法，应当成为反洗钱从业人员的工作准绳。

（三）风险为本原则的意义

一套风险为本的反洗钱措施应当能够引导金融机构及时有效识别客户和特定业务的洗钱风险，从而有助于金融机构将最多的精力和资源分配到风险最高的业务领域和环节。金融机构应当根据自身业务规模和客户特点构建风险防范体系，并通过设定合理的风险识别标准实现降低内部和外部风险的目的。风险防范体系应当根据外部风险状况的变化而更新，以保证该体系的持续有效。监管部门也可以通过优化资源配置，针对金融机构的风险状况采取差异化监管，确保反洗钱监管制度运行成本最小、效用最大。

风险为本原则是反洗钱工作发展到一定阶段后的必然选择。实践证明，与规则导向原则相比较，风险为本原则更具灵活性，在全球商业和监管要求日益复杂的环境下，风险为本原则将成为反洗钱工作的重要基石。风险为本原则的实施可以使监管者具有更大的灵活性，将监管注意力集中于高风险领域；可以调动金融机构的积极性和自主性，减轻金融机构的合规压力；通过监管者和金融机构之间的沟通，使双方的工作目标更加趋于一致。从风险为本原则出发，监管者与金融机构之间的关系将不再对立，而达成以降低金融系统洗钱风险、减轻洗钱危害为目的的协作默契。

第二章　金融机构洗钱风险管理

【本章导读】金融机构洗钱风险管理是金融机构风险管理的新领域，有狭义和广义之分。狭义的洗钱风险管理指金融机构对自身洗钱风险的管理，属于内部风险管理范畴。但广义而言，金融机构洗钱风险管理不仅包括金融机构内部的洗钱风险管理，还包括外部审计部门、监管部门等外部机构对金融机构洗钱风险管理的监督、管理和评价，其共同目的都是促进金融机构切实有效地开展洗钱风险管理。本书将从广义理解角度，对金融机构内部和外部的洗钱风险管理进行全面阐述。

金融机构内部洗钱风险管理框架包括三道防线，第一道防线是直接面向客户的业务条线，负责识别、评估和控制业务风险；第二道防线包括负责反洗钱和反恐怖融资的高层管理人员、合规部门、人力资源和技术部门，负责管理、组织协调、监督执行和支持；第三道防线是金融机构的内部审计部门，对前两者执行和制定相关制度情况进行独立、客观的监督评价。

金融机构在初期设计洗钱风险管理体系时，可参照第一章介绍的企业全面风险管理理论和风险辨识技术，在我国反洗钱主管部门以及金融行动特别工作组（FATF）发布的有关指引、建议的指导下，借鉴国内外先进做法，进一步完善洗钱风险内部控制整体框架，重点对全面风险管理的八个要素中核心的四个要素进行构建，即风险识别、风险评估、风险应对以及风险控制。

本章主要围绕上述四个核心要素进行介绍。金融机构应结合自身的实际风险状况，制定最适合本机构洗钱风险管理的制度、程序和要求，体现风险相当、全面、自主的管理理念。

需要强调的是，由于外部环境和业务结构发生变化，以及犯罪分子洗钱手法不断翻新，金融机构的反洗钱工作是一个动态发展的过程，金融机构既要根据风险评估和风险控制情况及时调整、完善反洗钱与反恐怖融资政策和程序，又要根据变化的情况及时更新风险管理程序。

第一节　金融机构洗钱风险识别

2007年，FATF在《风险为本的反洗钱/反恐怖融资指引：高级原则和程序》中指出，一套有效的风险为本方法应包括对洗钱风险的识别和分类，以及根据风险程度建立的合理的控制体系，这可以视为对金融机构洗钱风险管理的最低要求。该文件也指出，并没有一套能得到各方完全认同的风险分类，也没有一个通用的风险分类方法，FATF只是希望能为金融机构设计一套符合自身潜在风险特征的管理策略提供指引。

要识别金融机构的洗钱风险，首先应了解什么是洗钱风险以及洗钱风险的构成。从洗钱后果的角度分析，洗钱风险是指金融机构由于从事、参与、纵容或便利洗钱活动而带来的风险。

在实务中，为了操作方便，目前金融机构主要按照风险来源对洗钱风险进行分类，集中体现为产品/服务风险、客户风险、地域风险以及制度风险。其中，产品/服务风险、客户风险和地域风险属于外部风险，主要产生于客户进行的交易；制度风险属于内部风险，包括金融机构内部控制体系和法律规制两个影响因素。

一、产品/服务风险

产品/服务风险是金融机构对外提供产品和服务而带来的洗钱风险。普通的产品/服务风险体现在某种产品或服务不为消费者接受，或被市场所淘汰，但产品/服务的洗钱风险来源于客户对产品和服务的消费行为。客户如果通过使用产品/服务达到存储、转移或转换犯罪所得及其收益的目的，就会给金融机构带来洗钱风险。

产品/服务风险蕴含在洗钱者通过账户进行的各种交易之中，洗钱者通过进行交易模糊犯罪所得及其收益的资金运行轨迹，最终淡化资金的非法来源。产品/服务的种类不同，所表现的洗钱风险特征和风险程度也不

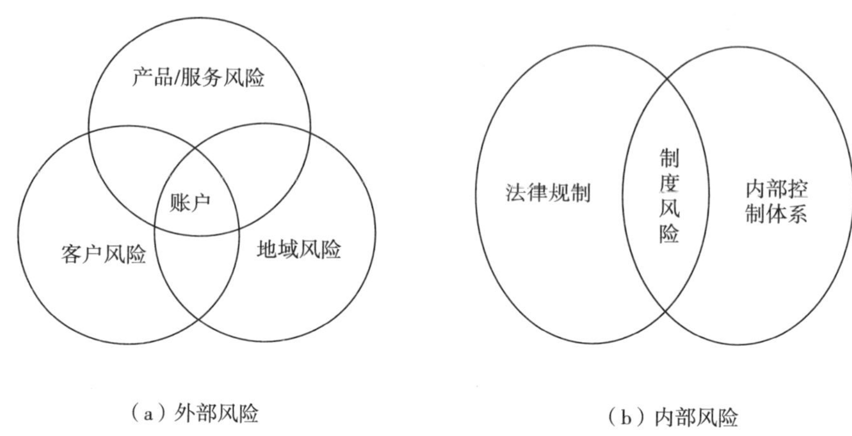

图 2.1　金融机构洗钱风险构成

同，因而被用做洗钱媒介的概率也不同。被洗钱者使用较多的产品/服务具有较高洗钱风险。

二、客户风险

金融机构客户背景、社会活动和经营活动特点等不同，潜在的洗钱风险也不同。总体而言，客户身份识别难易程度、客户信息公开获取程度等均与客户风险相关，客户之前是否存在洗钱行为或相关嫌疑，也是识别客户风险的直接因素。对于自然人客户，其所持有的身份证明文件种类不同，金融机构识别其真实身份的难易程度也不同，如金融机构对于外国护照的识别较居民身份证的识别相对更难。对于机构客户而言，其洗钱风险是由客户的反洗钱体系建设、被其他洗钱者利用的可能性、风险水平、风险控制能力等因素决定的。

三、地域风险

地域风险是洗钱犯罪的区位特征。地域风险存在的逻辑是如果某地的洗钱活动猖獗，那么该地的客户可疑程度较高。由于金融机构往往通过其分支机构在不同地区开展业务，其客户分布在不同地区，提供的产品或服务涉及不同的地区，其所承担的洗钱风险也不相同。

地域洗钱风险还与该地区的犯罪状况存在正相关关系。如果走私、腐败、有组织犯罪等严重犯罪高发，则该地域内必然存在清洗犯罪所得的需求，因此，与该地域相关的业务或交易、客户或交易对手具有较高的洗钱风险，反之则相反。

四、制度风险

制度风险是“特洛伊木马”，指由金融机构内部的反洗钱制度缺陷与漏洞导致的洗钱风险。金融机构反洗钱制度的缺陷与漏洞会给不法分子利用金融机构洗钱留下可乘之机，纵容、便利甚至直接从事或参与洗钱活动，从内部导致洗钱风险的产生。比如，对金融机构工作人员的行为失察所滋生的内部人洗钱犯罪，便是金融机构内部洗钱风险的一种具体表现。

制度风险是由法律环境和内控体系共同决定的。金融机构的反洗钱制度一方面应反映国家法律法规对反洗钱工作提出的强制性要求，必须把国家的反洗钱法律法规内化为内部控制制度的一部分，并始终保持内控体系与有关法律法规要求的一致性。另一方面，金融机构的反洗钱制度也应体现金融机构自主的反洗钱意识，为自觉维护金融机构良好的市场声誉提供制度保证。

第二节　金融机构洗钱风险评估

金融机构需要综合考虑本机构的业务结构、客户种类、经营方式和外部环境等因素，采用适当的方法，分两个层次进行风险评估。首先分别对产品/服务风险、客户风险、地域风险以及制度风险进行评估，然后结合影响风险水平的有关风险变量进行综合评估，最终确定评估结果。

FATF 对金融机构洗钱风险评估的指导主要体现在三个重要的文件中，一是2012 年2 月发布的《四十项建议》（建议10 的H 款），二是2007 年6 月发布的《风险为本的反洗钱和反恐怖融资指引：高级原则和程序》（针对银行业、证券业），三是 2009 年 10 月发布的《人寿保险业风险为本的指引》。我国反洗钱主管部门对金融机构开展洗钱风险评估的指导主要体现在2013年初发布的《金融机构洗钱和恐怖融资风险评估及客户分类管理指引》。这些指引并非强制性要求，也没有列举全部情形，只作为金融机构的参考。

一、产品/服务风险评估

（一）FATF对产品/服务风险的评估原则

1. 银行业、证券业金融机构的高风险因素包括：

（1）私人银行业务；

（2）易导致匿名或跨越国境交易性质的服务，比如网上银行、储值卡、国际电汇、私人投资公司和信托，现金交易；

（3）来自未知或不关联的第三方的付款；

（4）非面对面业务或交易；

（5）被主管部门和其他权威性组织[①]判定为潜在高风险的产品/服务，包括涉及非客户（如中间行业务）支付的国际代理行业务以及邮递业务；

（6）涉及银行本票和贵金属贸易及支付的服务。

2. 保险业金融机构的高风险因素包括：

（1）接受金额巨大或无最高限额的异常支付，或者大量的非正常小额支付；

（2）接受现金、汇票或现金支票；

（3）从第三方收款或向第三方付款；

（4）支付频率大大高于正常保费合同或一般支付方式；

（5）可以随时退保的方式；

（6）将产品作为贷款、自由裁量信托或其他高风险信托的担保品；

（7）存在现金价值很高或大量趸交且流动性高的产品；

（8）带“免费尝试”条款的产品，尤其是该条款只在特殊情况下生效

---

① 权威性组织指由广为人知的，一般被认为在此领域信誉卓著的组织，该组织会广泛公开评估信息。除FATF和FATF区域性组织外，信息来源还可包括但不限于，超国家或国际机构，诸如国际货币基金组织、世界银行、埃格蒙特集团和其他有关国家政府或非政府组织。这些机构发布的信息不具法律或法规效力，且不应被视为已对风险水平作出判定。

（如提出不可信的理由或请求将退款支付给无关的第三方、外国金融机构或位于高风险国家的实体）；

（9）允许保险合同索赔前在投保人不知情的情况下变更受益人的产品。

（二）我国反洗钱主管部门对产品/服务风险的评估指导

金融机构进行风险评级时，不仅要考虑金融产品或服务的固有风险，而且应结合当前市场的具体运行状况，进行综合分析。产品/服务风险的影响因素包括但不限于以下几个方面。

1. 现金关联程度

现金业务容易使资金链条断裂，资金真实来源、去向及用途难以核实，因此直接以现金形式交易或易于让客户取得现金的金融业务具有较高的洗钱风险。考虑到我国金融市场运行现状和居民的现金交易偏好，现金交易的普遍存在具有一定的合理性，金融机构可重点关注客户在单位时间内累计发生金额大的现金交易情况或具有某些异常特征的大额现金交易情况。此项标准如能结合客户行业或职业特性一并识别将更为有效。

2. 非面对面交易

非面对面交易方式（如网上交易）使客户无须与工作人员直接接触即可办理业务，使金融机构开展客户尽职调查的难度增大，因此洗钱风险相应上升。金融机构在关注此类交易方式固有风险的同时，可酌情考虑客户选择或偏好此类交易方式所具有的一些现实合理性，为此建议金融机构结合反洗钱资金监测和自身风险控制措施情况，灵活设定风险评级指标。例如，可重点审查以下交易：由同一人或少数人操作不同客户的金融账户进行网上交易；网上金融交易频繁且 IP 地址分布在非开户地或境外；使用同一 IP 地址进行多笔在不同客户账户间的网银交易；金额特别巨大的网上金融交易；公司账户与自然人账户之间发生的频繁或大额交易；关联企业之间的大额异常交易。

3. 跨境交易

由于跨境交易业务涉及不同国家（地区），对其的反洗钱监管差异可能产生反洗钱监控漏洞，金融机构进行跨境客户尽职调查将面临更多困难，风险程度更高。金融机构可重点结合地域风险，关注客户是否存在单位时间内频繁进行跨境异常交易等情况，相应调整风险分值。

4. 代理交易

由他人（非职业性中介）代办业务导致金融机构难以直接与客户接触，尽职调查有效性受到限制。鉴于代理交易在现实中的合理性，金融机构可将关注点集中于一些风险较高的异常交易，如客户的账户由经常代理他人开户人员或经常代理他人转账人员代为开立，或客户由他人代办的业务多次涉及可疑交易报告，或同一代办人同时或分多次代理开立多个账户，或客户信息显示紧急联系人为同一人或者多个客户预留电话为同一号码等。

5. 特殊业务类型的交易频率

在一般情况下，客户的交易频率与洗钱风险之间并不存在简单的正相关关系，但对于频繁办理一些特定业务的客户，金融机构应考虑提高其风险分值。例如，银行业金融机构可关注开户数量、机构与个人大额转账汇款频率、涉及个人的跨境汇款频率等。除已在业务关系建立之初就选择了具有显著高风险金融产品的客户外，金融机构可能事先无法对客户未来使用的全部金融产品类别作出准确预估，因此，应在重新审核客户风险等级时，应依据客户选择的金融产品及时调整风险评分。

专栏2.1　某大型银行对产品/服务的洗钱风险评估简介

2014 年 1 月，某大型银行完成了对产品/服务洗钱风险的初步评估。该行产品目录共细分为 8 级，洗钱风险评估人员选取了位于中间的第 4 级（共 1 100 多种产品类别），作为产品洗钱风险评估的基本分类。对不同期限或种类的理财产品统一进行评估。

在对产品进行洗钱风险评估时，该银行根据国际反洗钱组织和我国反洗钱主管部门发布的相关指引文件列举的风险因素，并借鉴国内外金融机构的经验，重点分析了该银行以往上报的异常和可疑交易涉及的产品类型，综合开展风险评估，并将产品涉及洗钱风险的评估等级划分为高、中、低三个级别。

二、客户风险评估

（一）FATF对客户风险的评估原则

1. 银行业、证券业金融机构

银行业、证券业金融机构应重点考虑下列因素并将相关客户列为高风险客户。

一是在异常情况下开展业务或进行交易且无合理理由的客户。如客户和金融机构所在地相距遥远，账户或保险合同在不同金融机构间频繁转移，资金在不同地区的金融机构间频繁转移，机构结构复杂难以识别真正所有人或控制权人的客户。

二是现金密集型业务。包括货币服务业（如汇款所、货币兑换所、转账代理商、银行票据交易商或其他提供货币转移服务的机构），赌场及其他与赌博相关的活动，特定交易产生大量现金的其他行业。

三是不受监管的慈善机构或其他非营利性组织（尤其是跨国运作的此类组织）。

四是特殊专业人士。诸如会计师、律师和其他专业人士在金融机构持有的账户和代理客户交易。

五是在业务关系中利用中介机构从事交易的客户。

六是属于政治公众人物（PEPs）的客户。

七是非居民客户。

八是拥有名义股东或不记名股票的公司。

2. 保险业金融机构

除上述高风险客户外，保险业金融机构还应考虑以下因素。

一是寻求或接受并不优惠的账户规定、保险合同或契约条款、附加条款的客户。

二是采用“免费尝试”条款的客户（保险公司为吸引客户，同意保险合同持有人、寿险或年金合约领取人在合同生效后的一段时间中止合同并获得全额退款）。

三是保险合同的受益所有人身份不明。

四是非面对面渠道引荐的客户。

五是不正常的支付方式，例如异常的现金及其等价物或结构性货币工具等。

（二）我国反洗钱主管部门对客户风险的评估指导

金融机构应综合考虑客户背景、社会活动和经营活动的特点、声誉、权威媒体披露信息以及非自然人客户的组织架构等各方面情况，衡量本机构开展客户尽职调查工作的难度，综合评价客户的风险状况。在客户风险等级的划分层次上，金融机构应明确客户风险等级不少于三级。影响客户风险评估的因素包括但不限于以下几方面。

1. 客户信息的公开程度

在获取客户信息时，金融机构能够便利地获得制度、市场、技术等方面支持，更容易完成尽职调查工作时，可适当调低客户风险分值，反之则相反。如国家机关、事业单位、国有企业以及在证券市场上市的公司，其信息公开程度较高。

2. 金融机构与客户建立或维持业务关系的渠道

相对而言，直接与客户建立关系的金融机构，或者在业务关系存续期间能够直接接触到客户的金融机构，在一般情况下会比全部或部分依赖其他金融机构、中介机构等间接渠道与客户建立或维持业务关系的金融机构，更能确保客户尽职调查结果的准确性和有效性。

3. 客户所持身份证件或身份证明文件的种类

金融机构要衡量查验各类身份证件或身份证明文件所需的技术设施和人员知识经验，对于所持身份证件或身份证明文件难以查验、难以确认其真实身份的客户，洗钱风险相对更高，应当适当调高风险分值。

4. 反洗钱交易监测记录

金融机构在对一定范围内的可疑交易报告进行回溯性审查后，应根据可疑交易后续处理结果、报告发生频率、交易规模等因素，给出适当的风险分值。在成本允许的情况下，金融机构还可对客户的大额交易进行回溯性审查。

5. 机构客户的股权或控制权结构

对股权或控制权关系较复杂、难以核实的机构客户，适当调高风险分值。如个人独资企业、家族企业、合伙企业、存在隐名股东或匿名股东的企业，对其股权结构或控制权机构的尽职调查难度高于一般机构。

6. 涉及客户的风险提示信息或权威媒体报道信息

如金融机构发现，客户曾被监管机构、执法机关或金融交易所关注，客户存在犯罪、金融违规、金融欺诈等方面的历史记录，或者涉及权威媒体的重要负面报道评论，可适当调高该客户的风险分值。此外，金融机构与客户业务关系持续时间越长，越有机会了解客户，风险评估的可靠性就相应提升。对于自然人，还应参考其年龄作出综合评分，因为年龄与民事行为能力有直接关联，与客户的财富状况、社会经济活动范围、风险偏好等有较高关联度。

此外，金融机构还应评估客户所处行业（或所从事的职业）与职业犯罪及其他违法犯罪活动的关联性，合理预测某些行业或某些职业客户的经济状况、金融交易需求，酌情考虑某些专业、职业技能被部分犯罪分子利用于洗钱的可能性，从以下角度进行评估。

1. 被公认具有较高风险的行业（职业）

原则上，按照我国反洗钱监管制度及 FATF 反洗钱标准等国际标准，应纳入反洗钱监管范围的行业（职业）的洗钱风险通常较高。

2. 与特定洗钱风险的关联度

例如，客户或客户实际受益人、亲属、关系密切人等属于外国政治公众人物的，其涉及职务犯罪的可能性相应增大。

3. 行业现金密集程度

在通常情况下，客户所属行业现金使用密集程度越高，其风险相对越高，如废品收购、旅游、餐饮、零售、艺术品收藏、拍卖等行业。

（三）评估步骤和方法

客户洗钱风险评估的基本步骤大致可分为以下四步。第一步，构建客户洗钱风险综合评价指标体系；第二步，确定客户洗钱风险评价指标的转换方法；第三步，确定客户洗钱风险评价指标的权重；第四步，选择数学模型，加权合成指标，求得客户洗钱风险综合评价值。

1. 客户洗钱风险综合评价指标体系的构建

建立评价指标体系时应兼顾全面性、科学性、可比性、可操作性和指标间尽可能不相关（或相关性尽可能小）的原则。参照客户洗钱风险等级分类管理指标体系，本节构建客户洗钱风险等级综合评价指标体系如表2.1所示。

表2.1　客户洗钱风险综合评价指标体系

综合评价指标	一级指标	二级指标
客户洗钱风险综合评价指标（I）	客户所在国家或地区因素（I_1）	地区 M_2/GDP
		短期内地区发生洗钱上游犯罪次数（I_{11}）
		短期内地区跨境资金流动环比增长速度（I_{12}）
		短期内地区现金交易总额（I_{13}）
		短期内地区外币交易总额（I_{14}）
	客户所处行业因素（I_2）	短期内行业资金流动总额环比增长速度（I_{21}）
		短期内行业洗钱上游犯罪犯案次数（I_{22}）
		短期内行业现金交易总额（I_{23}）
		短期内行业资金向上下游关系行业资金流动总额（I_{24}）
		是否为贵金属、宝石交易行业（I_{25}）
	客户交易金融机构因素（I_3）	短期内金融机构现金交易额（I_{31}）
		短期内金融机构外币现金交易额（I_{32}）
		短期内金融机构现金交易频率（I_{33}）
		短期内金融机构外币现金交易频率（I_{34}）
		短期内金融机构资金流动总额环比增长速度（I_{35}）
	客户自身因素（I_4）	短期内客户现金交易额（I_{41}）
		短期内客户现金交易频率（I_{42}）
		短期内客户外币交易额（I_{43}）
		短期内客户外币交易频率（I_{44}）
		跨境汇款总额（I_{45}）
		接受跨境汇款总额（I_{46}）
		客户开立活期账户总数（I_{47}）
		客户是否有犯罪前科（I_{48}）

2. 确定客户洗钱风险评价指标的转换方法

（1）指标类型一致化。鉴于表 2.1 中的定性指标 I_{25} 和 I_{48}，本书将采取的办法为：定性指标的答案为“是”，则取值为 1，定性指标的答案为“否”，则取值为 0，将定性指标转化为定量指标。又由于 I_{12}，I_{21} 和 I_{35} 为居中指标，而其他指标均为正向指标，可以用式（2.1）将 I_{12}，I_{21} 和 I_{35} 转化为正向指标。

$$x^* = \begin{cases} \dfrac{2(x-m)}{M-m}, & \text{如果 } m \leqslant x \leqslant \dfrac{M+m}{2} \\ \dfrac{2(M-x)}{M-m}, & \text{如果 } \dfrac{M+m}{2} \leqslant x \leqslant M \end{cases} \tag{2.1}$$

其中，M 为指标 x 的一个允许上限，m 为指标 x 的一个允许下限。x 分别代表 I_{12}，I_{21} 和 I_{35}。具体 M 和 m 的确定建议结合各地区、各行业的实际情况确定。

（2）指标无量纲化处理。由于各指标单位不同，必然会影响到最终的综合评价结果，为此，建议在综合评价之前，采用 Z – Score 标准化法对各指标进行无量纲化处理。

3. 确定客户洗钱风险评价指标的权重

在客户洗钱风险综合评价指标体系中，各个指标对所起的作用有大有小，其地位有重有轻，因此需要以权重的形式把各指标所起的作用凸显出来。权重是衡量各指标在综合评价指标体系中相对重要程度的一个尺度，一般以相对数形式表示。权重的确定方法较多，在具体的反洗钱监测分析工作中，建议采用层次分析法，其基本思想是：首先建立有序的递阶指标体系，然后对同一上一层次因素所对应的下一层次中的因素进行两两比较，构造两两比较判断矩阵，再对判断矩阵进行数学处理求得特征向量及进行一致性检验，最后将该特征向量进行归一化处理，就可以获得各个指标的权重。

4. 选择数学模型，加权合成指标，求得客户洗钱风险综合评价值

多指标综合评价的最终要将多个指标合成为一个综合指标。为科学分析起见，可采用线性加权综合法来对指标进行合成，其公式为：

$$I = \sum_{i=1}^{4} w_i I_i = \sum_{i=1}^{4} w_i \sum_{j=1}^{4} w_{ij} I_{ij} \tag{2.2}$$

式中，I 表示客户洗钱风险的综合评价值，w_i是评价指标 I_i的权重，w_{ij}是评价指标 I_{ij}的权重。在求得 I 的具体数值后，便可将客户按照 I 的大小进行洗钱风险大小的排序，进而将其划分为正常类客户、关注类客户、可疑类客户与禁止类客户，还可根据实际工作的需要将客户进行再进一步的细分。

三、地域风险评估

对于地域洗钱风险而言，首要风险因素是客户来源地或者资金来源地。风险评估和判断的主要指标包括客户国籍、居住地和主要经营活动中心等。金融机构应参考国内有关部门或者国际组织对相关国家和地区的评级，结合本机构客户和资金来源状况确定自己的评级模式。

（一）FATF 对地域风险的评估原则

某个特定国家或地域（包括金融机构运营的国家）是不是高风险，主管部门或金融机构都没有一个可沿用的定义。国家风险评估和其他风险要素一样，提供了关于潜在洗钱和恐怖融资风险的有用信息。可能导致某国被确定为高风险的因素包括以下几方面。

（1）被国际组织（如联合国）实施制裁、禁运或其他类似制裁措施的国家。此外，在某些情况下，对于受联合国等组织制裁但制裁并未获得各国认可的国家，金融机构也可考虑在了解制裁发布者和制裁的性质后确定该国的风险等级。

（2）被权威性组织判定为缺乏反洗钱和反恐怖融资法律、法规和其他措施的国家。

（3）被权威性组织判定为向恐怖活动提供资金或支持的国家，这些恐怖活动由已认定的恐怖组织参与。

（4）被权威性组织认定为腐败或其他犯罪活动猖獗的国家。

（5）针对人寿保险和保险中介：单一国家或地区的保险合同涉及跨境投保人、客户或受益人。

（二）我国反洗钱主管部门对地域风险的评估指导

金融机构不仅应衡量客户的国籍、注册地、经常居住地所蕴含的地域风险，而且要酌情考虑客户实际受益人或实际控制人、主要交易对手方、业务相关境外金融机构的地域风险，其影响因素包括但不限于以下几方面。

1. 反洗钱、反恐怖融资监控或制裁情况

金融机构既要考虑我国的反洗钱、反恐怖融资监控或制裁要求，又要考虑其他国家（地区）和国际组织推行的且得到我国承认的反洗钱、反恐怖融资监控或制裁要求。经营国际业务的金融机构还应考虑对相关业务有管辖权的国家（地区）反洗钱、反恐怖融资监控或制裁要求。

2. 风险提示信息

金融机构应遵循反洗钱主管部门和其他有关部门的反洗钱风险提示，参考金融行动特别工作组（FATF）、亚太反洗钱组织（APG）、欧亚反洗钱组织（EAG）等组织对各国（地区）执行 FTAF 反洗钱及反恐怖融资标准的互评估结果。

3. 上游犯罪状况

金融机构可参考我国有关部门以及 FATF 等国际组织发布的信息，重点关注存在较严重恐怖活动、大规模杀伤性武器扩散、毒品、走私、跨境有组织犯罪、腐败、金融诈骗、人口贩运、海盗等犯罪活动的国家（地区），以及支持恐怖主义活动等严重犯罪的国家（地区）。对于我国境内或境外局部区域存在的严重犯罪，金融机构应参考有关部门的要求或风险提示，酌情提高涉及该区域的客户风险评分。

4. 特殊的金融监管风险

例如在避税型离岸金融中心注册的公司相较一般公司的注册信息、财务状况等透明度更低，尽职调查难度更高。

四、制度风险评估

金融机构对制度风险的评估应包括对洗钱风险管理的各项制度、程序、相关人员的评估，具体涉及反洗钱内控制度、机构设置、培训宣传、人员素质等。尽管 FATF 没有对此进行专门的规定，但可将金融机构的实践经验作为参考。

（一）内控制度风险评估

金融机构内控制度的风险评估，应评估金融机构是否依照法律法规的要求建立反洗钱内部控制制度和实际操作流程，是否建立了以履行反洗钱义务为目的的客户身份识别制度、客户身份资料和交易记录保存制度、交易报告制度、宣传培训制度、保密制度等内部控制制度和相应的内部操作规程以及控制措施。金融机构还应对照反洗钱相关法律法规和监管规定，评估上述制度、规程和控制措施是否能够达到相关法律法规和监管规定的要求，是否体现了风险为本的原则和方法。制度风险评估的重点应关注制度存在的漏洞，以及制度管控效果较弱的方面。

（二）机构设置风险评估

金融机构对机构设置的评估主要应根据《中华人民共和国反洗钱法》（以下简称《反洗钱法》）第十五条和《金融机构反洗钱规定》的要求，评估金融机构所设立的反洗钱专门机构或者指定的内设机构是否能够有效承担相关的组织协调职能，所配备的管理人员和技术人员是否符合反洗钱工作要求。如果承担反洗钱职能的内设部门在部门级别方面低于相关业务部门，或其协调调动相关工作资源受到实质性限制，则该项风险较高。

金融机构还应当根据实际需要，在其分支机构设立专门机构或者指定专人负责反洗钱工作，按照分级管理的原则对下属分支机构执行反洗钱法律规章的情况进行监督、检查。对分支机构管理较弱的金融机构，其制度风险较高。

另外，还应重点关注被金融机构评估为高风险的产品/服务、高风险客户、高风险地域、高风险营销渠道所涉及的条线（部门），是否加强了反洗钱人员等资源的配备，能否有效预防或降低风险。

（三）反洗钱培训宣传和人员素质的评估

金融机构应评估本机构开展反洗钱培训与宣传工作的情况，考察本机构人员是否具备职业道德，掌握开展反洗钱工作所必需的知识和技能，是否满足反洗钱工作要求。重点关注与高风险相关的内部人员培训，金融机构是否强化了上述人员的风险管理意识，除普通业务培训外，是否通过重点风险提示、最新洗钱趋势分析等形式，及时更新知识结构，提高风险管理能力。对于人员素质的评估，可结合专业资格考试、技能考核、日常工作表现等进行综合评估。

五、风险变量

金融机构开展洗钱风险评估时，还应适当考虑与特定客户或交易相关的风险变量。风险变量是可能影响风险水平高低的变量，可能增加或减少面临的潜在风险，可能导致更高或更低的客户风险评估结果，从而影响到客户尽职调查措施需要开展的程度。风险变量包括但不限于以下方面。

一是账户开立的目的或业务关系。传统、小额交易的账户风险低于由不知名的商业机构开立、用于大额现金交易的账户。

二是某个特定客户的存款水平或交易规模。如果某客户的资产水平和大额交易规模与金融机构其他类似客户的合理预期相比高出很多，那么即使该客户原本未被划分为高风险，此时也应视为高风险；反之，如果与金融机构其他类似客户的合理预期相比，客户的资产水平和交易金额都更低，那么即便该客户原本被划分为高风险，此时也应视为低风险。

三是客户受到的监管程度或管理水平。从洗钱的角度来看，如果一家金融机构受到所在国监管，且该国拥有良好的反洗钱监管体系，那么该金融机构客户的风险就比另一家未受反洗钱监管，或只受到最低限度监管的金融机构的客户风险低。此外，上市公司及其全资分支机构一般来说洗钱风险极低。相应地，可考虑对这些实体进行简化的开户审查，业务关系存续期间也无须对其进行更严格的交易监测。

四是业务关系的频率和存续期。与金融机构保持长期且频繁业务关系的客户洗钱风险较低。

五是金融机构对营业所在国的熟悉程度，包括对其法律法规、监管体系和范围的熟悉程度。

六是客户利用法人实体或其他组织结构而没有明显的商业目的和其他原因，或其他合理理由，或人为地增加复杂性或降低透明度。若客户使用该组织结构而不能说明合理的理由，则意味着风险增加。

此外，保险业金融机构还应考虑的风险变量包括：团体寿险的投保公司是否属于公开上市公司，其职工数量、缴纳金额、职工缴纳选择权、现金提取、终止合同缴纳权的情况等。客户金融犯罪方面的公开数据可能导致保险公司重新考虑客户风险评级（尤其是当合同包含可随时使用的投资项目时）。

第三节　金融机构洗钱风险应对与控制

金融机构在完成洗钱风险评估之后应确定如何应对与控制这些风险。在设计金融机构洗钱风险应对与控制程序时，高级管理层应把握以下三个方面内容：一是要制定风险控制的政策和程序；二是通过职责明晰的组织机构进行授权；三是重视监控有关流程与控制措施的实施情况，了解有关业务与控制的管理信息。多数金融机构都能够制定高水平的政策和详细的操作程序，但政策与程序的顺利实施却较难落实。在整合资源、确保达到风险控制目标方面，高级管理层应当对洗钱风险控制的有效实施承担管理责任。

金融机构应对洗钱风险的四种方式包括回避、降低、分担和承担。在应对的过程中，金融机构应综合考虑风险的可能性、影响效果以及成本效益，并选择能够使剩余风险量处于风险容忍度以内的应对方式。金融机构采取的风险应对态度和应对方式，具体体现在其采取的风险控制措施当中。如金融机构拟采取回避风险的应对方式，则相应采取的控制措施包括拒绝开立账户、建立业务关系、开展某项特定的交易等；如金融机构拟采取降低风险的应对方式，则相应采取的控制措施包括提高审批等级、加强尽职调查和监测等。

一、FATF 对风险控制措施的指引

（一）针对高风险情形

金融机构对于高风险的情形，应采取严格的措施实施控制，降低洗钱高风险客户的潜在洗钱风险。这些措施可包括以下内容：建立一个完整的体系，确保机构全系统实现识别、监测高风险客户和高风险交易的目标；

增进机构全系统业务条线对高风险客户和高风险交易的深入了解；提高客户尽职调查水平，了解购买金融产品相关资金的真实来源，以及客户正常购买产品的行为模式；升级对开立账户或建立业务关系的审批；加强对交易频率、交易起点、交易金额等方面的监测；开展持续的尽职调查，保证客户有关文件、数据和信息的时效性和相关性，提高持续控制水平和业务关系回溯审查的频率。对于金融机构而言，同一项控制措施可能解决多种风险问题，金融机构不必建立具体的控制目标，或对每一种风险确定单独的控制措施。

对所有缺乏明显合法目的的复杂、大额交易及异常交易模式，金融机构应尽最大可能审查其背景和目的。当洗钱和恐怖融资风险较高时，金融机构应实施与识别出的风险相一致的强化客户尽职调查措施，并加强对业务关系的监测力度和水平，以判断这些交易或活动是否异常或可疑。对于高风险业务关系可采取的强化客户尽职调查措施包括：获取关于客户的额外信息（如职业、资产数额、通过公共数据库或互联网等渠道获取的相关信息），以及定期更新客户和受益所有人的身份信息；获取关于业务关系潜在性质的额外信息；获取客户资金或财产来源的信息；获取关于交易意图或已完成交易的原因；就建立或延续业务关系获得高级管理层的批准；通过增加控制措施的次数和时间以及选择需要进一步审查的交易模式等手段，强化对业务关系的监测；要求客户在采取类似客户尽职调查标准的银行开立账户，并用该账户支付第一笔款项。

（二）针对低风险情形

FATF 建议对洗钱风险较低的情形作出了原则规定，如金融机构对客户进行充分评估后确定洗钱风险较低的，可采用简化的客户尽职调查措施。简化的措施应当与低风险要素相匹配，例如，简化措施可以仅与客户受理措施相关或仅与持续监测措施相关。

可采用的措施包括：在建立业务关系后核实客户和受益所有人身份（如账户交易超过规定的货币限额）；降低客户识别信息的更新频率；在规定限额内，减少持续的监测频率，降低交易审查程度；在为了解业务关系背景和潜在性质收集信息方面，不必采取特别的措施，但应从交易类型或建立的业务关系来推断其目的和性质。

当客户存在洗钱或恐怖融资风险，或符合特定的高风险情形时，不能采用简化的客户尽职调查措施。

二、我国反洗钱主管部门对风险控制措施的指引

我国反洗钱主管部门制定的客户洗钱风险分类管理指引对风险控制措施作出了细化的明确指导，金融机构应在客户风险等级划分的基础上，采取相应的客户尽职调查及其他风险控制措施。

（一）针对高风险客户

金融机构对高风险客户应采取强化的客户尽职调查及其他风险控制措施，以有效预防风险。这些措施包括但不限于：（1）进一步调查客户及其实际控制人、实际受益人情况；（2）进一步深入了解客户经营活动状况和财产来源；（3）适度提高客户及其实际控制人、实际受益人信息的收集或更新频率；（4）对交易及其背景情况作更为深入的调查，询问客户交易目的，核实客户交易动机；（5）适度提高交易监测的频率及强度；（6）经高级管理层批准或授权后，才可为客户办理业务或建立新的业务关系；（7）按照法律规定或与客户的事先约定，对客户的交易方式、交易规模、交易频率等实施合理限制；（8）合理限制客户通过非面对面方式办理业务的金额、次数和业务类型；（9）对其交易对手及经办其业务的金融机构采取尽职调查措施。

（二）针对低风险客户

金融机构可对低风险客户采取简化的客户尽职调查及其他风险控制措施，可酌情采取的措施包括但不限于以下几方面。（1）在建立业务关系后再核实客户实际受益人或实际控制人的身份。（2）适当延长客户身份资料的更新周期。（3）在合理的交易规模内，适当降低采用持续的客户身份识别措施的频率或强度。例如，逐步建立对低风险客户异常交易的快速筛选判断机制。对于经分析排查后决定不提交可疑交易报告的低风险客户，金融机构仅发现该客户重复性出现与之前已排除异常交易相同或类似的交易活动时，可运用技术性手段自动处理预警信息。对于风险等级较低客户异

常交易的对手方仅涉及各级党的机关、国家权力机关、行政机关、司法机关、军事机关、人民政协机关和人民解放军、武警部队等低风险客户的，可直接利用技术手段予以筛除。（4）在风险可控情况下，允许金融机构工作人员合理推测交易目的和交易性质，而无须收集相关证据材料。

第三章　基于风险的反洗钱审计

【本章导读】反洗钱审计是审计部门根据国家法律、法规及公司反洗钱工作的各项规定，对金融机构反洗钱内控制度建设、执行情况以及反洗钱义务履行情况进行的独立、客观监督和评价活动。与基于规则的反洗钱审计不同，基于风险的反洗钱审计是在合规原则基础上，将洗钱风险的评估和管理作为审计的重点，其目的是客观评价金融机构在预防和控制洗钱风险方面的情况，包括是否根据监管部门要求开展本机构的洗钱和恐怖融资风险评估工作，是否合理构建适用于自身特点的风险管理制度，是否有效降低洗钱风险，有效预防和遏制洗钱活动。目前，基于风险的反洗钱审计是我国审计理论研究的一项新课题，在金融机构工作实践中也处于探索阶段。

本章主要借鉴企业风险管理框架，并在整理当前国内外洗钱风险审计实践案例的基础上，通过介绍反洗钱国际标准、法律依据、审计程序、审计应关注的高风险点，为金融机构开展基于风险的反洗钱审计工作提供借鉴和参考。

第一节　国际标准和法律依据

一、国际标准

反洗钱国际组织对金融机构开展反洗钱审计提出了明确要求。FATF《四十项建议》的建议 18（释义）指出，金融机构应建立“独立的审计功能，以测试系统的有效性”。同时，建议 1 要求金融机构和特定非金融行业和职业（DNFBPs）识别、评估，并采取有效措施降低洗钱和恐怖融资风险。FATF 还要求各国金融体系和实体经济在降低洗钱和恐怖融资风险和威胁方面应达到一定的有效性。因此，当前的反洗钱审计应突出两个方面的特点：一是基于风险，即着眼于金融机构是否对洗钱和恐怖融资风险进行了识别和评估，是否采取了风险管理措施；二是突出有效性审计，即采取的风险管理措施是否有效降低洗钱和恐怖融资风险和威胁。

二、法律依据

世界上部分国家对反洗钱审计专门提出了具体要求。美国联邦金融机构监管委员会2006年制定的《银行保密法/反洗钱检查手册》对银行反洗钱合规工作提出明确要求，要求银行必须对反洗钱工作开展独立审计；独立审计可以由内部审计部门、外部审计师或其他有资质的独立实体承担，建议每12～18个月实施一次。同时，该手册还规定，如果独立审计由内部审计部门完成，则审计人员必须与审计事项不存在关联性，以确保审计的独立性。美国《爱国者法案》规定，金融机构对反洗钱程序的测试可以由内部审计部门执行，也可以委托外部机构来执行。每个金融机构都应当制订反洗钱计划，并由一个独立的审计部门对反洗钱程序项目进行测试。此外，一些国家为了帮助审计师熟悉自己在反洗钱领域的权利与义务，还专门制定了反洗钱审计规范准则，如《英格兰与威尔士注册会计师协会关于识别与处理洗钱的指南》等。

我国相关管理部门和行业自律组织也非常重视反洗钱审计工作。在金融机构内部审计方面，中国人民银行、银监会、证监会、保监会于2007年联合颁布的《金融机构客户身份识别和客户身份资料及交易记录保存管理办法》以及人民银行发布的《反洗钱非现场监管办法（试行)》，明确提出了金融机构应定期开展反洗钱内部审计并上报相关情况。《金融机构客户身份识别和客户身份资料及交易记录保存管理办法》第四条规定，“金融机构应当根据反洗钱和反恐怖融资方面的法律规定，建立和健全客户身份识别、客户身份资料和交易记录保存等方面的内部操作规程，……并定期进行内部审计，评估内部操作规程是否健全、有效，及时修改和完善相关制度”。《反洗钱非现场监管办法（试行)》规定，金融机构应当按照中国人民银行的规定，指定专人负责向中国人民银行及其分支机构报送反洗钱统计报表、信息资料、交易数据、工作报告以及内部审计报告中与反洗钱工作有关的内容，如实反映反洗钱工作情况。

在外部审计方面，《中国注册会计师审计准则》为注册会计师参与反洗钱工作提供了制度支持，并且在《中国注册会计师审计准则》第1633号《电子商务对财务报表审计的影响》中明确要求注册会计师应当考虑被审计单位是否已恰当处理与电子商务环境密切相关的反洗钱等法律法规问题。如果注册会计师没有按照审计准则的要求以及应有的敏感性关注洗钱等行为，就不能免除相应责任，甚至可能陷入司法诉讼之中。

近年来，随着中国反洗钱的力度逐渐加大，有关金融监管部门也发布与反洗钱审计有关的具体准则作为补充与解释，指导审计人员的反洗钱实践，例如2012年保监会针对保险行业印发了《保险稽查审计指引第8号：反洗钱分册》，对保险机构反洗钱审计的程序、内容等作出了基本规范。

第二节　审计主体与审计程序

一、审计主体

反洗钱审计的主体是指反洗钱审计活动中主动实施审计行为、行使审计监督权的审计机构及其审计人员。从目前的实践情况来看，参与反洗钱审计工作的机构主要有：国家各级审计机关、会计师事务所以及金融机构内部审计部门。从事反洗钱审计的人员主要包括：国家审计人员、注册会计师与内部审计人员以及参与反洗钱工作的其他具有审计专业才能的人员。与此相对应，由政府审计部门和国家审计人员参与的审计为政府审计，由会计师事务所以及注册会计师实施的审计为外部审计，而由金融机构内部审计部门和人员实施的审计为内部审计。

二、审计程序

反洗钱审计程序和其他审计程序一样，分为准备阶段、实施阶段和终结阶段。

（一）准备阶段

反洗钱审计准备阶段是指从审计人员确定或接受审计任务开始，到做好各种准备工作为止的阶段。审计前的准备工作是整个审计程序的重要一环，是保证反洗钱审计工作顺利进行和取得理想效果的必要条件和基础。准备阶段重点做好以下几方面的工作。

1. 组成审计组

在审计实施前，应根据审计任务选派适当人员组成反洗钱专项审计组，组织研究审计方案。根据实际情况，可在审计组下成立若干审计小组。审计人员则按照分工具体实施反洗钱审计工作。

2. 制订实施方案

审计人员应在了解被审计单位（部门）及所其处社会和行业环境的基础上，识别和评估潜在的洗钱风险，设计实施方案。实施方案的具体内容包括审计目标、内容和重点，审计的方式、方法和工作步骤，计划工作时间，人员分工和注意事项等。在设计实施方案中，审计人员应对风险进行优先排序，确定关键风险领域，将风险高的领域作为优先审计项目，并根据风险暴露的重要性按一定比例分配审计资源。

3. 搜集有关资料

根据审计制度和要求，制作好各种审计表格、定型的工作记录、审计工作底稿、交接手续单等。

4. 开展审前培训

审计组实施基于风险的反洗钱审计前，应对审计组成员进行专项培训，要求审计组成员重点学习了解有关的反洗钱政策法律法规，反洗钱领域运用风险为本方法的现状，对可能存在的问题提前进行分析，掌握现场审计实施方案、现场审计要求和被查单位有关情况等。

5. 发出审计通知书

审计部门应制作《审计通知书》，将审计目的、要求、内容、方法、时间、参加审计人数、带队人姓名等通知被审计单位（部门），并要求其提供各种有关资料，作好全面汇报或专项汇报的准备。《审计通知书》应一式两份，一份交被审计单位（部门），一份由审计部门留存。

（二）实施阶段

反洗钱审计实施阶段的主要工作是收集充分可靠的审计证据，并对收集的证据进行分析和归纳整理。在这一阶段，审计人员首先应对被审计单位（部门）的在洗钱风险进行初步评估，将容易出现洗钱风险的部门、产品（服务）、业务环节放在首位，进行重点审计。在审计时，审计人员可以采用现场审计或非现场审计方式进行，审计人员应综合运用询问、观察、审核等方法对被审计单位（部门）反洗钱工作中的问题进行取证。取证材料包括被审计单位反洗钱工作有关制度、报表、工作档案、凭证等原件、复印件或照片。

（三）终结阶段

终结阶段是审计的最后阶段，是前两个阶段工作的总结。在这一阶段审计人员需要汇总、分析各类审计证据，撰写审计报告，最后出具审计意见书，作出审计决定。这其中包括对被审计单位（部门）的反洗钱整体工作方案的鉴定。例如，被审计单位（部门）是否委任专门的反洗钱合规官或风险官，是否配备了洗钱风险管理必要的合格人员；是否建立客户身份识别和风险管理制度、大额和可疑交易报告制度以及客户身份资料和交易记录保存制度；是否建立独立的反洗钱工作检查体系和评估制度；是否建立恰当的员工培训计划和制度；是否有效执行了风险为本的反洗钱制度等。被审计单位（部门）针对审计中发现的问题应提出整改措施并负责落实。

第三节　审计内容与审计重点

金融机构在构建基于风险的反洗钱审计体系时，可以借鉴企业内部控制规范和评价方法的研究和实践成果。根据《商业银行内部控制评价试行办法》、《企业内部控制基本规范》等关于内部控制制度的规定，结合反洗钱工作特点，反洗钱审计的主要内容是对以下五个方面进行评价，即控制环境、风险识别与评估、控制活动、信息与沟通、监督与考核。有条件的金融机构，还可以按照 COSO 框架的要求，进一步深化和拓展。

一、控制环境审计

控制环境是金融机构风险管理各项构成要素的基础，包括反洗钱内控制度建设、机构设置、培训宣传、反洗钱意识以及人力资源准则等，其中每一项又可以划分为若干具体的指标。下面以内控制度建设、机构设置、培训宣传为例介绍控制环境审计的主要内容。

（一）反洗钱内控制度建设审计

《反洗钱法》第十五条规定，“金融机构应当依照本法规规定建立健全反洗钱内部控制制度，金融机构负责人应当对反洗钱内部控制制度的有效实施负责”。这从法律层面上明确了建立健全反洗钱内控制度是金融机构应履行的反洗钱义务之一。《金融机构反洗钱规定》第八条规定，“金融机构及其分支机构的负责人应当对反洗钱内部控制制度的有效实施负责”。

在审计过程中，审计人员应访谈相关管理层及负责反洗钱工作的相关部门与岗位人员，了解公司反洗钱内部控制制度和实际操作流程，是否依法建立了以履行反洗钱义务为目的的核心管理制度和配套内控制度；调阅金融机构反洗钱内控制度，操作规程与控制措施，对照反洗钱相关法律规章和监管规定，评价其是否符合规定，是否体现了风险为本的原则和方法；是否制定了清晰、完整的反洗钱岗位职责和组织机构运作规则。

（二）反洗钱机构设置审计

《反洗钱法》第十五条规定，“金融机构应当设立反洗钱专门机构或者指定内设机构负责反洗钱工作”。《金融机构反洗钱规定》进一步要求，金融机构应当配备必要的反洗钱管理人员和技术人员。在审计过程中，审计人员应调阅金融机构相关制度及组织机构图，对照监管要求，对反洗钱工作相关部门的机构设置以及岗位职责分工方面进行分析、评价，判断其是否健全和合理；访谈公司管理层、反洗钱工作相关部门及岗位，了解公司是否根据反洗钱法律规章建立了包含业务、科技、财务、内审等与反洗钱活动相关部门的组织机构，并配备了与本机构反洗钱工作相适应的人力资源；根据各层级反洗钱工作的机构设置以及职责分工，了解其对各自反洗钱工作职责和权限的认知及掌握程度。

基于风险的反洗钱审计还应重点关注被金融机构评估为高风险的业务（产品）、客户、地域、交付渠道所涉及的条线（部门），是否加强了反洗钱人员等资源的配备，能否有效预防或降低风险。例如，某银行将私人银行业务评估为洗钱高风险业务，则审计人员应重点关注私人银行部门配备的反洗钱人员是否适应对该部门的最低风险管理要求。

（三）反洗钱培训宣传审计

《反洗钱法》第二十二条规定金融机构应当按照反洗钱预防、监控制度的要求，开展反洗钱培训和宣传工作。《金融机构反洗钱规定》要求金融机构及其分支机构应当对工作人员进行反洗钱培训，增强反洗钱工作能力。

在审计过程中，审计人员首先应调阅金融机构反洗钱培训和宣传相关资料，对其反洗钱培训宣传工作的有效性进行评估，如访谈公司反洗钱工作相关部门及人员，了解其反洗钱培训与宣传工作开展情况；检查反洗钱培训是否满足本公司人员反洗钱工作的要求，以使其掌握开展反洗钱工作所必要的知识和技能；了解本公司相关人员对各自岗位反洗钱职责和技能的掌握情况，通过何种渠道、何种方式获悉反洗钱相关规定与操作实务，核实公司是否确实对上述人员进行了反洗钱宣传与培训；是否通过适当的途径将反洗钱的观念和重要性传达给员工，并营造富有反洗钱意识的企业文化。

基于风险的反洗钱审计还应重点关注与高风险相关的内部人员培训，审计金融机构是否强化了上述人员的风险管理意识，除普通业务培训外，是否通过重点风险提示、最新洗钱趋势分析等途径，及时更新相关员工的知识结构，提高风险管理能力。

二、风险识别与评估审计

对于洗钱风险识别与评估的审计，审计人员重点应关注金融机构已有风险识别方法的适当性和有效性，是否根据风险评估及时调整风险等级。在基于风险的反洗钱审计过程中，建议将当前的审计重点放在金融机构是否落实了中国人民银行《金融机构洗钱和恐怖融资风险评估及客户分类管理指引》（银发［2013］2 号）关于风险识别与评估的各项要求上，包括以下几个方面。

（1）金融机构是否落实风险为本的反洗钱方法，是否对本机构洗钱和恐怖融资风险进行了全面评估；是否存在未将某些业务或某些分支机构纳入风险评估的情况。

（2）金融机构是否在总部或集团层面建立了统一的洗钱风险管理基本政策，并在各分支机构、各条线（部门）执行；是否存在某分支机构或某条线（部门）不执行总部洗钱风险管理政策的例外情况。

（3）金融机构是否指定了适当的条线（部门）及人员负责风险评估工作流程的整体设置及监控工作，是否组织各相关条线（部门）充分参与风险评估工作；是否存在反洗钱合规部门与其他业务部门工作脱节的情况。

（4）金融机构客户风险管理政策是否经董事会或其授权的组织审核通过，并由高级管理层中的指定专人负责实施。

（5）金融机构是否依据风险评估结果科学配置反洗钱资源，在洗钱高风险领域采取强化反洗钱措施，在洗钱低风险领域采取简化的反洗钱措施；是否存在洗钱高风险业务采取的风险管理措施与低风险业务采取的措施完全一致的情况。

（6）金融机构是否对客户、地域、业务（产品/服务）、行业（职业）等进行了全面风险评估；除例外情形外，金融机构客户洗钱风险评估是否涵盖了每一位客户，确定的客户洗钱风险等级在本机构是否唯一；是否存在不同业务网点对同一客户采用不同风险等级的情况（且无法作出合理解释）。

（7）金融机构是否根据客户尽职调查结果及时调整客户风险等级；是否存在客户洗钱风险等级长期不调整的情况。

（8）金融机构是否根据客户或者账户的风险等级，定期审核本机构保存的客户基本信息，是否对风险等级较高客户或者账户采取更加严格的审核。

（9）金融机构是否在推出新业务、采用新的营销或支付渠道、运用新技术前进行系统全面的洗钱风险评估，并按照风险可控原则建立相应的风险管理措施。

对于经评估论证不遵循《金融机构洗钱和恐怖融资风险评估及客户分类管理指引》（银发［2013］2 号）的，是否对评估论证方法、过程及结论保留了书面记录，是否自行确定了洗钱风险评估标准或风险控制措施，其实施效果是否不低于该指引的要求。

三、控制措施审计

控制措施是金融机构按照反洗钱法律法规和内部制度的要求，在被评估为存在洗钱风险的领域、环节设计并建立相应的控制制度和流程、规则，从而切实履行预防洗钱、降低洗钱风险、监测控制洗钱活动的义务。控制措施的审计是基于风险的反洗钱审计的重点，是有效性审计的重要体现。

控制措施主要体现在客户身份识别、客户身份资料和交易记录保存、大额和可疑交易报告以及保密等方面。对控制措施的审计也应分别对上述措施进行审计。

（一）客户身份识别风险控制措施的审计

反洗钱相关法律法规明确了金融机构应履行的客户身份识别义务。《反洗钱法》第三章第十六条规定，“金融机构应当按照规定建立客户身份识别制度”。《金融机构反洗钱规定》第九条规定，“金融机构应当按照规定建立和实施客户身份识别制度”。《金融机构客户身份识别和客户身份资料及交易记录保存管理办法》规定了金融机构应当根据反洗钱和反恐怖融资方面的法律规定，建立和健全客户身份识别、客户身份资料和交易记录保存等方面的内部操作规程，并在客户业务关系存续期间内采取持续的客户身份识别措施等。

对金融机构客户身份识别义务情况进行审计主要包括初次识别、重新识别和持续识别。针对初次识别，应重点审计金融机构在与客户签订业务合同时，是否按规定勤勉尽责地履行了客户身份识别义务，是否存在未按规定识别客户身份并留存相关资料或客户身份信息不真实、不完整等情况。针对重新识别，可以通过抽取业务档案、回访及核实记录等相关资料，核查金融机构是否按规定在特定情形发生时重新识别客户身份。针对持续识别，可以抽取达到规定金额的业务，核查金融机构在业务存续期间是否采取了持续的客户识别措施，是否对客户提交的身份证件有效期限进行监控和管理。

在对客户身份识别方面，基于风险的反洗钱审计还应重点审查以下高风险环节中客户身份的识别和控制措施是否符合监管要求：（1）金融机构为客户提供跨境汇款；（2）为不在本机构开立账户的客户提供现金汇款、现钞兑换、票据兑付等超过规定金额的一次性金融服务；（3）金融机构为外国政要开立账户；（4）现金价值超过规定金额的保险合同的退保；（5）信托合同；（6）非柜台方式的金融服务；（7）代理业务；（8）第三方识别。

（二）客户身份资料和交易记录保存风险控制措施的审计

《金融机构客户身份识别和客户身份资料及交易记录保存管理办法》规定，金融机构应当按照安全、准确、完整、保密的原则，妥善保存客户身份资料和交易记录，确保能足以重现每项交易，以提供识别客户身份、监测分析交易情况、调查可疑交易活动和查处洗钱案件所需的信息。应当保存的客户身份资料具体包括记载客户身份信息、资料以及反映金融机构开展客户身份识别工作情况的各种记录和资料。因此，保存客户身份资料和交易记录的审计，主要检查相关资料与交易记录保存的完整性、准确性和安全性，以及保管期限的合规性。例如，调阅与客户身份资料及交易记录保存有关的内控制度，检查是否结合公司自身经营特点对应保存的客户身份资料及交易记录类别进行明确，是否覆盖了规定的所有类型；抽查达到规定标准应进行客户身份识别的交易，调阅与此对应的各类业务档案、会计档案、反洗钱工作记录、业务系统记录与反洗钱信息系统记录等，检查在进行客户身份识别过程中获取的客户资料与交易记录是否完整、准确，保存的交易数据是否完全足以重现交易；调阅反洗钱相关工作记录，向监管部门报送的反洗钱报告、交易信息等，检查其是否按规定进行保存，是否完整、准确。

在对客户身份资料和交易记录保存措施开展审计时，基于风险的反洗钱审计还应重点审查以下高风险环节的识别和控制措施是否符合监管要求：(1) 客户身份识别重点审计项目的资料保存情况；(2) 高风险客户的交易记录保存情况；(3) 高风险金融产品（服务）的交易记录保存情况；(4) 涉及高风险地域的交易记录保存情况。

(三) 大额交易和可疑交易报告风险控制措施的审计

根据《反洗钱法》等相关法律法规的要求，金融机构应报送反洗钱工作开展的有关信息。《金融机构反洗钱规定》明确要求“金融机构应当按照规定向中国反洗钱监测分析中心报告人民币、外币大额交易和可疑交易”，“发现涉嫌犯罪的，应当及时以书面形式向中国人民银行当地分支机构和当地公安机关报告”。

审计人员应通过调阅被审计单位（部门）报送的各类反洗钱信息，以及与反洗钱相关部门与人员访谈等多种渠道，重点审计被审计单位（部门）是否按照法律法规要求，及时将与洗钱、恐怖融资及其他违法犯罪活动有关的可疑交易或客户信息向中国反洗钱监测分析中心、中国人民银行当地分支机构以及公安机关报告；被审计单位（部门）报送材料是否符合管理部门要求，保证信息的真实性、准确性和完整性，不存在信息报表漏报、报送不全甚至错报的情况；被审计单位（部门）在计算机系统发现异常交易并预警后，是否遵循风险为本原则，由有关工作人员对预警涉及的客户、账户及交易信息进行严格分析甄别后有合理理由认为涉嫌洗钱的才进行上报，是否存在不经人工分析就上报的情况。

(四) 失泄密风险控制措施的审计

根据《金融机构反洗钱规定》，金融机构及其工作人员对有关反洗钱信息负有保密义务，不得将工作信息泄露给客户和其他人员。

对于失泄密风险控制措施，审计人员应主要检查金融机构是否采取切实可行的措施保管客户身份信息和交易信息，是否存在信息泄露等安全隐患。如了解各部门、各层级反洗钱岗位职责，及其系统权限和接触客户身份与交易信息的权限，核查其权限与岗位职责是否匹配；调阅业务系统、财务系统与反洗钱信息系统相关的内控管理文件，检查是否建立了分级授权制度，抽取不同部门与层级的系统操作人员，检查其系统操作权限，是否符合授权管理规定，是否与其岗位职责匹配；检查是否建立了可靠的防灾机制，采取有关技术手段防止信息泄密，如通过备用服务器机制以应对各种软硬件及网络故障，保证加密系统持续稳定运行，通过加密文档备份服务器，对修改的加密文档实时备份等。

四、信息与沟通审计

反洗钱工作是一项系统工程，需要金融机构内部各职能部门之间、金融机构与有关外部机构之间进行充分的合作与信息交流，以确保反洗钱法律法规、制度、线索、经验等信息在金融机构内部和外部得到及时有效的传递和应用。因此，金融机构需要建立信息与沟通制度，明确信息收集、处理和传递程序，确保信息的及时、准确、完整，符合保密要求，进而促进内部控制有效运行。审计人员可以从内部信息传递和外部信息报送两个方面评价金融机构信息系统的运作情况。

（一）信息内部传递审计

内部传递的信息主要包括：反洗钱法律法规和各项制度规定，系统预警的异常交易涉及的客户资料、账户信息及交易数据，相关部门与此有关的工作记录和事项报告等。信息内部传递是指信息在金融机构内部各部门、各级机构之间进行全面、及时和准确的传递，以帮助金融机构管理层作出正确、迅速的决策，提高反洗钱内部控制效率。

在审计过程中，审计人员应重点审计被审计单位（部门）是否建立了相关制度确保各类信息能够准确、迅速地传递到相关的部门，促进相关人员正确履行反洗钱岗位职责。如是否建立反洗钱信息传递机制，使本单位员工及时了解反洗钱法律法规和内部控制要求，正确履行反洗钱岗位职责；是否建立反洗钱信息反馈制度，即每个部门和员工履行职责的情况、发现的内部控制隐患和缺陷等信息能否顺畅反馈，并切实履行重大事项报告制度，为管理层完善反洗钱内控管理提供参考；是否建立反洗钱部门协调制度，即反洗钱合规管理部门能否及时从相关业务操作部门了解反洗钱风险管理状况，相关业务操作部门能否迅速了解反洗钱法律法规和监管规定的最新动态，获得反洗钱合规管理部门的业务指导。

（二）外部信息报送审计

外部沟通的信息主要包括：重点可疑交易线索、反洗钱调查资料、开展反洗钱工作的信息资料、工作报告以及内部审计报告中与反洗钱工作有关的内容等。信息的外部沟通是指金融机构与监管部门、反洗钱监测分析中心、洗钱犯罪调查或侦查部门等外部机构之间进行充分的合作与信息交流，确保线索、工作进展、工作经验等信息在金融机构与外部有关机构之间得以及时有效的传递和应用。

在审计过程中，审计人员应重点审计被审计单位（部门）是否按照反洗钱法律法规和工作需要建立了信息外部沟通制度，如大额和可疑交易报告制度、配合反洗钱监管制度、配合反洗钱调查制度、配合分支机构驻在国反洗钱监管制度等；是否认真履行了法定义务，全面、准确、及时地向中国反洗钱监测分析中心报送大额和可疑交易报告，所填写信息是否充分，有关交易背景、目的和性质的描述和分析是否到位；是否按照监管要求，向中国人民银行报送有关反洗钱工作报告和报表，是否向依法开展反洗钱现场检查和反洗钱调查的机构提供了所需的资料、数据和信息；是否积极配合公安机关等侦查部门，向其提供有关客户、账户、交易等信息，协助开展洗钱犯罪侦查工作。

五、监督与考核审计

《金融机构客户身份识别和客户身份资料及交易记录保存管理办法》第四条规定，金融机构应当根据反洗钱和反恐怖融资方面的法律规定，定期进行内部审计，评估内部操作规程是否健全、有效，及时修改和完善相关制度。

在审计过程中，审计人员应重点检查金融机构是否建立了科学完善的反洗钱日常工作绩效评估机制，并在此基础上综合运用正向和反向激励手段，有效调动各相关部门和人员反洗钱工作的积极性和主观能动性。如金融机构相关业务部门能否定期或不定期地对本条线反洗钱内控制度执行情况进行检查，对发现的问题及时纠正；金融机构反洗钱合规管理部门能否对各业务部门反洗钱内部控制的制度建设、执行情况进行及时有效地检查和评价，出具反洗钱内部控制评价报告，对存在的问题提出整改意见并督促执行；是否建立反洗钱内部控制责任制，对违反反洗钱内部控制制度的人员追究责任。

第四章　洗钱风险管理的外部监管

【本章导读】金融机构自身是提高洗钱风险管理水平的重要内因，而外部监管是促进金融机构内部风险管理的外因，可以有效发挥监管作用，督促金融机构洗钱风险管理水平不断提高，切实降低风险造成的负面影响。

本章选取了近年来几个重大的国际反洗钱监管、处罚案例进行深入剖析，以使金融机构，尤其是董事会和高级管理层，了解反洗钱监管由规则为本向风险为本转变的发展趋势，深入分析洗钱风险管理过程中的漏洞，从而不断改进和完善本机构洗钱风险管理工作。

第一节　反洗钱监管发展趋势

2000 年以来，由于监管资源的限定，以规则为本的反洗钱监管方式日益显现出固有的弊端，以英国为首的反洗钱监管者开始着手研究基于风险的反洗钱监管方法，反洗钱工作理念也从规则为本向风险为本转变。

2007 年 6 月，金融行动特别工作组借鉴和吸纳了英国的经验，发布金融业《风险为本的反洗钱/反恐怖融资方法指引：高级原则和程序》，将风险为本的理念引入反洗钱工作。其后针对房地产、会计师、贵金属、律师、保险业等其他八个行业陆续发布了风险为本的工作指引。2012 年 2 月，金融行动特别工作组发布修订后的《四十项建议》，正式要求各国在反洗钱工作中评估风险并运用风险为本的方法。《四十项建议》建议 1 规定，为确保有效控制风险，各国应当识别、评估和了解本国的洗钱与恐怖融资风险，并采取相应措施，诸如指定某一部门或建立相关机制统筹风险评估，配置资源。在评估的基础上，各国应当采取风险为本的方法以确保防范和控制洗钱风险的措施与已识别的风险相适应。该建议要求金融机构在实施风险为本方法的过程中，应当建立识别、评估、监测、管理和降低洗钱、恐怖融资风险的程序。风险为本方法的基本原则是在高风险情形下，金融机构应采取强化措施管理和降低风险；在低风险情形下允许金融机构采取简化措施。但要特别注意的是，如果金融机构合理怀疑存在洗钱或恐怖融资的情况，则不允许采取简化措施。

对于金融机构开展的洗钱风险管理工作，反洗钱监管部门应承担监督管理职责。反洗钱监管部门应通过审查金融机构的风险管理程序，确定金融机构风险管理机制是否有效，是否发现了明显的洗钱或恐怖融资风险。反洗钱监管部门要关注金融机构的风险管理流程，评估相关因素，包括那些本应由金融机构关注的因素，如总资产规模、客户群体、产品和服务以及分支机构的位置等。监管部门必须评判金融机构自身进行的风险评估、风险应对和控制措施是否得当，从而决定是否需要其进行改进和完善。

监管部门可以采用现场检查的方式审核金融机构风险报告的准确性，以及金融机构为降低风险而采取的措施是否充分。监管部门应根据金融机构或监管部门自己作出的风险评估确定现场检查范围。此外，为检验金融机构洗钱与恐怖融资风险管理机制的运行环境，反洗钱监管部门应审查金融机构有关反洗钱与反恐融资程序的书面文件，并确认该文件是否获得金融机构相应管理层的批准。监管部门应审查金融机构内部控制体系，包括与开户、客户身份识别、大额和可疑交易监测与报告以及其他相关政策与流程，金融机构的内部控制程序应对可能被用于洗钱与恐怖融资活动的账户进行有效监控。监管部门还应审查董事会和管理层的有关反洗钱与反恐融资的报告，以确定金融机构是否遵循了报告所述政策。

第二节　风险为本的反洗钱监管实践

目前，金融行动特别工作组各主要成员国均按照其建议研究实行风险为本的反洗钱监管。下面以最早实践这一监管方法的英国为例，介绍国外反洗钱监管的最新进展，同时简要介绍我国近年来风险为本的反洗钱监管尝试。

一、英国基于风险的反洗钱监管实践

（一）对金融机构洗钱风险的评估

英国反洗钱监管采用其监管当局统一的风险评估模型，即风险由出现问题所产生的影响（impact）和出现问题的可能性（probability）两个因素共同决定。

1. 对影响的评估

金融机构出现问题所产生的影响程度很难直接测量，但可由规模指标代替。一般而言，规模越大，影响程度越高。可将业务规模作为各项业务出现问题的影响的替代指标，如营业额、客户数量及类别、交易金额等。而某家金融机构出现问题的影响则可由公司规模代替，体现为各类业务规模的汇总。因此，规模越大的金融机构，其出现问题带来的影响程度越高，监管部门应投入更多的资源，以适应风险为本的监管要求。根据各家金融机构公司和业务规模信息，将金融机构出现问题产生的影响程度分为低级、较低级、较高级、高级四个级别。

2. 对可能性的评估

金融机构出现问题的可能性由其业务风险和内控制度制定及执行方面的信息决定。金融机构业务风险来源于各项业务所处环境及其业务模式，由其客户、提供的产品、所处的市场、业务流程等方面决定。业务风险发生的可能性则主要取决于控制措施、管理及治理措施的有效性。控制措施指金融机构针对业务自身固有的风险而直接采取的相应措施，与业务模式对应可以细分为针对客户、产品、市场采取的控制措施，以及对财务及某项具体业务操作采取的措施。管理及治理措施指金融机构中影响多项业务开展的非直接的、较高层面的控制措施。包括内部审计、合规及风险管理、公司文化等。

对金融机构出现问题的可能性进行评估，就是在业务风险与采取的措施（包括控制措施、管理及治理措施）之间进行权衡，根据相关措施能否有效管理和控制风险的程度，同时收集金融机构的违规情况、对金融机构内控制度的质量评价以及来源于其他监管机构或执法机构的信息，对风险可能性进行综合评价。可能性评估结果也分为低级、较低级、较高级、高级四个级别。

（二）监管措施

监管部门在评估后向金融机构发出风险提示函告知评估结果、风险控制方案和下一次评估的监管周期。如果风险提示达不到预期的监管效果，监管部门会要求金融机构提交专业人士报告，或进一步采取调整业务许可事项、公开警告、罚款、向司法机关申请禁令等执法手段。此外，在评估外国金融机构的分支机构时，监管部门还要参考母国的反洗钱状况，对于FATF 指出的反洗钱不合作国家及离岸金融中心的金融机构，相应提高其风险级别。

（三）差别化监管方法

监管部门会根据不同的评估结果，采取小机构监管、部分监管和全面监管三种不同的模式，其主要区别在于风险评估方式和评估周期不同。

小机构监管模式（the small firm model）。对于占金融机构总量约95%的小型金融机构，其影响程度为低级，或者影响程度为较低级且可能性评估为低级，监管部门对其实施小机构监管模式。监管部门对这类机构很少直接开展针对性检查，而主要依靠非现场监管方式：分析金融机构提供的信息或者将其纳入某类特定问题开展专项调研。对影响程度评估为低级的机构，监管部门不评估其出现问题的可能性。对纳入小机构模式监管的机构，监管部门只投入很少的监管资源。

部分监管（arrow light）。对于影响程度为较低级且出现问题的可能性评估为较低级或较高级的机构，以及影响程度较高但出现问题的可能性评估为低级的机构，监管部门对其实施部分监管模式。从数量上来看，纳入这种监管模式的机构占3%。监管部门对纳入部分监管模式的金融机构进行为期一天的现场检查，仅涉及核心领域或需要重点检查的问题。

全面监管（full arrow）。对于影响程度为较高级且出现问题可能性评估为高级的机构，以及影响程度评估为高级的机构，监管部门对其实施全面监管模式。其中，对影响程度为高级的机构，监管部门会实施持续的严密监管，现场检查所花时间可超过一周。对影响程度为较高级且风险可能性为高级的机构，现场检查所花的时间为3～5天。监管者要对所有风险问题发生的可能性进行评估，并可以对任何领域的任何问题进行调查。

除影响程度为低级的小机构外，监管部门会定期对其他机构开展出现风险问题的可能性评估。评估间隔为1～4年不等，取决于金融机构的风险状况以及上一次风险评估结果的有效程度。

（四）由适当处罚转向对严重风险漏洞进行高额处罚

一般而言，对于反洗钱监管中发现的问题，英国反洗钱监管部门采取非正式讨论的方法指导金融机构，向其发出改进计划和建议，或通过不公开的警告进行提示。监管部门只对那些存在长期或者严重系统性控制缺陷的金融机构考虑使用处罚措施。如金融机构未能采取足够的措施识别洗钱风险，或者未能采取足够的措施消除风险，或者未能使相关措施得到有效执行。

但近年来，英国反洗钱处罚借鉴美国反洗钱重罚方式，对在恐怖融资方面存在严重缺陷的金融机构开出高额罚单，如2010年对苏格兰皇家银行因恐怖融资风险管理不善处罚800万英镑；2014年1月对南非标准银行集团英国子公司处罚764万英镑，处罚原因为该子公司未对与政治公众人物有关的高风险企业客户进行更严格的客户尽职调查。

二、中国风险为本的反洗钱监管尝试

中国风险为本的反洗钱监管尝试的主要内容是研究建立金融机构反洗钱风险评估指标体系，丰富和完善符合风险为本要求的反洗钱监管工具。另外，通过风险提示、召开形势分析会等方式，辅助开展风险为本的反洗钱监管。

（一）对金融机构开展风险评级和差异化监管

2012年，人民银行在江苏、湖南、青岛等地开展了反洗钱风险动态管理试点工作，初步研究确定了金融机构反洗钱风险评估指标体系，并逐步在全国范围内推广试用。该指标体系可测量评估金融机构所面临的洗钱威胁及对应的风险管理措施是否有效，给予被监管对象相应的风险评级，从而确定应采取的监管手段和监管强度，实现差异化监管及反洗钱监管资源的合理配置。

金融机构反洗钱风险评估指标体系是尝试从环境（circumstance）、产品/客户（commodity/customer）、控制（control）、沟通（communication）、调整（correct）五个维度，结合17个二级指标、35个三级指标，对金融机构反洗钱内控风险机制的健全性、产品和客户风险识别控制的有效性、合规风险管理架构的完整性以及自我修复受损能力的充分性作出综合评价，并依照金融机构在风险评估中的得分相应确定金融机构的反洗钱风险评级。

人民银行完成评估工作后，将评级结果及详尽的风险评估报告（包含每一评估项下的评估理由、评估结果及提示关注的风险漏洞、改进建议等内容）反馈给被评估机构，要求被评估机构按照监管建议改进反洗钱工作。

（二）加强对高风险领域的管理和指导

人民银行在日常反洗钱监管工作中，遵循全面风险管理原则，注重风险评估和分析，及时对高风险领域加强监管和指导。

为提升金融机构内部风险管控机制的集约化程度，人民银行于2012年印发了《中国人民银行关于加强金融从业人员反洗钱履职管理及相关反洗钱内控建设的通知》（银发［2012］178号），指导金融机构按照全面风险管理原则，将洗钱风险控制目标有机地融入整体风险控制体系中，通过进一步优化内部公司治理、健全反洗钱内控、细化高管层和业务条线人员反洗钱职责，实现整体风险管控能力的提升。

此外，2012年，针对金融机构境外分支机构所涉的重大反洗钱诉讼案，人民银行及时印发了《中国人民银行关于金融机构在跨境业务合作中加强反洗钱工作的通知》（银发［2012］201号），要求金融机构不得与空壳金融机构建立代理行等业务关系，对与自己有业务合作关系的境外金融机构采取严格的尽职调查措施和风险评估措施，对风险较高的境外业务合作伙伴采取严格的反洗钱风险管理措施，并倡导金融机构在集团层面采取最为严格的反洗钱合规和风险管控标准，用高标准、严要求提升中国金融机构在参与国际金融业务过程中的风险管控能力。

第三节 针对风险漏洞的反洗钱处罚案例

以美国、英国为代表，反洗钱监管部门在实行风险为本的监管过程中，对于洗钱风险管理中存在严重漏洞和缺陷的金融机构以及责任人均进行非常严厉的处罚，以达到督促金融机构完善对洗钱和恐怖融资风险管理的目的。

在美国和英国近十年来对金融机构作出的反洗钱巨额处罚案例中，被处罚的金融机构都存在比较严重的风险管理漏洞，从而导致了洗钱和恐怖融资的严重后果。对几起典型的处罚案例进行分析，受到严厉处罚的风险管理漏洞主要存在于内控制度设计和执行、机构人员设置和配备、对政治公众人物的风险管理以及涉及恐怖融资风险管理方面。

一、对政治公众人物风险管理漏洞的处罚

2014 年 1 月 22 日，英国金融市场行为监管局（Financial Conduct Authority，FCA）对南非标准银行集团英国子公司罚款 7 640 400 英镑，处罚原因为该公司未对与政治公众人物有关的企业客户进行更严格的客户尽职调查。

（一）南非标准银行集团基本情况

南非标准银行集团是南非最大的银行集团，在 18 个非洲国家和 13 个非洲以外的其他国家开展业务。2008 年，中国工商银行收购南非标准银行集团 20% 的股权，成为其国外第一大股东。

（二）风险管理规定

英国的反洗钱相关法规要求银行对交易的所有参与者进行有效和适当的尽职调查，尤其是涉及政治公众人物和其他高风险客户的交易。其反洗钱联合指导小组（JMLSG）发布的指引规定，对董事是政治公众人物或股权投资来源于政治公众人物的企业客户，应被划入更高的风险类别，并应采取强化的尽职调查措施。

（三）风险管理漏洞

2007 年 12 月 15 日至 2011 年 7 月 20 日，与南非标准银行集团英国子

公司有业务关系的企业客户共 5 339 个，其中，与一个或多个政治公众人物有关联的客户共有 282 个。

FCA 检查了南非标准银行集团英国子公司的相关制度，并对与政治公众人物有关联的 48 份企业客户档案进行了审查，发现其对政治公众人物的反洗钱政策和制度在应用上存在严重风险管理漏洞：一是在跟与政治公众人物有关的企业客户建立业务关系时，未采取充分的客户尽职调查程序，未对客户风险进行合理分类；二是未按照对客户风险分类的情况持续识别客户，未更新客户信息，也未对现有业务关系进行持续的监控。

FCA 出于以下原因向南非标准银行集团英国子公司开出了巨额罚单：一是向在行业内被公认为具有较高洗钱风险的企业提供大量贷款及其他服务；二是明知银行在客户持续识别方面存在问题，但并没有采取有效的改进措施；三是 FCA 前期对一些存在反洗钱缺陷的公司进行过处罚，已多次强调反洗钱合规要求和风险管理的重要性。

二、对风险评估和高风险客户、账户管理不当的漏洞进行处罚

2012 年 7 月 17 日，美国参议院常务调查委员会对汇丰银行美国分行涉嫌洗钱活动情况举行听证会，并发布了调查报告。报告称汇丰银行美国分行受到的监管太过宽松，未能有效防止墨西哥贩毒集团过去 7 年里在美国清洗数十亿美元的黑钱，并协助客户转移来自伊朗及叙利亚等国家的可疑资金，汇丰银行美国分行最终被处罚金 19.34 亿美元。汇丰银行美国分行自身存在的洗钱风险管理漏洞包括以下四个方面。

（一）代理国外账户存在巨大的洗钱风险

汇丰银行美国分行长期操作国外金融机构代理账户，其严重的反洗钱缺陷包括：账户和电汇监控系统功能不完善，17 000 份预警未被审查，职员配备不充分，对国家和客户的风险评估不合理，迟报或未报可疑交易报告。这些缺陷使美国面临巨大的洗钱、毒品交易和恐怖融资的风险。

（二）未有效评估高风险会员的漏洞

汇丰银行美国分行在操作其会员的代理账户前，未有效评估与会员相关的洗钱风险，未有效识别高风险会员，多年来未将汇丰银行墨西哥分行

作为高风险账户持有者对待。

（三）规避禁令的制度风险漏洞

多年来，汇丰银行美国分行与伊朗U－TURN交易（掉头交易）有关联。该行允许两个非美国会员参与运作，以避免引起OFAC筛查以及对个别交易的审查。然而在被问及何时获得其会员规避OFAC筛查操作的证据时，汇丰银行美国分行坚称其会员提供了充分透明的交易信息，不存在规避问题。汇丰银行美国分行未采取果断行动审查相关会员，也未对明显被银行内部视为欺骗性业务的操作进行阻止。

（四）忽视对高风险账户和可疑业务的风险管理

在有证据表明相关交易与恐怖融资有联系的情况下，汇丰银行美国分行仍为一些外国银行提供美元代理账户。

汇丰银行美国分行在10年时间内开立了超过2 000个未进行充分反洗钱风险控制的高风险不记名股票账户。

在不到4年的时间内，汇丰银行美国分行为日本富山县北陆银行清算大量号码连续且签名模糊不清的大额美元旅行支票，金额超过2.9亿美元，交易涉及日本富山县北陆银行的客户，该客户有规律地每天由俄罗斯向日本账户存入50万美元或以上金额的美元旅行支票，但美国汇丰对此不能给出合理解释，交易理由仅登记为出售二手车。另外，在知道日本富山县北陆银行的反洗钱控制制度薄弱的情况下，汇丰银行美国分行仍与其继续保持业务往来。

三、对恐怖融资风险管理漏洞的处罚

2010年8月2日，英国金融服务管理局（以下简称FSA）决定对苏格兰皇家银行集团（包括苏格兰皇家银行、国民西敏寺银行、阿尔斯特银行、古茨银行四家银行，以下简称RBSG）处以560万英镑的巨额罚款。处罚理由为：在2007年12月15日至2008年12月31日，RBSG违反英国《2007年反洗钱条例》（以下简称《条例》）第20条第1款的规定，未能建立并维护适当的风险管理规定和程序，未能安装有效的筛选和监控系统，导致其长期无法对财政部制裁名单上的客户及其交易进行甄别，从而违反了英国金融制裁规定。

经调查，FSA 认为 RBSG 的违规情节特别严重，其筛选和监控系统的缺失不仅破坏了英国金融制裁体系的完整性，还对 FSA 打击金融犯罪和维护市场信心的法定工作目标构成严重威胁。鉴于以上原因，FSA 对 RBSG 作出 800 万英镑处罚。但由于 RBSG 在 FSA 调查初期已同意配合调查并完善反洗钱系统建设，因此，FSA 按程序规定对其减轻处罚，最终处以罚款 560 万英镑。

（一）机构及人员配备存在缺陷

2006 年 6 月起，RBSG 将监控受制裁人员名单的职责由集团风险管理部转至生产制造部（负责预防金融诈骗犯罪工作）安全和反欺诈组承担。但这种职责的转移存在以下风险：由于风险管理部更了解英国的制裁风险，而生产制造部只是提供加工和服务的部门，因此可能导致安全和反欺诈组不能有效地履行风险监控职责；尽管安全和反欺诈组的工作人员在金融制裁领域拥有专业技术，但其某些负责人未接受过英国金融制裁合规方面的培训。因此，安全和反欺诈组缺乏与英国制裁筛选相关的管理技术。

（二）内控制度存在的风险漏洞

RBSG 自行制订的《金融制裁和反恐怖融资计划》实施进度过于缓慢，导致未能及时将所有支付交易纳入监控范围。安全和反欺诈组制定的《金融制裁和反恐怖融资程序准则》提出了对列入财政部制裁名单的客户和支付交易的甄别程序，但该准则内容宽泛，缺少履行法定义务的具体标准。

（三）名单筛选程序存在缺陷

检查期内，RBSG 未能对客户某些种类的跨境收付款进行筛选，未对境外汇入英国的支付交易进行筛选。RBSG 的名单筛选程序部分功能存在逻辑缺陷，且应用两年内也从未对筛选软件生成的结果开展过后续审查，未能及时发现模糊匹配功能上存在的逻辑缺陷，导致其无法判断软件应生成的合理警报数量。

（四）客户数据库存在的风险漏洞

数据库缺陷导致 RBSG 未能将所有相关人员与财政部制裁名单进行比对。在银行卡支付和现金两项业务中，RBSG 旗下的苏格兰皇家银行和国民西敏寺银行使用的客户数据库最多只能记录对公司客户持股超过20%的两位董事、受益人或所有人的信息，导致筛选软件无法对公司相关的其他人员进行筛选。

（五）对独立审计发现的问题未采取整改措施

2008年初，安全和反欺诈组聘请会计师事务所对RBSG的制裁名单筛选软件开展独立审计和测试。实际上，在聘请会计师事务所为其进行审查之前，安全和反欺诈组已经意识到其筛选软件存在一定缺陷。同样，审查结果反映出RBSG的金融制裁工作组和支付交易筛选工作组所用系统的各种漏洞，包括对贸易融资报文的筛选不完整、客户和支付交易筛选软件的运行不尽如人意、缺少对RBSG客户收到的境外付款的筛选等。RBSG使用内部风险日志系统对影响其业务的问题进行记录和跟踪。各种问题以“重要”、“重大”或“主要”进行分类，被分类为“重大”或“主要”的问题将提请集团内部负责制裁筛选工作的金融犯罪和风险管理委员会进行研究。安全和反欺诈组将上述3个问题记录在风险日志系统上，但是，其中的两个关键问题并未在RBSG内部风险日志系统中进行准确分类，导致问题未提请RBSG相关委员会研究。委员会的会议记录表明，检查期内委员会并未对会计师事务所的报告进行研究，致使其报告上说明的问题未被充分考虑。

四、内控制度建设以及高风险账户管理漏洞的处罚

2006年，以色列贴现银行纽约分行被美国金融犯罪执法局和纽约州银行监管局联合处罚1 800万美元，原因主要是其在反洗钱内部控制制度建设方面存在重大缺陷。没有根据《银行保密法》的要求建立一套足够有效的内部控制系统来防范洗钱风险；没有执行独立审计、稽核以及时发现和改正违规行为；没有在合规性岗位上配备主管和专职人员来协调和监测其日常经营行为是否符合《银行保密法》的要求。以上这些在内部控制制度、独立审计和专职人员配备方面的缺失，导致该行未能及时提交的大量可疑交易报告，涉及的可疑交易金额达到上亿美元。

（一）内部控制措施的缺失

以色列贴现银行纽约分行未能够实施恰当有效的内部控制制度来确保

其经营活动的合规性。以色列贴现银行纽约分行缺少正式成文的内部政策、程序和控制措施来合理有效地评估潜在的洗钱风险，确保发现并报告可疑交易信息。

第一，以色列贴现银行在准确记录客户身份信息方面存在严重不足，未记录有关客户经营活动实质的重要信息，如法人资格的验证和预期的会计账务活动等。第二，该分行未能在综合考察客户信息的基础上实施风险评级机制，如全面衡量客户的国家风险、销售的产品和服务以及经营实质等；因此也就不能实施针对高风险账户的内部控制制度，对其予以重点关注。

2004 年 3 月至 2005 年 3 月，以色列贴现银行纽约分行共发生了约 181 000笔第三方电汇交易，涉及的总金额达到354 亿美元。这些电汇交易中有相当大一部分交易的付款人或者受益人都显示出洗钱的特征或者迹象，包括交易的实质、付款人或受益人来自高风险国家（地区）、交易行为和其他同类客户的经营活动不相符等。

以色列贴现银行纽约分行的自动交易监测系统并不能够恰当充分地支持该银行资金划拨交易业务的数量和种类。即使其自动交易监测系统发出了警报，以色列贴现银行纽约分行也没有设置令人满意的程序来检测这些预警信息。如以色列贴现银行纽约分行没有设置个案管理系统来追踪自动交易监测系统发出的预警信息，没有一套完整的从初始确认到最后解决方案的流程，也没有一个规定的时间表来处理预警信息，决定是否需要正式调查取证，或在必要时向监管机构提交可疑交易报告。

另外，因为其在记录客户身份信息制度上的严重缺陷，以色列贴现银行纽约分行往往缺乏充足的信息，不能根据发现的不正常交易行为来评估特定客户潜在的洗钱风险和其他违法行为。

（二）未对高风险账户采取严格尽职调查的管理漏洞

美国《银行保密法》要求，任何一家金融机构在为非美国人开设或保留私人银行账户（包括外国人或其代理人）和为国外金融机构开设或者保留相应的代理账户时，应当建立适当、特定或者强化尽职调查政策、程序和控制措施，对使用代理银行账户洗钱案件进行监测和报告。《爱国者法》

第312条临时终极条款的实施指导意见规定，假如银行在综合考虑国外金融机构的洗钱风险后，认定其代理账户存在高洗钱风险，那么银行应对该代理账户进行严格的尽职调查。美国财政部希望银行对以下三种情况进行尽职调查：代理具有高洗钱风险的国外银行的账户；给第三方提供服务的代理账户；代理具有高洗钱风险的国外金融机构的账户（包括经营货币转账的机构等）。

以色列贴现银行纽约分行未能建立适当、特定的尽职调查政策、程序和控制措施来监测与报告代理银行账户的洗钱可疑交易。由于在客户身份信息获取、记录以及风险评估方面的严重不足，该分行未能对存在高洗钱风险的代理账户进行充足的尽职调查。该分行和多家高风险非银行金融机构维持了直接代理关系，其中包括未获批准的经营货币转账的机构和拉丁美洲一些虽被许可但并未被东道国法律授权可以参与国际资金划拨的货币兑换等机构。

五、对反洗钱审计漏洞的处罚

2010年，美国司法部与货币监理署联合对美联银行开出1.6亿美元的反洗钱罚单，除内部政策、流程和控制措施存在疏漏，未能指定足够的合规人员、未能按要求提交可疑交易报告外，无效的独立审计也是一项重要的违规事实。

美国金融犯罪执法网络（FinCEN）认定美联银行的独立审计制度无效，不符合《银行保密法》的相关要求。面对各类业务的固有风险，在审计范围、审计频率方面，美联银行未能实施有效的独立审计，内部审计未能充分评估、测试美联银行的可疑交易监测和报告系统及外国代理客户的尽职调查制度，尤其是未能评估、测试大额现钞业务、现金存单业务、远程存款扫描业务、跨境邮包业务和针对外国金融机构代理账户的强化尽职调查流程。所开展的独立审计与银行本身的洗钱风险不相适应，审计范围不全面、审计频率不充分。此外，美联银行内部的审计、合规、管理之间明显缺乏有效的沟通；针对提交给管理层的问题，内部审计部门未能及时跟进、确认是否就相应问题采取必要的纠正措施；在外国代理业务中，管理层多次未对内外部审计发现的问题作出回应，并未能采纳审计提出的建议。

2009 年 4 月 20 日，美国金融犯罪执法网络对多哈银行纽约分行作出 500 万美元的反洗钱民事罚款。其中一项违规事实是独立审计无效，应其审计主要依赖合规人员或副总经理填写问卷调查。独立审计时，交易测试的范围仅限于审核按照《银行保密法》生成的记录而并未审核制度的整体充分性，不足以保证符合《银行保密法》报告的要求。由于交易测试不充分，限制了该行评估高风险以及批量交易业务领域（如电汇、跨境邮包和即期汇票等）可疑交易监测的能力。

附录一

风险为本的反洗钱/反恐怖融资方法指引：高级原则和程序*

* 该指引由 FATF 和国际银行业者及证券业者以闭门磋商方式制定。私人部门在指引的草拟和定稿过程中始终发挥着重要作用。参与这项工作的成员名单见本指引附件 E。该指引于 2007 年 6 月由 FATF 全会通过。

第一章　指引的使用和风险为本方法的目的

第一节　背　景

1.1　2005 年 12 月 FATF 与银行业及证券业代表举行会议后，同意成立一个电子咨询小组，对风险为本方法（RBA）进行研究，以作为 FATF 与私人部门合作的一部分。2006 年 3 月，FATF 在评估和执行小组下成立了电子咨询小组，并由菲利浦·罗宾逊先生（英国金融监管局）和瑞克·斯莫尔先生（美国通用金融公司）担任主席。小组成员包括 FATF 成员和观察员，以及自愿参与制定打击洗钱和恐怖融资风险为本方法的银行和证券业人士。小组成员名单见本指引附件 E。

1.2　电子咨询小组的工作分为若干步骤：对风险为本方法调查问卷的反馈，确认风险为本方法的基本要素，就电子咨询小组报告提纲达成一致。之后与来自政府部门和私人部门的电子咨询小组成员进行了广泛讨论，2007 年 4 月向评估和执行小组提交了执行风险为本方法的指引草稿。在国际范围内与政府部门和私人部门进一步讨论后，2007 年 6 月 FATF 全会通过了该指引。这是 FATF 第一次尝试采用政府部门与私人部门合作的方式制定的指引。

一、指引的目的

1.3　指引旨在：帮助各方对风险为本方法内容形成一致的理解；概括运用风险为本方法的高级原则；并指出政府部门和私人部门在设计和执行有效的风险为本方法的良好实践。

二、指引的目标受众、地位和内容

1.4 指引最初是针对政府部门和金融机构的。不过，本指引中的很多高级原则也同样适用于特定非金融行业和职业。本指引由三个相互联系的部分组成。第一部分列出了风险为本方法的基本要素，为第二部分（对政府部门实施风险为本方法的指引）和第三部分（金融机构实施风险为本方法的指引）阐释奠定了基础。附件 A 提供了其他信息来源。

1.5 指引旨在列出有效的风险为本方法所包含的核心要素，并指明了政府部门和金融机构在采用风险为本方法时需要考虑的问题。

1.6 指引承认，每一个国家及其政府部门都需要与其私人部门合作，找到一套合适的体制，来应对自身面临的风险。因此，指引并不是要提供一套风险为本方法的单一模型，而是试图建立与一国主管部门相关原则不冲突的基于高级原则和程序的广泛框架，供各国在采用风险为本方法时考虑。

第二节　风险为本方法——目的、收益和挑战

一、风险为本方法的目的

1.7 FATF 建议中包括了允许各国在某种程度上采纳风险为本方法打击洗钱和恐怖融资的内容，并授权各国允许其金融机构使用风险为本方法来履行某些特定的反洗钱和反恐怖融资义务。通过采用以风险为本方法，确保主管部门和金融机构所采取的防范或遏制洗钱和恐怖融资的措施与被识别出的风险水平相适应，从而保证资源得到最有效的分配。其原则是资源应根据目标的优先次序进行分配，以保证最高的风险受到最多的关注。资源的分配或是平均分配，即所有的金融机构、客户、产品等都得到同样的关注，或是按照除风险评估外的其他倾向性因素进行分配。后者将导致一种“机械勾选”的管理方法，即管理的重点在于是否满足监管的需要，而非打击洗钱和恐怖融资的需要。

1.8　采用风险为本方法首先要采纳一套洗钱/恐怖融资风险评估程序。这套程序包括：确认存在的风险，对风险进行评估，以及制定控制和遏制风险的战略。

1.9　必须进行风险分析以确定最大的洗钱/恐怖融资风险。各国需识别出洗钱和恐怖融资的最大风险并采取相应措施。金融机构需要识别出高风险的客户、产品和服务，包括支付途径和地理分布。分析并不是静态的，而应当根据情况变化和新威胁的出现随时调整。

1.10　对金融机构识别出的反洗钱/反恐怖融资风险进行监控和抑制的战略目的，就是要通过一系列措施防止洗钱/恐怖融资行为的发生，这些措施包括：阻碍（如适当的客户尽职调查措施）、监测（如交易监测和可疑交易报告），以及有利于调查的交易记录保存等。

1.11　应当依据被评估的风险来设计相应的程序。对高风险领域应采取强化的程序：对于金融机构而言，将包括强化的客户尽职调查和强化的交易监测之类的措施。如果风险较低，则可采用简化的控制措施。

1.12　对于风险为本方法，并没有一个全球普遍接受的能描绘其性质和范围的方法。但是，一套有效的风险为本方法应包括对洗钱风险的识别和分类，以及根据风险建立的合理的控制体系；同时允许金融机构根据客户分类对其业务作出合理判断。一套合理的、经过仔细论证的风险为本方法，还可使金融机构对其作出的控制潜在风险的决定作出调整，允许金融机构按照客户分类对其业务进行合理的调整。设计合理的风险为本方法不应阻止金融机构与客户进行交易或与潜在客户建立业务关系，而是应当帮助金融机构对潜在的洗钱/恐怖融资风险进行有效的控制。

1.13　不论金融机构对反洗钱/反恐怖融资的控制如何有力和有效，犯罪分子总会继续试图利用金融系统转移非法资金，有时还能得逞。一套设计合理并得到有效贯彻的风险为本方法将提供一个适当有效的控制架构，对识别出的洗钱和恐怖融资风险进行控制。但是必须认识到，任何合理的控制系统，包括实施风险为本的控制系统，都不可能识别和监测到所有的洗钱和恐怖融资活动。因此，如果金融机构合理贯彻了风险为本方法，监管部门、执法机关和司法机关应对此加以考虑并给予关注。如果金融机构因为没有实施风险为本方法，或因风险为本方法设计有缺陷带来失误，从而未能有效降低风险，监管部门、执法机关和司法机关则应采取必要措施，包括实施处罚或其他强制性/监管补救措施。

二、风险为本方法潜在的收益和挑战

（一）收益

1.14　采纳风险为本方法打击洗钱和恐怖融资能够使得包括公众在内的所有人获益。这套方法如果得到有效执行，那么金融机构和监管当局都能更加有效地使用它们的资源，并最大限度地减轻客户的负担。将重点放在高风险威胁上意味着可以取得更加有效的成果。

1.15　打击洗钱和恐怖融资的努力也应保持灵活性，以应对不断变化的风险。这样，金融机构将依靠它们自身的判断、信息和专业知识，设计适合于其特定组织、结构和业务的风险为本方法。

1.16　通过实施风险为本方法，对所有潜在的风险进行评估，建立主管部门与金融机构之间的紧密合作，洗钱和恐怖融资风险就能得到有效的控制。如果没有各方的合作和理解，风险为本方法就不可能有效实施。

1.17　洗钱分子和恐怖组织对金融业十分了解，会想方设法将其非法交易活动混入合法交易之中。风险为本方法的运用加大了犯罪分子利用金融体系的困难，因为这种方法将注意力放在已识别出的高风险交易上。此外，风险为本方法还能使金融机构根据不断识别出的洗钱和恐怖融资风险适时作出有效的策略调整和适应。

（二）挑战

1.18　风险为本方法并不容易被选择，在实施时可能会碰到障碍。一些挑战可能就存在于风险为本方法本身。其他困难还可能包括向风险为本系统转变的过程。不过很多挑战也同样存在于其他有效系统的实施中。关于恐怖融资实施风险为本方法详见下文1.34～1.38段。

1.19　风险为本方法对于政府部门和私人部门都是一个挑战。该方法要求具有一定的资源和专业知识从国家和机构两个层面上收集解读有关风险的信息，据此设计相应的程序和制度，并对员工进行培训。它更进一步要求，机构内部在实施该方法及程序细则时要进行合理的、受过良好训练的判断。这样就会使创新和合规的要求更加多样化。然而，风险为本方法也可能造成一些负面结果，包括预期的不确定性，实行统一监管面临的困难，以及客户对开户或保持业务关系时要求提供信息感到不理解。

1.20　实行风险为本方法，金融机构需要对风险有充分准确的认识，并能作出合理的判断。这就要求金融机构内部要通过培训、招聘、采纳专业建议及“边干边学”等方式做好专业准备。主管部门将有关信息与金融机构共享将有助于金融机构的上述努力，发布最佳实践指引也会很有帮助。如果金融机构在缺乏足够专业知识的情况下采用风险为本方法，那么它们将作出不恰当的判断。金融机构或者高估风险，导致资源的浪费；或者低估风险，从而给系统造成漏洞。

1.21　金融机构可能发现一些员工不适应根据风险作出判断，他们会作出过于谨慎的判断，或花费过多的时间来说明判断的理由。同样的情况也可能出现在各个管理层。然而，如果管理层未能充分认识到或者低估了风险的话，机构内部就有可能形成一种氛围，使得合规工作的资源投入不足，或者导致出现严重的不合规。监管部门应特别注意金融机构是否具有有效的决策程序。不过，在检查一家金融机构风险管理的整体水平时，应将抽查或决策过程的检查作为检查手段。

1.22　在实行风险为本方法时，金融机构应被赋予自己作出合理判断的权力。这就意味着没有两家金融机构的具体实践会完全相同。而实践的多样性要求监管部门投入更多的精力去发现好的实践方法，并发布相应的指引。监管人员也面临着在多样性实践中监测合规性的挑战。好的实践指引，监管培训，对行业本身的了解以及其他有用的信息和材料都有助于监管部门确定某个金融机构是否作出了基于风险的合理判断。

风险为本方法的收益和挑战概括如下。

潜在收益：

（1）能改善风险管理和成本—收益效果；

（2）金融机构能集中精力处理真正的和潜在的威胁；

（3）适应不断变化的风险的灵活性。

潜在挑战：

（1）会带来短期内的转型成本；

（2）需要更多能作出合理判断的专家型雇员；

（3）监管如何适应潜在的多样性实践；

（4）要确定进行合理风险分析的信息。

第三节　FATF 与风险为本方法

1.23　特定类型的金融机构，以及特定类型的客户、产品和交易带来的不同程度的洗钱和恐怖融资风险是 FATF 建议考虑的重要因素。根据 FATF 建议，各国可以从以下两种方式考虑风险：（1）对金融机构普遍适用的风险原则，根据该原则允许金融机构在满足某些条件时可以选择部分或全部不执行某些建议；（2）某些特定的建议本身就要求各国必须（在高风险的情况下）或者可以（在低风险的情况下）考虑风险。

一、一般性风险原则

1.24　一国可以决定对所有类型的金融机构①全面贯彻建议 5 ~ 建议 11、建议 13 ~ 建议 15、建议 18 和建议 20 ~ 建议 22 要求的反洗钱措施。不过，该国也可以决定将风险因素纳入考虑，并在下列条件得到满足时，有限制地执行某些建议。有限执行和豁免只能在严格满足下列条件的情况下适用：

（1）当个人或实体偶尔进行有限的金融活动（按数量和绝对标准衡量），几乎不存在洗钱和恐怖融资②风险时，各国可视情况决定是否有必要，全部或部分采取反洗钱措施。

（2）在严格限定和合情合理的情况下，如能证明洗钱和恐怖融资的风

① 参见 FATF 建议词汇表中关于“金融机构”的定义。

② 关于恐怖融资的条目已加入《评估方法》20（a）和 20（b）。

险确实较低，那么各国可决定某些金融活动不执行部分或全部40项建议。

二、具体的风险考虑

1.25　除上述一般风险原则外，风险为本方法要么以具体或限定的方式融入建议（以及评估方法）中，要么本身就作为建议的一部分或者与建议有关。就FATF建议涉及的（金融或非金融）机构、行业和职业而言，需要处理风险的领域主要有四个：（1）客户尽职调查措施（建议5～建议9）；（2）机构的内部控制制度（建议15和建议22）；（3）有关部门的监管措施（建议23）；（4）关于在应对洗钱和恐怖融资风险方面，各国可对特定非金融行业与职业（DNFBP）赋予类似金融机构的职责（建议12、建议16和建议24）。

1.26　这里的风险可分为以下形式：

（1）高风险——根据建议5，各国应要求金融机构对高风险客户、业务关系或交易执行强化的尽职调查措施。建议6（政治公众人物）和建议7（代理行）就被认为是高风险、需要进行强化尽职调查的例证。

（2）低风险——各国也可允许金融机构在决定客户尽职调查措施执行范围时考虑低风险因素（参见《评估方法》标准5.9）。在这种情况下金融机构可简化（但不是完全取消）相关措施。两种典型的低风险客户包括：受到与FATF要求相符的合规监管的金融机构，以及被要求进行信息披露的上市公司。

（3）创新引致的风险——根据建议8，各国应要求金融机构对可能有助于匿名客户的新兴技术带来的风险给予特别关注。

（4）风险评估机制——FATF标准为有关当局留下了足够的建立机制的空间，用于评估金融机构采取的风险评级程序，应对风险的管理，以及作出的决策，对于所有适用风险为本方法的领域都是如此。此外，如果主管部门面向金融机构发布了适当的关于风险为本方法的指引，就要确保金融机构确实遵循这些指引。FATF建议也将国家风险作为任何风险评估机制的必要组成部分（建议5和建议9）。

三、从业机构的内部控制制度（建议15和建议22）

1.27　根据建议15，制定“适当”的内部政策、培训和审计机制应考虑包括具体的、持续性的与客户、产品、服务、交易地域等因素相关的潜在的洗钱/恐怖融资风险。建议15释义明确规定，各国可允许金融机构在确定采取措施的类型和范围时考虑洗钱/恐怖融资风险的高低和业务规模。同样，在评估海外分支机构所采取的措施时还必须考虑国家风险因素（以及FATF建议的执行情况）（建议22）。

四、主管部门的监督和管理（建议23）

1.28　根据建议23（针对金融机构，而非其他应遵循巴塞尔核心原则或提供货币或价值转移服务的机构或个人），各国在对批准机构设立、注册以及进行适当监管时，要考虑特定金融部门的洗钱/恐怖融资风险。出于反洗钱/反恐怖融资的目的，如果洗钱/恐怖融资风险确实较低，则可以采取简化的措施。对提供货币或价值转移以及货币或价值兑换服务的个人所采取的措施则遵循明确规定的最低标准。

1.29　建议23还规定遵循巴塞尔核心原则的金融机构也应从打击洗钱和恐怖融资出发，执行核心原则中与反洗钱/反恐怖融资相关的要素（这些要素未明确包含在FATF建议中），比如机构的批准。此外，巴塞尔核心原则包括了与风险评估及管理等程序相关的稳健原则，应当考虑如何将这些已得到精确定义的理念应用于反洗钱/反恐怖融资。

五、特定非金融行业和职业（建议12、建议16和建议24）

1.30　与金融业相同①，在特定非金融行业和职业贯彻建议12、建议16和建议24时，各国可允许相关机构在决定执行客户尽职调查措施、内部控制制度等范围时，对洗钱和恐怖融资风险予以考虑。

1.31　在监督管理方面（建议24），各国在决定某特定非金融行业和

① 参见《评估手册》42（e）和（i）。

职业（已被确认为高风险的赌博业除外）的监控措施时，要考虑该行业和职业的洗钱/恐怖融资风险，要确保相关措施符合反洗钱/反恐怖融资的要求。如果风险确实较低，则可采取简化的监管措施[①]。

六、其他建议

1.32　在 FATF 关于恐怖融资的九项特别建议中，针对非营利性组织的特别建议 8 也规定，应考虑恐怖融资的风险。鉴于各国非营利性组织的情况各不相同，各类非营利性组织可能被恐怖组织利用的风险也各有高低，采取有针对性的措施非常重要。同样，特别建议 9 的最佳实践也鼓励各国在风险和威胁评估的基础上采取相关措施。《评估方法》关于特别建议 7 的段落中，风险也是一个关键要素，即要求汇入机构采取有效的以风险为本的程序，来识别和处理汇款人信息不完整的电汇交易。

1.33　建议 25 要求主管部门向金融机构和特定非金融机构充分反馈有关信息。信息反馈有助于从业机构更准确地评估自身的洗钱和恐怖融资风险，并及时调整其风险防范措施。这反过来又会促使它们提交的可疑交易报告质量更高。这些信息反馈的时效性和内容一方面将作为国家和行业风险评估必不可少的内容，同时也关系到风险为本方法的有效实施。

七、风险为本方法对恐怖融资的适用性

1.34　与洗钱相比，将风险为本方法适用于恐怖融资既有相似性也有区别。二者都要求具有识别和评估风险的程序，不过，恐怖融资活动的特点决定了与其有关的风险难以评估。考虑到恐怖融资的交易金额相对较小，以及资金可能来源于合法渠道，因此实施风险为本方法具有挑战性。

1.35　用于资助恐怖主义活动的资金既可能来自犯罪收益，也可能来自合法渠道，资金来源可能因恐怖组织本身的性质不同而不同。如果资金来自犯罪收益，那么传统上用于监测洗钱活动的机制可能也适用于监测恐怖融资，尽管其可疑迹象不一定会被识别。需要注意的是，与恐怖融资相

---

① 参见《评估方法》中的建议 24。

关的交易可能金额极小，这样的交易在风险为本方法下往往被认为具有最小的洗钱风险。如果资金来源是合法的，那就更难判定资金是否被用于恐怖活动。此外，恐怖分子的交易可能看上去完全正常合法，比如购买商品和服务（普通的化学品、摩托车等），唯一隐蔽的是他们打算用这些东西达到的目的。因此，无论资助恐怖主义的资金来源是合法还是非法，恐怖融资交易表现出的外在特征都不同于传统的洗钱活动。不过在任何情况下，判定交易下面隐藏的犯罪活动的类型或恐怖活动的目的都不是金融机构的职责，他们要做的只是报告可疑交易行为。金融情报机构和执法机关随后将作进一步调查并判定交易是否与恐怖融资有关。

1.36 所以，在有关当局未向金融机构提供有关恐怖融资类型指引或相关情报支持的情况下，与识别洗钱或其他可疑行为相比，金融机构更难发现、识别潜在的恐怖融资行为。如果没有指引，金融机构的侦查工作只能集中在与恐怖活动相关的国家或地区的交易监测上，或其他有限的犯罪类型资料上（其中很多适用于洗钱的技巧同样适用于恐怖融资）。

1.37 对于某些受到恐怖融资制裁的特定个人、组织或国家，金融机构的义务、制裁名单均由国家决定，而不能被看做风险。如果金融机构违反制裁决定，向特定目标或其分支机构提供资金或金融服务，那么这种行为将触犯刑法或受到处罚。

1.38 由于上述原因，本指引并未要求风险为本方法完全适用于恐怖融资。只有在符合合理的实践需求时，风险为本方法才有益。要制定一套适用于恐怖融资的方法、技巧等综合指标，还需与主要利益相关者进行进一步的讨论。这些指标随后可被纳入恐怖融资风险评估战略，以及制定降低风险措施的参考内容。在此基础上金融机构就能完整地制定和执行针对恐怖融资的风险为本的程序。

八、风险为本方法的局限性

1.39 某些情况下风险为本方法无法适用，或会受到限制。某些情况下，风险为本方法在初级阶段不适用，但在后期阶段则适用。实施风险为本方法的限制通常是由于法律或监管对采取某些强制性措施的要求。

1.40　一些司法当局有冻结特定个人和实体资产的要求，这样的要求与任何风险评估无关。冻结资产的要求是无条件的，不会受到风险为本程序的影响。同样，风险为本方法有助于识别潜在的可疑交易，但是这样的交易一旦识别出，可疑交易报告就不再是“风险为本”了。

1.41　客户尽职调查包含很多要素——识别并验证客户和最终受益人身份，获取有关业务关系的目的和意图的信息，以及进行持续的尽职调查。在这些要素中，无论风险如何，对客户身份的识别和验证都必须完成。不过，对于客户尽职调查的所有要素来说，在一套合理的风险为本方法下，金融机构可以决定其应获取信息的范围和数量，以及达到最低标准的方法。一旦作出决定，保存在履行尽职调查义务时获取的文件和记录以及交易记录就与风险水平无关了。

1.42　各国可允许金融机构在洗钱和恐怖融资风险较低时申请简化的措施。但是简化的措施并不适用于客户尽职调查的所有方面。如果简化措施是在某种条件下适用，那就必须验证是否确实满足这些条件。如果简化措施适用于某交易限额，则须确保有相应措施，防止人为拆分交易以规避交易限额的情况发生。此外，要对风险进行充分评估，可能还需要除客户身份以外的其他信息，诸如客户地址、开户目的等。这个过程可能是循环往复的：从最初获得的客户信息可以判断是否需要进一步的信息，多数情况下，对客户的监测将会提供更多的信息。

1.43　为了发现异常进而有可能是可疑的交易，必须根据相应的风险，采用各种监测手段，无论这种监测是自动的还是人工的，对异常报告的分析是多种手段的结合。即便对于低风险客户，也需要进行监测，以证实发生的交易确实符合低风险的特征，否则就应当启动适当调整客户风险评级的程序。同样地对于某些客户来说，有些风险只有当其客户通过账户或与有关系的金融机构进行交易时才能显现出来。因此，对客户的交易进行适时合理的监控是制定风险为本方法的基本组成部分。但是这并不是说所有的交易、账户和客户都应当受到完全一样的监测。此外，如果确实产生了洗钱和恐怖融资的怀疑，就应当作为高风险情况处理，进行强化的尽职调查，而不必考虑任何限额或其他减免措施。

九、风险为本的监管与风险为本的政策和程序的区别

1.44　金融机构风险为本的政策和程序不同于风险为本的监管。2006年版巴塞尔核心原则指出，根据金融机构的风险对监管资源进行分配是普遍的监管实践①。监管当局决定监管资源分配的方法应当涵盖业务重点、风险特征、内部控制环境等要素，并且应当允许金融机构之间进行比较。决定监管资源分配的方法应持续更新，以便及时反映金融机构所面临风险的性质、重要性和范围。这样就能使监管部门更多地关注那些从事高洗钱风险业务的金融机构。

1.45　另外，监管部门在考虑决定监管重点的风险指标时不应只依靠与业务活动相关的内在风险，还应考虑解决这些风险的整个风险管理体系的质量和有效性。

1.46　由于审慎的监管者已经对金融机构整体风险管理体系进行过评估，因此评估的结果也应——至少是部分地——为洗钱和恐怖融资的风险评估所用（参见段落1.26）。附件B提供了监管当局在决定监管重点时希望参考的例证。

国家层面反洗钱/反恐怖融资的风险为本方法——成功的关键要素：

（1）金融机构和监管者应能获得关于威胁的可靠并可据此行动的信息；

（2）必须强调政策制定者、执法部门、监管部门及私人部门之间的合作；

（3）主管部门应公开承认风险为本方法不可能消除所有的风险因素；

（4）监管部门有责任营造一种监管环境，使得只要金融机构认真负责，并充分实施了内部控制制度，就不会担心监管部门的处罚；

（5）主管部门从事监管的职员必须接受有关风险为本方法的良好培训，这条同样适用于监管部门和金融机构；

（6）对类似行业的合规要求和监管应在国家层面上保持一致。

---

① 参见《有效银行监管核心原则》（2006），原则1（1），针对AC的脚注6。

第二章　政府部门实施风险为本方法的指引

第一节　建立风险为本方法的高级原则

2.1　反洗钱/反恐怖融资风险为本方法能使主管部门和金融机构有效地使用资源。本节列出了各国在设计风险为本方法时应考虑的五条高级原则。这些原则被认为是最佳实践的基本框架。

2.2　这五条原则旨在帮助各国改进它们各自的反洗钱/反恐怖融资体制，而不是一种规定。实施与否一定要经过认真的考虑并要适合各国的国情。例如，本指引将金融服务业认定为私人部门，但在很多国家，至少有部分金融机构是国有的。

原则一　对威胁和薄弱环节的认识与应对：国家风险评估

2.3　打击洗钱和恐怖融资风险为本方法的成功实施，有赖于对风险和薄弱环节的深入理解。如果一个国家寻求在国家层面上应用风险为本方法，那么在国家层面理解本国所面临的风险就非常有帮助。这种理解可以通过国家风险评估来获得。

2.4　各国应根据本国的情况来进行国家风险评估。由于种种原因，如主管部门的架构、金融业的性质、各国对风险的判断等都是独特的，因而进行风险评估的决策也不同。国家风险评估不需要以正式文件的形式来体现，而应当是一套可以获得特定结果的程序。这个特定结果就是：根据对风险的全面认识，决定如何在国家层面分担责任和分配资源。主管部门在考虑如何取得最佳效果时，应征求私人部门的意见，同时要考虑将金融系统的弱点暴露给洗钱分子、恐怖分子和其他犯罪分子可能带来的风险。

原则二　支持风险为本方法实施的法律法规框架

2.5　政府应考虑其法律法规框架能否容纳风险为本方法。国家风险评估的结果应明示金融机构承担的义务。

2.6　风险为本方法并不意味着不能对金融机构提出明确的要求。不过，如金融机构实施风险为本方法，就可根据自己对风险评估的结果，具有执行相关政策和程序的灵活性。事实上，某个金融机构或行业针对其特定风险，可以对标准进行相应的修订和补充。政策和程序可能会根据风险水平灵活地适用于不同的产品、服务、客户和地点，但这并不意味着不需要清楚地规定政策和程序。

2.7　最低限度的反洗钱基本要求可以与风险为本方法共存。事实上，设置适当的最低标准，并根据风险水平进行调整，这就是风险为本的反洗钱/反恐怖融资要求的核心。不过最低标准应着重于结果（通过阻止、监测和报告来防范洗钱和恐怖融资），而非将所有的法律和监管要求机械地适用于所用客户。

原则三　设计支持风险为本方法实施的监管框架

2.8　在指定了金融机构反洗钱/反恐怖融资监管的主管部门后，政府应考虑是否赋予了这些部门实施风险为本监管的必要权力。障碍可能是过于依赖诸多条款及解释的法律规定，而这种要求反过来又来自赋予监管机构相关权力的法律。

2.9　在适当时候，监管部门应当考虑采用风险为本方法加强对金融机构反洗钱/反恐怖融资的监管。这些要建立在对所有金融活动类型，以及从事这些活动的金融机构或其他机构面临的洗钱/恐怖融资风险全面了解的基础上。监管部门需要根据对风险的总体评估——风险存在哪里，哪类机构风险最大以及其他因素——确定监管资源配置的优先方向。

2.10　如果监管部门除反洗钱/反恐怖融资外还负有其他监管职责，则也需要一并考虑其他职责涉及的风险评估结果。

2.11　风险评估应当能帮助监管者选择监管资源的使用方向，以有限的资源获得最大的监管成效。不过通过风险评估也可能发现监管部门拥有的资源不足以应对风险[①]。在这种情况下，监管部门需要获得更多的资源或采取其他的战略来控制或减轻它们无法接受的风险。

2.12 采用风险为本的监管方法还要求监管部门的职员与贯彻了风险为本方法的金融机构的职员一样，能够根据原则作出决策，以确定金融机构是否采取了足够的反洗钱/反恐怖融资措施。这就需要监管部门的职员对风险为本方法的基本原则、应用的方法，以及金融机构成功贯彻这一方法的状态有很好的了解。

原则四 确定主要参与者并确保一致性

2.13 政府在执行反洗钱/反恐怖融资风险为本方法时应考虑谁是主要利益相关方。在这个问题上情况各不相同。应当考虑如何在有关各方中最有效地分配职责，以及如何开展信息交换以获得最佳效果。比如，哪个或哪些机构最适合向金融机构发布实施反洗钱/反恐怖融资风险为本的指引。

2.14 潜在的利益相关方可能包括：

（1）政府部门——包括立法、行政和司法部门；

（2）执法部门——包括警察、海关等；

（3）金融情报机构，安全部门和其他类似部门；

（4）金融业监管部门；

（5）私人部门——包括金融机构，专业服务机构（如会计师和律师），贸易机构等；

（6）公众——反洗钱和反恐怖融资措施的最终目的就是保护守法公众，不过这些措施也会造成金融机构客户的负担；

（7）其他——从理念上为风险为本方法提供支持的学术机构、媒体等。

2.15 显然，政府对上述利益相关方施加的影响要更加有效。不过，

---

① 参见 FATF 建议 30。

政府的角色应当是鼓励所有利益相关方支持反洗钱/反恐怖融资工作。

2.16 政府的另一个角色是提高相关部门对主管部门风险为本方法的认识，并在以下风险为本方法方面达成共识。

（1）应具有根据其风险程度的不同随时调整内部控制制度的灵活性。对那些不予考虑的风险，仍应有一些法律法规的最低要求，比如可疑交易报告和最低标准的客户尽职调查。

（2）由于金融机构识别和阻止洗钱和恐怖融资的能力有限，接收的信息不完整，即使在防范洗钱和恐怖融资方面有良好的控制措施，也应制定合理的监管政策。一家在反洗钱/反恐怖融资方面信誉卓著，采取了审慎合理的防范措施，其决策理由也记录在案的金融机构，仍然有可能被犯罪分子利用。

（3）对不同的高风险情况采取不同的强化措施。

原则五　政府部门与私人部门之间的信息交流

2.17 政府部门与私人部门之间有效的信息交流机制是一国反洗钱/反恐怖融资战略不可或缺的部分。在许多情况下，这一机制将使得私人部门能够根据政府部门提供的线索提供相关信息。

2.18 在使用风险为本的反洗钱/反恐怖融资方法时，政府部门，无论是执法部门、监管部门还是其他有关部门，都有权力获得有助于金融机构作出合理判断的信息。同样，金融机构每天都要与客户进行大量交易，了解客户的业务状况。因此，理想的状态是政府部门与私人部门互相合作，共同确定打击洗钱/恐怖融资的有价值的信息，然后建立及时有效的信息交流渠道。

2.19 为了提高政府部门与私人部门间信息交流的成效，政府之间也应进行适当的信息交流。金融情报机构、监管部门和执法部门也应共享一些信息以及发现的薄弱环节，这样就能向私人部门提供统一的高质量的信息。当然，有关各方还应考虑如何有效地保护这些敏感信息，避免其在过大的范围内散布。

2.20 有关各方还应当保持对话，让大家充分了解什么样的信息有助于反洗钱/反恐怖融资[①]。例如，私人部门和政府部门在条件允许时可交流如下信息：

（1）对国家的风险评估；

（2）通过金融体系洗钱或恐怖融资的犯罪类型；

（3）可疑交易报告和其他相关报告的反馈；

（4）特定的非保密信息，在特定情况下，经采取适当的安全措施，政府部门也可与金融机构交换特定的涉密信息；

（5）资金被冻结的国家、个人或组织名单。

2.21　在决定哪些信息进行交流是恰当及有益的时候，政府部门应向金融机构强调，政府部门提供的信息只能作为金融机构作出判断的基础，而不能取代它们自身的判断。例如，政府部门可以决定不制定国家定义的低风险客户类别，政府部门提供的信息只是金融机构作出决策的依据之一，决策还需要结合金融机构获得的其他相关信息。

第二节　风险为本方法的实施

一、根据风险评估决定国家的优先措施

2.22　采用风险为本方法首先要保证对风险有充分的了解，由此，风险为本方法应建立在对威胁评估的基础上。在无论何时、什么范围内实施风险为本方法，也不论适用对象是国家还是单个金融机构都应如此。

2.23　国家风险评估应能帮助向监管部门、执法部门、金融情报机构和金融机构提供基本的背景情况，并确保能根据实际的、全面的、最新的风险理解，在国家层面对有关职责、资源作出分配。

2.24　各国应根据国情设计国家风险评估，包括如何执行以及取得什么目标。影响一国洗钱/恐怖融资风险的因素如下：

① 这类对话的例证见本指引第四章。

（1）政治环境；

（2）法律环境；

（3）国民经济结构；

（4）文化因素，公民社会的性质；

（5）犯罪行为的原因、地点和主要类型；

（6）金融服务业的规模；

（7）金融服务业的构成；

（8）金融机构的所有权结构；

（9）金融机构内部以及经济体中一般的公司治理结构；

（10）支付系统的性质及现金交易的频率；

（11）金融业务和客户的地理分布；

（12）金融服务业提供的产品和服务种类；

（13）金融业客户服务种类；

（14）上游犯罪的种类；

（15）在国内产生的非法资金数额；

（16）在国外产生但在国内清洗的非法资金数额；

（17）洗钱和恐怖融资的主要渠道和工具；

（18）受洗钱/恐怖融资影响的合法行业；

（19）地下经济。

2.25　各国也应当考虑如何才能最好地了解国家层面上的洗钱/恐怖融资风险。哪个或哪些机构负责参与风险评估？评估采取何种形式？是否要向公众公布？这些都需要主管部门的考虑。

2.26　理想的结果是：在全面、动态认识风险的基础上，决定如何在国家层面上分配职责和资源。要达到这一结果，主管部门应当制定并执行降低风险的相关措施。

2.27　制定并执行一套风险为本方法还涉及如何作出判断。根据充分的信息作出判断很重要。要想取得实效，风险为本的原则就要以信息和情报为基础。还应确保风险评估所依据的信息及时准确。国家应与执法部门、金融情报机构、监管部门和金融机构各司其职，发挥各自的专业知识和特长，制定符合本国情况的风险为本方法。风险评估不是静态的，而是随着情况和风险的变化而变化。因此，国家应当促进机构间的信息交流，消除信息交流的制度性障碍。

2.28　无论采取何种形式，国家风险评估应考虑其他相关的国家政策，并结合其他降低风险的措施，明确反洗钱/反恐怖融资资源的合理分配，以及如何在不同的部门间分配，如何有效地利用这些资源。

2.29　除了帮助主管部门决定如何分配反洗钱/反恐怖融资资源外，国家风险评估还可为决策者提供参考，确定评估发现的风险是否与现有监管体制有关。对风险的过度反应可能产生破坏性效果和反作用，给业界带来不合理的负担，并限制某些人群使用金融服务，从而损害公众利益。反之，如采取的措施不够，就不能为社会提供保护，使之免受犯罪分子和恐怖分子的威胁。充分认识国家层面的风险将有助于避免上述危险。

二、监督管理——一般性原则

（一）确定可接受的风险水平

2.30　一般来说，洗钱/恐怖融资风险取决于内部风险因素和外部风险因素。例如，以下内部风险因素可能导致风险水平提高：缺乏合规资源，风险控制薄弱，高级管理层介入不够等。外部风险水平可能因第三方行为或其他政治和公共因素而上升。

2.31　如第一章已经指出的，所有金融活动都包含风险成分。只要采取了适当的政策、措施和程序来控制风险，主管部门就不应当禁止金融机构与高风险客户开展业务。只有在一些特殊情况下，如出于打击恐怖融资、犯罪活动或履行国际义务的需要，可以指定特定个人、法人实体、组织或国家禁止使用金融服务。

2.32　不过不禁止开展业务并不排除要提出一些最低限度的要求。例如，FATF 建议 5 要求“如果金融机构无法进行客户尽职调查，则不应开设账户、开始业务关系或进行交易；或者应当终止业务关系；并应考虑提交相关客户的可疑交易报告”。因此风险水平应避免走极端：要么完全不接受客户，要么在风险不能承受的情况下或风险未降低时开展业务。

2.33 主管部门期望金融机构能制定有效的政策、安排、程序和制度来降低风险，同时承认即使建立了有效的制度，也不能保证发现每一笔可疑交易。主管部门还应确保这些政策、安排、程序和制度得到有效执行，防止金融机构成为转移非法所得的渠道，并要求金融机构保存相应记录，以及向国家机关报送有助于打击洗钱和恐怖融资的报告。有效的政策和程序能降低风险水平，但不太可能完全消除风险。评估洗钱/恐怖融资风险需要作出判断，这并不是一门精确的科学。监测的目的是在海量的合法交易中发现异常或可疑交易，而什么是“异常”常常并不明确，因为“正常”的含义依客户业务的不同而各异。这就是为什么在风险为本的体系中，真正地了解客户非常重要。此外，相关程序和控制措施的制定常常是基于以往对洗钱/恐怖融资犯罪类型的研究，但犯罪分子会不断变换他们的手法。

2.34 此外，并非所有高风险的情况都是相同的，因此也不应要求采用统一的标准强化尽职调查。监管者要求金融机构能区别不同的高风险类型，并分别采取具体适当的措施来降低风险。高风险类别包括：

（1）非居民客户（需要了解其为何需要在其居住国以外开立账户）；

（2）政治公众人物（要适用特殊的政策）；

（3）含有不记名股权的公司（特别注意对最终受益人的识别和核实）。

关于区别不同的具体风险种类详细论述见本指引第三章。

（二）支持风险为本方法的适当的监管措施

2.35 监管者应当通过有效的现场和非现场监管计划①，以及对内部信息和其他可获得信息的分析，发现薄弱环节。

2.36 在监管过程中，监管者应当检查金融机构反洗钱/反恐怖融资风险评估情况，以及其政策、程序和内部控制制度，以便从总体上评估该金融机构的风险水平，及是否采取了足够的降低风险的措施。对该机构的评估或该机构的自评都是有用的信息来源。对金融机构的评估还应当包括

① 参见关于监管技巧的巴塞尔银行监管委员会《有效银行监管核心原则》（2006）第20项。

对客户账户交易的抽样测试，以此来检验评估结论。监管者对金融机构管理层采取必要整改措施能力和意愿的评估也是一个很重要的决定因素。考虑到所发现的薄弱环节可能导致严重的后果，监管者应当采取相应的行动，确保金融机构及时进行适当整改，弥补缺陷。一般而言，对系统性缺陷或内部控制制度薄弱缺陷应采取最严厉的监管措施。

2.37　不过，有可能发生未察觉到个别高风险交易，或高风险客户的交易等严重事件，如交易金额巨大，或使用常用的洗钱或恐怖融资手法，或计划实施了较长时间而未发现等情况。这种情况可能是风险管理薄弱，或在识别高风险、交易监测、雇员培训和内部控制方面的管理缺陷等多种问题累积的结果，因此应受到专门的监管制裁。

2.38　监管部门应当站在公平的角度比较同等金融机构的风险因素和其所制定的程序。除了其他目的外，这样做可以帮助监管部门更好地了解金融机构制定和执行风险为本方法的情况，进而发现潜在的缺陷。同样，监管者能够并且应当运用他们关于风险与各类产品、服务、客户和地域相联系的知识，帮助金融机构对洗钱/恐怖融资风险进行评估。因为他们可能拥有一些金融机构无法获得的信息，而金融机构在制定和执行风险为本方法时也无法将这些信息纳入考虑。应鼓励监管者（以及其他有关各方）利用他们掌握的知识和信息发布指引，帮助金融机构管理风险。如果允许金融机构根据对风险的判断自行决定采取何种程度的客户尽职调查措施，那么这就应当与主管部门发布的指引相一致①。对风险为本方法的评估将有助于发现金融机构确定的风险类别是否过于狭窄，而无法涵盖所有的风险，或者适用的标准导致发现了大量较高风险的业务关系，但却没有采取足够的额外尽职调查措施。

2.39　如果采用风险为本方法，监管者关注的焦点应当是金融机构反洗钱/反恐怖融资合规水平和风险管理体系是否能满足：（1）达到最低限度的监管要求；（2）适当并有效地降低风险。监管目标并不是要阻止高风险活动，而是要确保金融机构充分实施了适当的降低风险战略。

---

①　FATF 建议 5 和建议 25，《评估方法》核心标准 25.1 和 5.12。

2.40　FATF 建议 29 要求，监管部门应对违反反洗钱/反恐怖融资法规和监管要求的行为进行足够的处罚，有效的反洗钱/反恐怖融资监管要求"监管部门拥有多种监管工具，以便在它们判断某家银行违反了法律、法规和监管要求时加以采用……这些工具应当包括要求银行立即采取整改措施和实施处罚。在实践中，监管措施的种类应当与情况的严重程度相匹配"。①

2.41　罚款和处罚决定并不适用于所有的改正和补救反洗钱/反恐怖融资缺陷的措施。但是，如果确实存在重大缺陷，监管部门应当有权力和意愿采取这样的措施。更多的情况是，所采取的行动应当是通过正常的监管程序制定的补救措施。

2.42　巴塞尔银行监管委员会《有效银行监管核心原则》（2006）（2006 年 10 月修订）列出了适当监管措施的一般性要求。尽管与反洗钱/反恐怖融资不直接相关，但这些要求还是为监管部门监督相关风险管理制度提供了有用的见解。这些原则的核心理念详见本章附专栏。

2.43　在考虑上述因素时，适当的监管主要通过以下两个主要特征体现：

监管的透明度

2.44　在采取适当行动时，监管透明度至关重要。监管部门意识到，金融机构在寻求自主运营，自己作出风险判断的同时，也希望获得关于如何履行合规义务的指引。因此，负有反洗钱/反恐怖融资监管职责的主管部门应当明确被监管机构应达到什么要求，并通过适当的沟通机制将这一信息传递给金融机构。例如，向被监管机构提出的要求应当是高层次的，即期望它们达到什么目标，而不是规定详细的具体操作程序。

2.45　无论采用什么具体程序，指导原则是金融机构明确它们所负的法律责任和应达到的监管要求。如果缺乏透明度，则可能导致监管措施将被认为要么不适当，要么无法预期，甚至可能对那些有效贯彻了风险为本方法的金融机构造成损害。

---

①　巴塞尔银行监管委员会《有效银行监管核心原则》（2006），原则 23，EC3。

对监管部门和执法部门员工的培训

2.46　在风险为本方法中，不可能详细列出所有情况，金融机构应该怎么做以满足具体的监管要求。因此，首先要考虑的是如何确保执行可预见、适当的监管措施的一致性。因而有效的监管培训对执行适当的监管措施很重要。

2.47　培训的目的在于，使监管人员对金融机构反洗钱/反恐怖融资体系和内部控制制度形成相对正确的判断。对金融机构进行评估时，监管部门有能力根据金融机构自身识别的风险，并考虑到行业惯例，对该机构的内部控制制度作出判断很重要。监管者还可通过对不同的机构进行对比评估，判断金融机构内部制度安排上的优劣。

2.48　培训内容应当包括，指导监管部门职员评估金融机构高级管理层是否采取了足够的风险管理措施，以及是否已经建立了必要的操作程序和内部控制制度。培训内容还应当包含具体的指导。应当注意的是，监管不仅包括对政策和程序的审查，还应审查客户资料，并对部分账户进行抽样检查。同时，监管部门还应当评估现有程序是否足够，如果“认为风险管理程序不足够，则应有权要求银行强化这些程序”。[①] 监管部门同样应确保有足够的资源来实施有效的风险管理。

2.49　为履行上述职责，培训应当使监管部门职员能够对以下情况进行准确评估：

（1）内部控制制度的质量，包括持续的雇员培训计划和内审、合规和风险管理等；

（2）考虑金融机构的风险特征，风险管理政策和程序是否适当，是否根据不断变化的风险特征进行定期调整；

（3）高级管理层是否参与风险管理，以及是否具有相应的程序和控制制度。

现场检查的内容可以包含但不限于：

（1）在整个集团内贯彻统一的政策；

---

① 巴塞尔银行监管委员会《有效银行监管核心原则》（2006），核心原则 7，EC1。

（2）对每一业务序列的风险进行评估；

（3）风险评估文件按照产品、投放渠道、客户种类和客户所在地域等因素进行细分的程度；

（4）执行客户尽职调查的程度，包括对新客户的识别，客户资料和“了解你的客户”相关信息的收集；

（5）对高风险客户和业务实行额外尽职调查措施，比如“高净值”的个人，政治公众人物和代理行关系等；

（6）现有交易监测程序，如何对程序识别出的交易进行分析；

（7）判断现有客户资料可能需要更新的依据和取得更新的方法；

（8）内部控制制度的质量，包括识别和报告大额现金交易和可疑交易的程序；

（9）资料保存制度，查找客户识别证据材料或交易记录的难易程度；

（10）反洗钱/反恐怖融资培训的范围、频率和对象，培训的有效性；

（11）适当的抽样检查。

对于清单中的项目没有“正确答案”，关键点在于：（1）金融机构是否达到了最低监管要求；（2）金融机构是否发现了自身的洗钱/恐怖融资风险点，找到了相应的最佳应对策略，并为此投入了足够的资源；（3）高级管理层是否负有反洗钱/反恐怖融资职责。

巴塞尔银行监管委员会《有效银行监管核心原则》（2006）（2006 年 10 月修订）要求的关键风险管理措施。

关于风险管理措施的摘录：

“每家银行和银行集团应建立完善的风险管理制度和程序，以识别、评估、监测、控制并降低实质性风险。监管部门应结合该银行或银行集团业务的规模和性质确定这些程序是否足够，并要根据银行和银行集团以及外部市场发展导致的风险变化进行定期调整。如果监管部门认为其风险管理程序不够，则有权要求银行强化这些程序。”（原则 7，核心标准 1）

“监管部门应确认银行和银行集团具有经其董事会批准的适当的风险管理战略。监管部门还应确认，董事会确保管理风险的政策和程序已经建立，设置了适当的限制，且高级管理层按照经核准的战略，采取必要措施

监测并管理所有的实质性风险。”（原则7，核心标准2）

“监管部门确认风险管理战略、政策、程序和限制妥善备案，适时加以审查和更新，并在该银行或银行集团内部传达，在实践中得到遵守。监管部门确认，对于任何不符合现有政策、程序和限制的情况会立即引起适当级别的管理层注意，或在必要时引起董事会注意。”（原则7，核心标准3）

“监管部门应当确认，高级管理层和董事会了解银行所面临的风险性质和水平……监管部门还应确认，高级管理层应确保风险管理政策和程序与该银行的风险特征和商业计划相一致，并得到有效执行。这就要求高级管理人员定期检查和了解获得的风险管理信息的真实性及局限性，同样，也要求董事会了解高管人员提交给他们的风险管理信息。”（原则7，核心标准4）

“对于使用模型来测量风险因素的银行或银行集团，监管部门应确定它们会定期对这些模型和系统进行独立的测试和验证。”（原则7，核心标准6）

“监管部门应确定，银行和银行集团评估，监测，控制和降低风险的职能与产生业务风险的职能相分隔……”（原则7，核心标准9）

第三章　金融机构实施风险为本方法的指引

导　　言

3.1　金融机构应根据实际运营情况决定其具体的风险为本的程序。如果条件允许，金融机构管理和降低洗钱/恐怖融资风险的政策、程序和控制措施应在整个集团内有效衔接。然而，应当注意，恐怖融资具有不同于洗钱的特征，如果没有一套更完整的适用于恐怖融资的操作方法和技巧指引，就很难评估相关风险（参见段落 1.34 ~ 1.38）。设计得当的风险为本方法将为金融机构提供识别潜在洗钱风险的方法。而执行得当的风险为本的程序也将提供一套识别与客户和交易相关的潜在洗钱风险水平的框架，使金融机构能集中关注那些可能造成最大风险的客户和交易。

第一节　风险种类

3.2　为实施合理的风险为本方法，金融机构应确定对潜在洗钱风险进行评估的标准。通过对洗钱和恐怖融资风险的识别（在恐怖融资风险可被识别的范围内），对客户或客户种类的识别，以及交易风险的识别，使金融机构能够制定并执行适当的控制措施来降低风险。在与客户建立业务关系时一定要进行风险评估，不过对于某些客户，只有在其开始通过某个账户进行交易之后，其风险特征才会全面显现，这就使得对客户交易进行持续监测成为设计合理的风险为本方法的基本要素。金融机构也必须根据从主管部门获得的信息调整其特定客户的风险评级。

3.3　洗钱和恐怖融资风险可以根据不同的种类划分。风险分类的实际应用提供了管理潜在风险的战略，使金融机构能对客户适用适当的控制和关注措施。最常用的风险种类是：国家或地域风险、客户风险、产品/服务风险。在评估潜在的洗钱风险时，赋予这些风险种类的权重（单独或一并计算）因各机构的情况不同而不同。因此，金融机构必须自行确定其风险权重。法律法规对一些指标的要求可能会制约金融机构的决定。

3.4　并没有一套各方都同意的风险分类。也没有一个运用这些风险分类的唯一方法，FATF 只是希望能为金融机构设计一套符合身身潜在风险特征的管理策略打下基础。以下是一些最常用的风险分类。

一、国家/地域风险

3.5　关于某个特定国家或地域（包括金融机构运营的国家）是不是高风险，不论对于主管部门，还是金融机构，都没有一个普遍接受的定义。国家风险和其他风险要素一样，提供了关于潜在洗钱和恐怖融资风险的有用信息。可能导致某国被确定为高风险的因素包括：

（1）被国际组织（比如联合国）实施制裁、禁运或其他类似制裁措施的国家。此外，在某些情况下，受联合国等组织制裁但并未获得有些国家认可的国家；

（2）被权威性组织判定为缺乏反洗钱/反恐怖融资法律、法规和其他措施的国家；

（3）被权威性组织判定为恐怖活动提供资金或支持的国家，这些恐怖活动有已认定的恐怖组织参与；

（4）被权威性组织认定为腐败或其他犯罪活动猖獗的国家。

二、客户风险

3.6　在洗钱和恐怖融资风险可能被识别的范围内，识别这些由客户或客户种类带来的风险，对于制定一个全面的风险框架至关重要。金融机构将基于其自身标准，判定某一特定客户是否造成了高风险，以及任何降低风险的因素对评估的潜在影响。风险变量的适用可能导致更高或更低的风险评估结果。高风险客户的活动包括：

在异常情况下开展业务或进行交易的客户，比如：

（1）客户和金融机构所在地相距遥远；

（2）账户向不同金融机构频繁转移；

（3）资金在不同地区的金融机构间频繁转移；

（4）因其内部组织结构或实体性质或关系而难以识别实际受益人或控制人的客户。

现金密集型业务，包括：

（1）货币服务业（例如，汇款所，货币兑换所，转账代理，银行票据交易商或其他提供货币转移服务的机构）；

（2）赌场及其他与赌博相关的活动；

（3）尽管不是现金密集型业务，但其特定交易产生大量现金的其他行业。

不受监管的慈善机构或其他“非营利性”组织（尤其是跨国运作的）[①]。

专业人士，诸如会计师、律师和其他专业人士在金融机构持有的账户或代理客户交易。

在业务关系中利用中介机构，而后者未纳入适当的反洗钱/反恐怖融资法律措施，或未受到足够监管。

属政治公众人物（PEPs）的客户。

三、产品/服务风险

3.7 总体风险评估还应当包括确定金融机构提供的各类产品和服务带来的潜在风险。金融机构应当特别注意与创新产品和服务相联系的风险，这些产品和服务并不直接由金融机构提供，只是利用金融机构的服务。确定产品和服务风险应考虑如下因素：

（1）被主管部门和其他权威性组织判定为潜在高风险的；

（2）涉及非客户（如中间行业务）支付的国际代理行业务，及邮递业务；

（3）国际私人银行业务；

（4）涉及银行本票和贵金属贸易及交付的服务；

（5）其固有性质更易导致匿名，或跨越国境的服务，比如网上银行、储值卡、国际电汇、私人投资公司和信托。

四、可能影响风险水平的变量

3.8 金融机构制定实施风险为本方法时，可考虑与特定客户或交易相关的风险变量。就某一特定客户或交易带来的风险水平，这些变量可能提高或降低之前认知的风险水平。变量包括：

（1）账户开立的目的或业务关系可能会影响风险评估结果。用于传统、小额交易的账户风险低于由不为所知的商业机构开立的、用于大额现

① 参见 FATF 特别建议 8。

金交易的账户。

（2）某个特定客户的存款水平或交易规模。如果某客户的资产水平和大额交易与金融机构其他类似客户的合理预期相比异常得高，那么即便该客户本不被视为高风险，此时也应该被当做高风险看待；反之，如果与金融机构其他类似客户的合理预期相比，客户的资产水平和交易金额都更低，那么即便该客户本被视为高风险，此时也应被作为低风险看待。

（3）客户受到的监管程度或管理体系水平。从洗钱的角度来看，如果一家金融机构受到所在国监管，且该国拥有良好的反洗钱监管体系，那么该金融机构客户的风险就比另一家未受反洗钱监管，或只受到最低限度监管的金融机构的客户风险低。此外，上市公司及其全资分支机构一般来说洗钱风险极低。这些公司通常来自监管体系健全的国家，因而鉴于其从事业务的类型和所受到的广泛监管，一般而言风险较低。相应地，这些实体也可以免受严厉的开户审查，业务关系存续期间也无须对其进行交易监测。

（4）业务关系的规范性和存续期。与金融机构保持长期且频繁业务关系的客户洗钱风险较低。

（5）金融机构对营业所在国的熟悉程度，包括对其法律法规、监管体系和范围的熟悉程度。

（6）利用法人实体或其他组织结构而没有明显的商业目的和其他原因，或其他合理理由，或人为地增加复杂性或降低透明度。若使用该组织结构而不能说明合理的理由，则意味着风险增加。

五、高风险情形下的控制措施

3.9　对于根据风险为本方法识别出的高风险客户，金融机构应采取适当的措施降低潜在的洗钱风险。这些控制措施可包括：

（1）增加机构内部对业务范围内高风险客户和高风险交易的认知程度；

（2）提高“了解你的客户”（KYC）要求或实施强化的尽职调查措施；

（3）加强对开立账户或建立业务关系的审批；

（4）加强交易监测；

（5）加强持续控制措施，加大审查业务关系的频度；

（6）同样的控制措施常常能适用于一种以上的风险种类，不必要求金融机构就每一类风险分别制定具体的控制措施。

第二节　风险为本方法的实施

一、客户尽职调查/了解你的客户

3.10　客户尽职调查/了解你的客户措施的目的是使金融机构能够合理地确信，它们知道每位客户的真实身份，并在合理的信任下，了解客户可能开展的业务和交易类型。金融机构的相关程序应包括：

（1）适时识别和核实每位客户的身份；

（2）采取合理的风险为本的措施，识别和核实实际受益人的身份；

（3）获取适当的额外信息，以了解客户的实际业务情况，估计其交易的性质和水平。

3.11　金融机构在作出决定前，应考虑到所有适当的风险变量，对客户风险进行评估，然后决定对每位客户采取的适当尽职调查措施。客户尽职调查措施可包括下列层次：

（1）适用于所有客户的标准尽职调查措施。

（2）标准水平以下的措施，适用于以下低风险情形：①符合监管部门披露要求的上市公司；②其他符合 FATF 反洗钱/反恐怖融资建议要求的金融机构（国内或国外）；③资金主要来自于薪金、养老金和社会福利的个人，且资金来源明确适当、与交易相称；④交易金额极小的特定种类交易（如小额保费）。

（3）标准水平以上的措施，适用于高风险客户。高风险可能源于客户的业务活动、所有权结构、交易的预期或实际金额、交易种类，包括涉及高风险国家或相关法律法规认定的其他情况，如：①代理行关系；②政治公众人物。

二、对客户和交易的监测

3.12　金融机构监测的程度和性质取决于金融机构本身的规模，其反洗钱/反恐怖融资风险，采用的监测模式（人工、自动或二者的结合），以及被监测活动的种类。要运用风险为本方法来进行监测，金融机构及其监管者必须认识到，不是对所有的交易、账户或客户都以同样的方式进行监测。监测的程度应根据对风险程度的判断来确定，这些风险与客户、客户使用的产品或服务、客户所在地和交易发生地等因素相关。确定监测手段和程序也需要考虑金融机构所拥有的资源。

3.13　在风险为本方法中，监测的首要目标是根据每个金融机构对其主要风险的分析，来应对整个行业的风险。因此，只要金融机构自身作出的判断符合法律法规要求，合情合理且完整地记录在案，监管当局就应当对这些判断给予适当的重视。

3.14　在风险为本方法中，金融机构可以设定交易限额或其他限额，对限额以下的交易免予监测。如果规定了免予监测的情况或限额，则应对这些情况和限额进行定期回顾，审查其是否仍与风险水平相当。金融机构还应对所有制度和程序是否适当进行定期审查。上述审查的结果都应妥善记录存档。

三、可疑交易报告

3.15　报告可疑交易或行为对一个国家利用金融机构打击洗钱、恐怖融资和其他金融犯罪至关重要。国家层面的可疑交易报告体系由国家法律规定，要求金融机构报告符合可疑特征的交易或行为。

3.16　如果法律法规要求，一旦引起怀疑就应报告可疑行为，就必须提交可疑报告，风险为本方法在这种情况下不适用。

3.17　风险为本方法可以用来识别可疑行为，比如，可以在金融机构认定的高风险领域投入额外的资源。金融机构也可将主管部门提供的信息纳入风险为本方法，以识别可疑行为。金融机构还应定期评估其内部制度是否足以识别和报告可疑交易。

四、培训和提高认识

3.18　建议15要求金融机构对其员工进行反洗钱/反恐怖融资培训。金融机构的员工接受适当的，且与其职责相称的反洗钱/反恐怖融资培训非常重要。金融机构成功的内部控制措施有赖于培训。这就要求金融机构在全系统内，向所有相关的员工至少传达反洗钱/反恐怖融资法律法规和内部有关政策的一般信息。

3.19　在不同的培训方式中贯彻风险为本方法，也赋予了每个金融机构额外的灵活性，即金融机构可以自由决定开展反洗钱/反恐怖融资培训的频率、培训方式和培训重点。金融机构应考虑其员工数量和可用资源，开展培训时应考虑以下方面：

（1）根据员工职责（比如，与客户的关系或业务操作）分别设计；

（2）详略得当（比如，针对一线员工，培训复杂产品或客户自主产品）；

（3）根据不同业务部门的风险水平确定频度；

（4）就培训内容进行测验。

第三节　内部控制制度

3.20　金融机构要建立一套有效的风险为本方法，就必须将以风险为本的程序纳入其内部控制制度。高级管理层要承担最终责任，确保金融机构保持有效的内部控制制度——包括可疑行为监测和报告。高管对反洗钱工作强有力的领导和过问是实施风险为本方法的重要方面。高管必须营造一种合规文化，确保员工遵守公司有关风险管理的政策、规程和手续。

3.21　除其他合规内部控制制度之外，反洗钱/反恐怖融资内部控制制度的性质和范围取决于以下因素：

（1）金融机构业务的性质、规模和复杂程度；

（2）金融机构运营的多样性程度，包括地域的多样性；

（3）金融机构的客户、产品和行为特征；

（4）所使用的分销渠道；

（5）交易金额和规模；

（6）与金融机构每一类经营活动相联系的风险水平；

（7）金融机构直接与客户打交道的程度，或通过中介机构、第三方、代理行或非面对面业务打交道的程度。

3.22　内部控制制度的框架：

（1）加强对金融机构业务中最容易被洗钱分子或其他犯罪分子利用部分（产品、服务、客户和地域）的关注；

（2）根据金融机构的运营环境和所在市场的行为，定期检查风险评估和管理程序；

（3）在管理层指定专人或负责反洗钱/反恐怖融资合规管理工作；

（4）确立反洗钱/反恐怖融资合规职能并制定检查办法；

（5）在新产品推出前确保采取适当的控制措施；

（6）向高级管理层通报合规工作动议、发现的合规工作缺陷、采取的整改措施和提交的可疑报告；

（7）保持制度的连续性，使其不因管理层或员工组成结构变化而受到影响；

（8）关注所有记录保存和报告的监管要求，以及反洗钱/反恐怖融资合规建议，并根据法规的变化及时进行调整；

（9）实施风险为本的客户尽职调查政策、规程和手续；

（10）对高风险客户、交易和产品制定必要的控制措施，比如交易限制和管理层审批；

（11）确保及时发现应上报的交易并准确填报提交；

（12）确保对负责现金交易业务、填报交易报告、核准豁免手续、监测可疑行为或参与其他与反洗钱/反恐怖融资有关行为的员工进行适当的监管；

（13）将反洗钱/反恐怖融资合规要求纳入员工的职位描述和业绩考核中；

（14）开展适用于所有员工的培训；

（15）对于企业集团，应在可能的范围内构建整个集团的内部控制制度框架。

3.23 高级管理层应当具有相关的手段，以便独立掌握与内部控制相关的风险评估和管理规程的制定和运行情况，并确保所采用的风险为本方法确实反映了该金融机构的风险特征。这样的独立测试和报告应由未参与实施或运行该金融机构反洗钱/反恐怖融资合规体系的有关方面来完成，诸如内审部门、外部审计师、专家顾问或其他拥有相关资质的机构。测试也应以风险为本（重点关注高风险客户、产品和服务），应当评估该金融机构整体的反洗钱/反恐怖融资体系是否健全，以及金融机构运营、各部门和各分支机构风险管理措施质量；评估应包括全面的程序和测试；应涵盖金融机构所有的经营活动。

附件 A 更多信息资源

还有其他各种信息可以帮助各国政府和金融机构制定其风险为本方法。下面的清单虽然不能列全，但还是重点列出了各国政府和金融机构希望利用的网址。从各网站可以获取额外的信息来源，还可通过反洗钱/反恐怖融资互评估报告获得进一步的信息。

一、FATF 文件

金融行动特别工作组（FATF）是一个旨在制定和推行国家和国际反洗钱/反恐怖融资政策的政府间组织。其核心政策文件是反洗钱新《四十项建议》和反恐怖融资《九项特别建议》、《FATF 建议合规评估方法》、《被评估国家和评估员手册》以及关于犯罪手法和趋势（类型）的报告和互评估报告。

http：//www. fatf－gafi. org

二、国际机构/组织

巴塞尔银行监管委员会

巴塞尔银行监管委员会（以下简称巴塞尔委员会）提供了银行业监管

和合作的平台。其目标是帮助监管者加深对核心监管问题的理解，以提升世界范围内银行业监管的质量。为达到这一目标，巴塞尔委员会推动各国交换其监管信息、手段和技术，以增进共识。为此，该委员会制定了相关领域的指引和监管标准。最为知名的政策文件包括：资本充足率国际标准（《巴塞尔资本协议》和《巴塞尔新资本协议》）、《有效银行监管的核心原则》、《跨境银行业监管协定》和其他关于风险管理和反洗钱/反恐怖融资的文件。

http：//www. bis. org/bcbs/

国际证监会组织

国际证监会组织由资本市场的监管部门组成，其目标是促进高标准的监管，以确保维护公正、高效和健全的市场；交流促进国内市场发展的经验；联合各国力量，制定关于国际证券交易的标准并进行有效的监控；各国相互协助，通过严格执行标准和有效打击违法行为维护市场的完整性。国际证监会组织的有关政策文件包括《关于洗钱问题的决议》（1992）和《证券投资基金反洗钱指引》（2005），后者也涉及对低风险情况的处理。

http：//www. iosco. org/

国际保险监督官协会

国际保险监督官协会由来自 130 多个国家的约 180 个保险监管机构代表组成。其目标是为改进国际和国家层面的保险业监管开展合作，以确保保险业市场的高效、公平、安全和稳定，维护投保人利益；促进保险业市场有序发展；致力于维护全球金融稳定。为此，国际保险监督官协会发布了一系列监管原则（例如，《保险业核心原则和方法》）、监管标准（例如，对保险公司进行适当要求和评估的监管标准）和指引（例如，《反洗钱/反恐怖融资指引》、《打击滥用保险公司指引》和《防范、监测和纠正保险欺诈指引》）。

http：//www. iaisweb. org/

透明国际

作为全球性的民间团体组织，透明国际领导反腐败斗争，在全球领域形成强大联盟，消除腐败危害。透明国际的目标是创建一个没有腐败的世界。

http：//www. transparency. org/

三、各国有关风险为本方法的立法/指引

澳大利亚

2006 年《反洗钱和反恐怖融资法案》（由澳大利亚司法部执行）：

http：//www. comlaw. gov. au/comlaw/management. nsf/lookupindexpagesbyid/IP200627290？OpenDocument

《反洗钱和反恐怖融资规定》（由澳大利亚交易报告和分析中心执行）：

http：//www. austrac. gov. au/amlctfrules. html

比利时

《比利时银行、金融和保险委员会关于客户尽职调查和防范通过金融系统进行洗钱和恐怖融资的通知》：

http：//www. cbfa. be/eng/bo/circ/pdf/ppb20048d250. pdf

《比利时银行、金融和保险委员会关于防范洗钱和恐怖融资的规定》：

http：//www. cbfa. be/eng/vt/vz/circ/pdf/regulations27 －07 －2004. pdf

加拿大

加拿大金融监管局——《阻断和监测洗钱和恐怖融资指引：健全行业与金融惯例》：

http：//www. osfi － bsif. gc. ca/app/DocRepository/1/eng/guidelines/sound/guidelines/B8e. pdf

德国

德国金融监管局（Bafin）——《防范洗钱、恐怖融资和欺诈的风险管理制度内部执行办法》［根据《银行法》第 25a（1）条第 3 款第 6 项和（1a），以及《洗钱法》第 14（2）条第 2 项］。

http：//www. bafin. de/rundschreiben/892005/050324en. htm

《信用机构代理行业务反洗钱防范措施》：

http：//www. bafin. de/verlautbarungen/gw001106en. htm

意大利

意大利关于《在意大利经营的所有金融机构可疑行为报告指引》第

一、第二部分。

http：//www. bancaditalia. it/vigilanzatutela/vigban/norma/provv；internal &action = lastLevel. act ion&Parameter = vigilanzatutela

日本

日本金融服务局：法规和指引

http：//www. fsa. go. jp/en/refer/legislation/index. html

泽西岛

金融服务委员会：反洗钱指引

http：//www. jerseyfsc. org/thecommission/anti – moneylaundering/guidancenotes/index. asp

南非

金融情报机构：客户识别通用指引

http：//www. fic. gov. za/info/Guidance% 20concerning% 20identification %20of%20clients. pdf

新加坡

新加坡关于银行业防范洗钱和恐怖融资的通知

http：//www. mas. gov. sg/resource/legislationguidelines/aml/626% 20amdd%20280207. pdf

瑞士

瑞士联邦银行委员会关于预防洗钱的令

http：//www. ebk. admin. ch/e/archiv/2003/pdf/m032703 –03e. pdf

英国

洗钱问题联合核心工作组（JMLSG）指引。

英国关于反洗钱和反恐怖融资的行业指引涵盖了执行法律、监管要求和反洗钱控制措施的最佳实践，构成了英国风险为本方法的反洗钱工作框架。

http：//www. jmlsg. org. uk

美国

美国联邦金融机构研究委员会银行保密法反洗钱检查手册：

http：//www. ffiec. gov/pdf/bsaamlexaminationmanual2006. pdf

沃尔夫斯堡集团

沃尔夫斯堡集团由12家全球性银行组成，旨在帮助提升金融服务业及相关产品的标准，包括“了解你的客户”、反洗钱和打击恐怖融资政策。2006年，沃尔夫斯堡集团制定了以风险为本方法管理洗钱风险的指引。

http：//www. wolfsberg – principles. com/index. html

四、政府部门与私人部门间信息共享/联络安排

美国《爱国者法案》（2001）第314条：根据第314条制定的规章建立了旨在阻断洗钱和恐怖活动的信息共享机制。规章在两方面加强了信息共享：（1）建立联邦执法部门从金融机构获取涉嫌为恐怖活动或洗钱活动相关信息的机制；（2）鼓励金融机构之间开展信息共享，以识别并上报可能涉嫌恐怖融资或洗钱的行为。

http：//www. fincen. gov/po1044. htm

美国银行保密法咨询委员会：该咨询委员会于1992年由众议院设立，由FinCEN（美国的金融情报机构）主任担任主席，是业界、监管部门和执法部门讨论银行保密法有关问题的主要论坛。咨询委员会就如何提高执法部门获得银行保密法相关数据的质量，同时尽量降低合规义务对金融机构的影响，向财政部部长提出建议。

http：//uscode. house. gov/download/pls/31C53. txt

私人部门对话机制：美国建立了美国监管部门、金融机构与中东/北非和拉丁美洲监管部门和金融机构的反洗钱/反恐怖融资对话机制。这一系列接触旨在提高对国内和地区洗钱/恐怖融资风险、反洗钱/反恐怖融资国际标准及其区域发展，以及美国政府部门和私人部门采取的反洗钱/反恐怖融资措施的认识。

http：//www. treas. gov/press/releases/js4346. htm

http：//www. usmenapsd. org/index2. html

五、其他有助于国家和金融机构评估国家和跨境活动风险的信息

在确定与特定国家或跨境活动相联系的风险时，金融机构和各国政

府可从多种来源获取公开信息，包括关于执行国际标准和准则的详细情况，与非法活动相关的具体风险评级，腐败活动调查结果和开展国际合作的水平。以下清单尽管不全面，但包含了常用的信息：国际货币基金组织和世界银行关于执行国际标准和准则的报告（金融业评估项目）。

（1）世界银行报告：

http：//www1. worldbank. org/finance/html/cntrynew2. html

（2）国际货币基金组织：

http：//www. imf. org/external/np/rosc/rosc. asp？ sort = topic#RR

国际货币基金组织对离岸金融中心（OFCs）的评估报告

http：//www. imf. org/external/np/ofca/ofca. asp

（3）FATF和区域性反洗钱组织互评估报告，包括：

①亚太反洗钱组织（APG）

http：//www. apgml. org/documents/default. aspx？ DocumentCategoryID = 8

②加勒比金融行动特别工作组（CFATF）

http：//www. cfatf. org/profiles/profiles. asp

③欧盟委员会反洗钱措施评估专家委员会（MONEYVAL）

http：//www. coe. int/t/e/legalaffairs/legalcooperation/combatingeconomiccrime/5moneylaundering/Evaluations/Reportssummaries3. asp#TopOfPage

④欧亚反洗钱与反恐怖融资组织（EAG）

http：//www. eurasiangroup. org/index－7. htm

⑤南美反洗钱组织（GAFISUD）

http：//www. gafisud. org/miembros. htm

⑥中东和北非金融行动特别工作组（MENAFATF）

http：//www. menafatf. org/TopicList. asp？ cType = train

（4）经济合作与发展组织下设的国家风险分类小组（每次会议后公布按风险分类的国家名单）

http：//www. oecd. org/document/49/0，2340，en2649341711901105111l，00. html

（5）国际麻醉品控制战略报告（美国国务院每年公布）

http：//www. state. gov/p/inl/rls/nrcrpt/

（6）埃格蒙特集团成员——由参与常态的信息共享和经验分享的金融情报机构组成，要被埃格蒙特集团接纳为成员，一国必须经过一套被集团确认符合集团对金融情报机构定义的正式程序。

http：//www. egmontgroup. org/

（7）《联合国打击跨国有组织犯罪公约》签约国

http：//www. unodc. org/unodc/crimecicpsignaturesconvention. html

（8）美国财政部外国资产控制办公室（OFAC）经济和贸易制裁计划

http：//www. ustreas. gov/offices/enforcement/ofac/programs/index. shtml

（9）受欧盟金融制裁的个人、组织和实体统一名单

http：//ec. europa. eu/comm/externalrelations/cfsp/sanctions/list/consol – list. htm

（10）联合国安理会制裁委员会——国家状况

http：//www. un. org/sc/committees/

附件 B　巴塞尔银行监管委员会——跨境银行业务工作组——风险矩阵（略）

附件 C　巴塞尔银行监管委员会——银行跨境业务工作组——反洗钱风险控制体系与一般风险评估的关联（略）

附件 D　术语表

受益所有人（Beneficial Owner）

指最终拥有或控制客户以及被代表从事交易的人，也包括对法人或法律安排实施最终有效控制权的人。

主管部门（Competent Authorities）

指所有打击洗钱和恐怖融资工作的行政和执法部门，包括金融情报机构和监管部门。

核心原则

指巴塞尔银行监管委员会发布的《有效银行监管的核心原则》，国际证券业委员会发布的《证券业监管目标和原则》，以及国际保险监督官协会发布的《保险业核心原则》。

特定非金融行业和职业

（1）赌场（包括网络赌场）；

（2）房地产经纪；

（3）贵金属经销商；

（4）宝石经销商；

（5）律师、公证人、其他独立的法律专业人员和会计师——指单独执业、合伙或被专业公司雇用的专业人员，而不是被其他行业雇用的“内部”专业人员，也不是指为政府机构工作的专业人士，已被要求遵守反洗钱规定；

（6）信托公司和公司服务提供商是指 FATF 建议中未涉及的、向第三方提供下列服务的所有个人或企业：

①代理法人的设立；

②担任（或任命他人担任）公司董事或秘书、一方合伙人或者与其他法人相关的类似职位；

③为公司提供注册营业场所、办公地址或设施、通信地址或行政地址，担当合伙人、其他任何法人或法律实体；

④担当（或安排他人担当）书面信托的受托人；

⑤担当（或安排他人担当）他人的指定股东。

特定限额（Designated Threshold）

指 FATF 建议释义中列出的限额。

FATF 建议（FATF Recommendations）

指 FATF 新《四十项建议》和关于恐怖融资的《九项特别建议》。

金融机构（Financial Institutions）

指向客户提供或代表客户进行以下一项或多项活动或交易，并以此作为职业的个人或机构。

（1）接受公众存款和其他应偿付资金[①]；

（2）放贷[②]；

（3）融资租赁[③]；

（4）资金或价值转移[④]；

（5）发行和管理支付工具（例如，信用卡和借记卡、支票、旅行支票、汇票和银行票据一级电子货币等）；

（6）财务担保和承付；

（7）其他形式的交易，包括：①货币市场工具（支票、票据、存单、金融衍生品等）；②外汇；③汇率、利率和指数工具；④可转让证券；⑤商品期货交易。

（8）参与证券发行并提供与发行相关的金融服务；

（9）个人和集体投资组合管理；

（10）替客户保管和管理现金及流动证券；

（11）替客户投资或管理资金或财产；

（12）承销和安排人寿保险及其他与投资相关的保险；[⑤]

（13）货币兑换。

当个人或机构进行非经常性或非常有限（以定量的绝对标准衡量）的金融活动，且其中发生洗钱活动的可能性较小时，各国可自行决定是否有必要采取措施，或采取部分或全部反洗钱措施。

在严格限制以及合理的情况下，并且能够证实发生洗钱活动的风险极低

---

① 包括私人银行。

② 其中还包括：消费信贷、抵押信贷、保付代理、有/无追索权；商业交易融通（包括中长期应收票据收买业务）。

③ 不包括与消费品相关的融资租赁协定。

④ 此项适用于正式和非正式领域的金融业务，如替代汇款业务。请参考特别建议6注释。此项不适用于仅仅为金融机构传递资金、提供信息或其他支持系统的自然人或法人。请参考特别建议7注释。

⑤ 此项适用于保险公司和保险中介（包括保险代理人和保险经纪人）。

时，各国可以决定对上述某些金融业务不实行或部分实行《四十项建议》。

法律安排（Legal Arrangement）

指书面信托或其他类似法律协议，后者（在反洗钱/反恐怖融资问题中）包括古罗马的信托（fiducie）、德国的信托（treuhand）以及信托赠与（fideicomiso）等种类的信托。

法人（Legal Persons）

指能够与金融机构或其他所有制形式建立固定客户关系的法人团体、基金会、研究所、合伙企业、协会或任何类似的机构。

政治公众人物（Politically Exposed Persons，PEPs）

指现在或曾经担任显赫公职的个人，如国家元首或政府首脑、高级政客、政府、司法或军队高级官员、国有企业高级行政人员和政党的重要官员。与政治公众人物家庭成员或其他关系密切人士的商业关系也存在与政治公众人物本身类似的声誉上的风险。本定义不包括上述范畴中的中等或低级别人士。

空壳银行（Shell Bank）

指在某一司法辖区/国家内没有实体，且独立于受管制的金融集团的银行。

监管部门（Supervisors/Regulators）

指负责保证金融机构遵守打击洗钱和恐怖融资要求的指定主管部门。

附件 E　电子咨询小组成员

FATF 成员和观察员

澳大利亚、奥地利、加拿大、欧盟委员会、法国、德国、意大利、日本、墨西哥、荷兰、南非、瑞典、瑞士、英国、美国、国际货币基金组织、国际证券业委员会、离岸银行监管组织、世界银行、巴塞尔银行监管委员会。

银行业

法国巴黎银行、南非银行业协会、土耳其银行业协会、富通银行、德国银行业协会、Banque et Caisse d'Epargne de l'Etat（卢森堡）、西德意志银行、法国农业信贷集团、拉丁美洲银行业联盟、墨西哥银行业协会、美国银行、麦格里银行、加拿大帝国商业银行、日本银行业协会、瑞银集团、汇丰银行、国际银行业联合会、欧洲银行合作委员会、新加坡银行业协会、欧洲公共银行协会、沃尔夫斯堡集团、欧洲银行业联合会。

证券业

加拿大交易员协会、澳大利亚金融市场协会、瑞银集团、伦敦投资银行协会、摩根大通公司、证券业协会、纽约证券交易所、证券业协会国际理事会。

附录二

全球洗钱与恐怖融资威胁评估

——关于犯罪分子和恐怖分子滥用金融的方法、原因、危害及对策的思考

（2010 年 7 月）

前　　言

我很高兴看到FATF公布了首份《全球洗钱与恐怖融资威胁评估》报告。该报告以全球视野展现了洗钱和恐怖融资的系统性威胁以及可能导致的最终危害。

自1989年以来，FATF一直致力于制定并实施针对国际金融体系犯罪的相关措施。1990年，FATF制定了这些措施或称“建议”，并定期更新，以应对不断变化的洗钱和恐怖融资威胁。这些措施已经构成了反洗钱与反恐怖融资的基础框架。随着措施的不断完善，FATF已经通过类型研究来监测洗钱和恐怖融资的方式及趋势，以确定金融系统当前和新出现的洗钱和恐怖融资威胁。

FATF已经发布了20多份类型研究报告，涉及不同主题和行业的洗钱及恐怖融资风险。这项工作仍在继续，因为类型研究需要不断重新评估，以便反映可能被罪犯分子和恐怖分子利用的金融体系和贸易系统的变化，以及随着时间推移，突破各种控制机制的各种手法的不断更新。最近，FATF加强了对系统性洗钱和恐怖融资威胁的监控，以不断提高识别、关注和应对威胁的能力。《全球洗钱和恐怖融资威胁评估》报告体现了对这些威胁的全新思考。

《全球洗钱和恐怖融资威胁评估》报告提出了目前主要的洗钱和恐怖融资威胁。大部分资料来源于FATF、地区性反洗钱组织以及有关国家或地区关于洗钱和恐怖融资方式和手法的研究成果。同时，《全球洗钱和恐怖融资威胁评估》报告也为各国评估类似威胁提供了一个框架。

该报告由一个不同成员组成的项目组完成，其成员分别来自不同司法辖区的执法部门和负责反洗钱反恐怖融资工作的其他机构。因此，该报告史无前例。

全球已有超过180个国家与FATF一道采取行动，降低洗钱和恐怖融资威胁。过去几年，各国政府、政府间多边组织、私营部门和学术团体为遏制洗钱和恐怖融资做了大量工作。然而，洗钱和恐怖融资问题仍然存在，还需要我们不断努力。值得注意的是，还应加大执行相关监测措施的力度，采取强有力行动打击实施上述严重犯罪的个人和组织。

希望本风险评估报告能够帮助各国政府提高对洗钱和恐怖融资威胁及其负面影响的认识，以采取果断行动降低其危害。更重要的是，希望它能给政府、私营部门和国际政策制定者提供参考，以便充分利用有限的资源，集中力量打击洗钱和恐怖融资活动。

FATF 主席，2009—2010 年
保罗·弗朗德仁
(Paul Vlaanderen)

第一章　引　言

1. 本章 1.1 节首先介绍了 FATF 在反洗钱和反恐怖融资工作中所发挥的作用。1.2 节描述了 FATF 的战略监测调查报告和取得的主要成果。1.3 节、1.4 节、1.5 节解释了全球洗钱威胁评估项目所要达到的目标，描述了其框架结构，以及如何将该框架作为政府部门使用的工具。1.6 节将继续描述刑事犯罪和恐怖主义的总体危害，1.7 节讨论全球金融危机。1.8 节和 1.9 节包括一些关键术语，并列明全球洗钱威胁评估项目所使用的信息来源。

1.1　FATF 与洗钱和恐怖融资

2. FATF 的首要任务是确保全球一致行动共同打击洗钱和恐怖融资。在识别金融系统和金融机构所受到的威胁方面，FATF 一直处于打击犯罪分子和恐怖主义企图滥用金融系统的措施前沿。

3. FATF 自成立以后，就一直采取一致的行动对抗上述威胁，主要致力于以下三方面的活动。

（1）制定打击洗钱和恐怖融资的全球标准：目的是提高金融系统的透明度（使其更容易监测犯罪行为），赋予国家成功采取行动打击洗钱和恐怖融资的能力。

（2）确保国际标准的有效实施：通过互评估程序，监督各成员国执行“40+9”项建议的执行，并且评估其反洗钱和反恐怖融资体系的整体有效性。

（3）识别洗钱和恐怖融资的手法和趋势：通过类型研究，提示监管当局、执法部门、金融机构和社会公众洗钱和恐怖融资威胁，并且为国家和全球政策制定提供必要的依据，以便更好地应对这些威胁。

4. 目前，已有180多个司法辖区加入了FATF或区域性反洗钱组织（FSRB），并在部长级层次上承诺执行FATF的标准，并接受反洗钱和反恐怖融资评估。

5. 今后，FATF将一如既往地开展上述工作，保护全球金融系统的完整性，并且对不断出现的洗钱和恐怖融资威胁作出回应。

1.2　战略监测项目

6. 作为当前的职责之一，[①] FATF旨在强化对犯罪和恐怖主义威胁的全球监控。因此，FATF决定，必须更加积极主动地识别涉及国际金融体系的系统性犯罪和恐怖主义威胁。类型研究进程的加快将会进一步强化FATF识别、关注和应对这种威胁的能力。

7. 为满足这一需要，2008年，FATF建立了一种新的机制——战略监测项目。战略监测项目的目标是：（1）监测、共享对金融系统带来新威胁的犯罪类型和恐怖活动类型信息；（2）针对这些威胁制定战略性、长远性计划。该项目需要FATF成员和地区性反洗钱组织成员每年填写详细的问卷。要求各个司法辖区提供洗钱和恐怖融资方式、手法和趋势的信息，以及识别洗钱和恐怖融资源头的信息。

① 2008年2月27日，金融行动特别工作组调整了其2008—2012年职责，以便能够灵活应对新的挑战。见金融行动特别工作组官方网站www.fatf-gafi.org。

洗钱的主要来源概述

8. 2009 年，FATF 的战略监测项目调查显示，通过金融系统清洗的非法资金来源多种多样。FATF 建议术语表中列出的 20 种上游犯罪类型均被证明是犯罪收益的来源。很多司法辖区的调查问卷反馈显示，白领犯罪（税务、欺诈、公司犯罪、挪用资金、知识产权犯罪）和与毒品相关的犯罪是犯罪收益的主要来源。① 例如，绝大多数司法辖区都注意到互联网欺诈以及上游欺诈犯罪中网络技术的其他运用。②

9. 走私货物和违禁品同样被证明是非法资金的另一主要来源。虽然偷税或避税犯罪在 FATF 术语表中尚未专门列为上游犯罪类型，但同样被证明是非法资金的主要来源之一。贪污和受贿犯罪（包括挪用公款）也很突出。

恐怖融资的主要来源概述

10. 与犯罪网络相似，恐怖组织也通过各种犯罪活动筹集资金，在规模和复杂性上包括低水平的刑事犯罪直到严重有组织犯罪。2009 年的调查显示，金融犯罪（尤其是欺诈）、毒品运输、烟草走私、武器走私、贩卖人口或者钻石走私以及轻度犯罪（petty crime）被普遍认为是恐怖融资的主要来源。③ 而且，恐怖组织通过合法活动和非法活动，但更多的是通过二者的混合来筹募资金。2009 年的调查报告显示，资金筹集/捐赠、慈善团体和非营利性组织（NPOs）以及小规模的现金密集型行业是恐怖融资最主要的合法来源渠道。④

已识别出的全球趋势

11. 2008 年和 2009 年的战略监测项目显示，多数司法辖区目前发现的洗钱和恐怖融资方式和手法与 FATF 以往项目中发现和描述的基本相同。

---

① 比利时、日本和新加坡在 2009 年 2 月金融行动特别工作组类型年会上的演示，提供了一些涉及欺诈、其他白领犯罪和专业顾问协助犯罪的具体洗钱案例。

② 与此一致的是，许多互评估报告显示，犯罪收益的最主要来源是贩毒和各种各样的欺诈。

③ 与此一致的是，许多互评估报告显示，贩毒是被用于筹集恐怖资金的最普遍的犯罪活动，然后是欺诈、走私和敲诈勒索。

④ 与此一致的是，许多互评估报告显示，利用慈善团体和非营利组织仍然是恐怖资金的主要来源。

与2008年相同，2009年的项目也强调相当一部分洗钱和恐怖融资活动使用了现金。现金携带和现金走私的方式依然存在，现金放置依然是洗钱者和恐怖融资分子的重要活动。

12. 另外，还监测到一些新出现的问题。2009年的调查显示，通过互联网系统和新型支付方式洗钱呈增长趋势。也有关于滥用新型支付方式进行洗钱的报告（尽管犯罪分子采用这些新技术可以视为与社会整体趋势相符合）。监测项目显示，某些司法辖区已经出现新的、越来越多使用复杂的商业结构和信托方式洗钱的情况。[①]

13. 当一种新型或不断增长的洗钱活动被发现，不一定是因为其刚刚出现或频发，而可能是对这种活动的甄别更加有效。例如，某些司法辖区报告，现金洗钱活动显著增长，然而与现金相关的洗钱方式在其他地区已习以为常，是洗钱活动的重要组成部分。

14. 最后，2008年和2009年的问卷调查显示，恐怖资金转移的主要方式是现金的物理运送（如现金携带），包括现金存取的电汇交易，以及替代性汇款体系。尽管大多数司法辖区2009年并没有发现恐怖资金转移的新趋势，但调查问卷中却反映了大量的新方式。当然，这些新方式和手法不一定代表一种趋势，包括使用新型支付方式、车辆进出口贸易、利用产权控股公司（property holding company）筹集资金并且掩饰最终去向、贩卖武器以及贸易活动。

系统性犯罪及恐怖主义威胁概述

15. 根据上述FATF项目成果看，一些全球性系统威胁已经出现了。主要有三个突出的问题：首先，不能低估金融犯罪，特别是欺诈的重要性。欺诈活动——包括各种类型的互联网欺诈和税务欺诈，显然已成为清洗犯罪收益的基本来源，而且呈上升趋势。其次，尽管罪犯最大限度地利用新技术、新型金融产品和新型商业活动，但滥用现金问题依然值得关注。现金携带和大宗现金走私仍在继续。最后，应该认识到洗钱和恐怖融资具有全球性特征，通常涉及两个以上的司法辖区，以及犯罪收益的快速

---

① 例如，复杂的商业结构和信托包括使用离岸经济实体和前台公司、专业顾问以及串通一气的银行家，使用虚假贷款和贸易洗钱，以及混合合法和非法资金。

转移和投资。

1.3　FATF 全球洗钱和恐怖融资威胁评估

16. FATF 全球洗钱和恐怖融资威胁评估项目以深入的类型研究和上述战略监测项目为基础，旨在提供对洗钱和恐怖融资威胁的战略性、长期观点。

17. 全球洗钱和恐怖融资威胁评估根据 FATF 创建的方法，按照自身的框架，提供了对洗钱和恐怖融资系统性威胁的看法，包括对威胁存在原因和带来危害的新思考。该评估提供了一种对关于洗钱和恐怖融资威胁的全新思考方式。主要内容为以下三方面。

（1）全球洗钱和恐怖融资威胁评估并不是对大量洗钱和恐怖融资方式进行调查，而是通过识别多数洗钱和恐怖融资活动都会使用的五个主要特征这一简单方法进行评估。

（2）全球洗钱和恐怖融资威胁评估分析了为什么犯罪分子和恐怖分子会利用这些特征来处理他们的资金，其洗钱和恐怖融资得逞的因素是什么，从而启发人们思考，如何控制这些特征的使用，以创造一个更有利于遏制犯罪分子和恐怖分子活动的环境。

（3）全球洗钱和恐怖融资威胁评估不仅认识到洗钱和恐怖融资活动对国际金融体系的影响，更认识到上述犯罪活动对个人、非金融组织、当地社会团体、国家乃至国际利益的影响。这些影响可以表述为——洗钱和恐怖融资活动的“真实结果”，即最终危害。这些额外的危害会促使人们思考如何打击洗钱和恐怖融资的最终目的，从而间接地减少金融系统受到的威胁。

18. 由于缺乏可靠、一致的全球统计数据，全球洗钱和恐怖融资威胁评估并不试图量化洗钱和恐怖融资的价值和总量。该项目的研究，显然并非必须有上述数据才能识别洗钱和恐怖融资的构成、产生的危害以及全球要采取的行动。

19. 对洗钱和恐怖融资威胁的理解并非一成不变的，应对洗钱和恐怖融资威胁的方法也不是一劳永逸的。因此，全球洗钱和恐怖融资评估采取了一种量体裁衣式的结构。尽管全球洗钱和恐怖融资威胁评估强调国际层面的分析，但其结构相当于国家层面的评估战略。这也确实是本报告的目标之一，即为各国制定和开展国家评估提供框架，允许各国结合自身特定环境，以更好地理解本国面对的洗钱和恐怖融资威胁。

1.4　全球洗钱和恐怖融资威胁评估框架

20. 全球洗钱和恐怖融资威胁评估框架包括：

（1）洗钱和恐怖融资分子滥用的特征。这些特征是洗钱和恐怖融资的基础要素，因为几乎所有洗钱和恐怖融资活动都必须利用其中一种。因此，本报告的主体由五个独立章节组成，涉及的主要内容依次为：

——现金及不记名可转让金融工具（第二章）；

价值转移（第三章）；

——资产和价值储藏（第四章）；

——特定人士（Gatekeepers）（第五章）；

——国家和环境方面（第六章）。

（2）滥用上述特征所引起的主要危害。

（3）上述特征吸引犯罪分子和恐怖分子滥用的动机和原因。

（4）怎样通过采用不同措施减少或减轻危害。这些措施包括但不限于现有的 FATF 标准、指引和各个司法辖区已经实施并被证明有效的其他方法。但是，全球洗钱和恐怖融资威胁评估并不是要改变 FATF 建议，或者建议各司法辖区提高或超越 FATF 标准。这些措施的摘要详见本报告附件 D。

21. 全球洗钱和恐怖融资威胁评估报告的每个章节都既考虑了洗钱，也考虑了恐怖融资，因为二者常使用同样的方式。如果某种方式与洗钱或恐怖融资相关性不大，报告会明确说明。例如，几乎没有通过特定人士同谋进行恐怖融资的案例（第五章）。每种方式都由许多特殊的具体特征所构成。例如，第二章提到现金和不记名可转让金融工具包括的具体特征有：现金的转移、走私、存储、现金密集型行业、现金资产的使用。显然，一些具体特征可以放在多个标题下。例如，金融产品作为一种资产，但同时也可作为一种价值转移手段。最后综合先前的分析作出评估结论。报告建议国际社会对特定区域采取进一步的行动。

22. 全球洗钱和恐怖融资威胁评估框架详见附件 A。

1.5 将全球洗钱和恐怖融资威胁评估的框架作为一种工具使用

23. 全球洗钱和恐怖融资威胁评估确立了揭示洗钱和恐怖融资构成的关键方法。这将帮助各个司法辖区识别特定的威胁以及相关的薄弱环节，并针对这些威胁和相关漏洞采取相应措施，以打击洗钱和恐怖融资并降低其负面影响。

24. 显然，并不是全球洗钱和恐怖融资威胁评估中所描述的所有要素均会在各司法辖区出现。同样，不同司法辖区发现的危害在程度上也有所不同，因此应考虑的适当应对措施也应不同。在某一特定国家或地区实施全球洗钱和恐怖融资威胁评估框架，可能需要找出全球洗钱和恐怖融资威胁评估中没有的特定动机、诱因、危害和措施。各司法辖区可根据自身的需求采用全球洗钱和恐怖融资威胁评估的内容。例如，当国家主管部门可以将该框架运用于地域评估，而执法部门可以将该框架用来研究削弱有组织犯罪组织的策略。另外，该框架还可以用于作为私营部门与公共部门对话的基础，政策制定者则可据此检查国家反洗钱和反恐怖融资制度的有效性。因此，全球洗钱和恐怖融资威胁评估同样可以作为一种工具，帮助使用者检查其职责领域（无论是当地的、国家的或区域性的），以识别洗钱和恐怖融资活动的主要构成。

25. 附件 B 包括如何将全球洗钱和恐怖融资风险评估适用于国家和区域层次。

1.6 总体危害

26. 洗钱犯罪分子会竭尽全力保护自己以及其犯罪收益。同样，恐怖组织和恐怖分子也会花费大量资源维持和发展其网络。因此许多司法辖区的繁荣和安全都会受到犯罪分子和恐怖主义威胁。

27. 这些犯罪和恐怖主义带来的危害以及其对应的危害类型，详见附件 C。

与洗钱和恐怖融资有关的危害

28. 洗钱和恐怖融资是犯罪和恐怖主义危害的主要动机。资金是犯罪和恐怖主义的命脉。追逐利益是多数犯罪的最终目标，因此犯罪分子会尽最大努力来转移非法获取的资金和其他财产，其目的是转化、隐瞒和掩饰这些资金的真实来源。运营资金的充足性对犯罪分子和恐怖分子维持其网络来说同样至关重要。因此，只要犯罪分子和恐怖分子能够利用各种系统清洗犯罪资金以及支持恐怖组织和活动，有组织犯罪和恐怖主义引起的危害就将继续存在。

29. 另外，洗钱活动还有许多明显危害。这些危害也显著地影响社会、经济和安全，通常具有全球性。从社会文化角度看，洗钱得逞使得犯罪有利可图，这助长了更多的犯罪。由于这种活动对政府部门和私人机构的透明性、良好治理和责任产生不利影响，其经济影响更为广泛。被清洗的资金通常不纳税，最终会破坏国家的税收支持的基础设施和社会计划。同样，合法的企业可能发现难以与洗钱的前台公司竞争，后者能够低价卖货，因为其基本目的是洗钱，而非盈利。

30. 上述危害仅是例证，后文将深入揭示洗钱的危害。

1.7　全球洗钱和恐怖融资威胁评估与全球金融危机

31. 2008 年，全球经历了一场给国际金融体系造成深远影响的金融危机，并对许多依赖该体系的个人、公众、非金融机构、国家和国际利益造成各种危害。洗钱和恐怖融资不是这些危害的起因。而且，没有任何证据表明洗钱和恐怖融资分子因为金融危机而改变其行为方式，正直公众的行为也没有明显变化。

32. 尽管有资料显示，最近金融危机造成的整体波动使得识别可疑活动愈加困难，但应对危机的政策提高了金融体系的透明度，确保更加严格的审核程序，这可能有利于全球反洗钱分子和反恐怖融资工作。

33. 全球洗钱和恐怖融资威胁评估尽可能包含了金融危机对洗钱和恐

怖融资影响的分析。

1.8 关键词

34. FATF 在描述司法辖区如何执行反洗钱和反恐怖融资标准时，经常使用“风险”（risk）、“威胁”（threat）、“薄弱环节”（vulnerability）等术语。FATF 已经公布了大量解释洗钱和恐怖融资风险的文件。[①] 然而，目前尚没有对这些术语的制定标准或统一定义。

35. 在全球洗钱和恐怖融资威胁评估报告中，这些词语的含义是：

（1）威胁是指某人或事物本身固有的、形成危险、造成损失或者引起伤害的可能性。本报告所识别出的滥用特征为，犯罪分子和恐怖分子为实施洗钱和恐怖融资活动带来的威胁。

（2）薄弱环节是指系统或结构中暴露的、被洗钱、恐怖融资分子利用的固有特性，包括系统、控制或措施中存在的薄弱环节。系统中存在薄弱环节会吸引洗钱分子和恐怖分子。

（3）风险是指洗钱和恐怖主义活动对国家及其公民和机构的利益造成危害的可能性。当洗钱和恐怖融资威胁与能够使犯罪分子得以实施洗钱或恐怖融资活动的漏洞并存时，风险就出现了。风险用洗钱或恐怖融资活动发生的可能性乘以发生的后果来衡量。因此，威胁和漏洞的共同存在可能导致严重的、可以被认为“高风险”的后果或危害。

1.9 信息来源

36. 全球洗钱和恐怖融资威胁评估基于三种主要的信息来源。

（1）目前可用的信息包括：

①FATF 和区域性反洗钱组织（FSRB）的类型研究和互评估报告：FATF 和区域性反洗钱组织各自的类型研究成果。另外，还对 33 份 FATF 和区域性反洗钱组织成员反洗钱和反恐怖融资体系的互评估报告进行了分

① FATF（2008），*Money Laundering & Terrorist Financing Risk Assessent Strategies*，FATF，Paris，18 June；FATF（2007），*Guidance on the Risk – based Approach to Combating Money Laundering and Terrorist Financing – High Level Principles and Procedures*，FATF，Paris，22 June.

析，识别出犯罪活动非法收益的主要来源，以及洗钱、恐怖融资或者两者都使用的主要方法。

①关于监测的讨论：FATF 犯罪类型工作组每年举行三次讨论会，作为交流和审查潜在的，或已出现的洗钱和恐怖融资威胁信息的常规平台。监测讨论结果已经成为全球洗钱和恐怖融资威胁评估的一种信息来源。

②FATF 战略监测调查：2008 年和 2009 年问卷调查的主要成果已经包括在该评估报告中，包括来自 34 个司法辖区的 42 份反馈问卷。本报告的 1.2 节详细说明了问卷调查的范围及成果。

（2）包括 30 多个司法辖区以及国际和地区性组织参与的两个类型研讨会研究成果。

（3）另外，还曾在 2009 年 5 月瑞士沃尔夫斯堡论坛上举办的研讨会上与有关私营部门进行过咨询。

37. 本项目由来自全球的专家组主持完成。为完成本评估报告，他们提供了重要的内容、专业的评论和通篇论证。10 个国家和 8 个国际和地区性组织参与了该项目：比利时、新西兰（项目负责人）、俄罗斯、南非、西班牙、乌克兰、英国（项目负责人）、美国、加勒比地区反洗钱组织秘书处、南美反洗钱组织秘书处、西非政府间反洗钱组织秘书处（项目负责人）、中东和北非反洗钱组织（黎巴嫩）、埃格蒙特集团、国际货币基金组织和世界银行。

38. 项目组最后要感谢来自政府当局和私营部门的支持，他们提供的资料和建议也被本报告采用。

第二章　现金及不记名可转让金融工具的滥用

2.1　简介

39. 洗钱和恐怖融资分子普遍滥用的第一种方式是现金和不记名可转让

金融工具。2009年的战略监测项目显示，有相当比例的洗钱和恐怖融资活动仍在使用现金。使用现金对犯罪分子很有诱惑力，主要是因为其匿名性和无交易痕迹。犯罪分子寻找的工具越灵活越好，以避免被监测。现金提供了这种灵活性，在使用和转移过程中很少留下或不留痕迹，因此被普遍使用。[①] 现金常被用来购买商品和服务。某些犯罪分子同样也会窝藏大量现金作为一种确保安全的形式。

40. 不记名可转让金融工具[②]同样对犯罪分子有吸引力，因为对持有人而言，他们是具有现金价值的纸质凭证，其所有权或权益随交付而转移。一些犯罪分子发现持有大量的现金或者不记名可转让金融工具不切实际，因此，将现金及不记名可转让金融工具变换为其他财产和凭证（例如银行存单）通常是洗钱周期的第一个环节。对其他犯罪分子而言，洗钱的第一个环节还包括把其他财产（例如盗窃财产）转换为现金，以便能够清洗其犯罪所得。因此，洗钱往往涉及现金或不记名可转让金融工具的某些形式。

41. 恐怖分子为了实施行动、进行袭击或维持组织的正常运转，需要具有筹集、接收和转移资金的能力。同样，现金为恐怖组织和恐怖分子提供了灵活性。通过使用现金，恐怖分子能够随时使用其资金，而不必将资金存入到金融机构而产生交易踪迹。

现金和全球金融危机

2009年FATF战略监测调查显示，受金融危机影响，可能是由于缺乏对金融机构的信任，某些司法辖区的现金使用量持续增长。金融危机明显助长了现金的支取和交易，甚至一些主要通过电子途径处理金融交易的国家也如此。结果使金融机构更难区分诚信客户的异常行为与犯罪活动相关的可疑行为。

---

① 某些货币比其他货币对洗钱和恐怖融资分子更有吸引力，因为其使用范围更广。某些货币仅在发行国家视为法定货币。而其他货币使用范围更广，对跨境洗钱和恐怖融资更有吸引力。

② FATF关于跨境现金运送的特别建议9中，不记名可转让金融工具（bearer negotiable instruments）定义为包括不记名形式的金融票据，例如旅行支票、可转让票据（支票、本票和汇票）。这些票据既可是不记名形式，也可是无限制背书、空头或见票即付形式；以及虽然有签名但省略收款人姓名的不完全票据（支票、承兑汇票和现金汇票）。

2.2 收益的主要来源

42. 许多主要的犯罪收益来源，尤其是贩毒，会产生大量的现金。诈骗犯罪分子不愿直接清洗现金，更愿意使用支票和电汇交易来购买物品或支付花费。然而，身份欺诈、电子证书欺诈（access device fraud）和银行欺诈能够产生大量现金。例如，犯罪分子实施电子证书欺诈，通过盗取银行卡号和个人身份识别码（personal identification number，PIN）从自动柜员机中提取现金。然后，他们将钱分散存入银行或者通过汇款机构电汇出去。这种行为有时和清洗贩毒资金的过程类似。其他能够产生大量非法现金的犯罪行为包括但不仅限于走私、腐败、行贿、敲诈和非法赌博。

43. 恐怖融资主要来源于非法和合法两种途径的资金，资金来源的性质可能取决于恐怖组织的类型。在很多的案例中，现金可通过谋取或者筹集而获得。例如，许多恐怖组织从事贩毒、绑架、抢劫或者盗窃等犯罪活动，以产生现金收入。合法的资金来源，像慈善捐赠和建立合法的企业也能产生现金。这些现金随后被用作旅行、训练、阶段性攻击、购买武器或爆炸物。

2.3 具体特征

44. 以下章节主要考虑滥用现金和不记名可转让金融工具的具体特征及危害。包括：现金的转移和走私；放置（包括第三方账户）；以及现金密集型行业。

45. 每一节都说明了这些方式所产生的特定危害、犯罪分子和恐怖分子滥用的动机，以及犯罪分子和恐怖分子得以利用的可乘之机。最后，提出一些能使各国解决这些动机、减少危害的应对措施。各国在设计其反洗钱和反恐怖融资战略时可参考这些因素。

2.3.1 现金转移和走私

46. FATF 2009 年战略监测调查结果显示，在全球范围内，司法辖区内的现金物理运送和跨境走私仍是犯罪分子转移非法所得的主要手段，并且在恐怖融资中发挥了重要作用。由于金融机构实施了更多的反洗钱和反恐怖融资控制措施，犯罪分子不得不寻找其他替代性途径转移非法现金。

47. 现金走私可以分为两类，即大宗现金走私和现金携带。大宗现金走私涉及来自犯罪收益的大量现金，通常通过陆路或海路，以将现金隐藏在交通工具和集装箱货物中的方式进行。现金携带通常是自然人随身携带或通过行李物理运送现金。与大宗现金走私相比，其规模较小，恐怖融资通常采用这种方法。对现金运送者而言，最好的携带方法是商务航班，新案例也显示有使用私人飞机的。除了航空、海运和陆地运送方式外，邮递服务也被用于现金走私。

48. 非法现金有时也会用大面额钞票走私，这样可以降低装载的体积和重量①。因此，一些犯罪分子在走私现金之前往往会通过货币兑换店（money service business）将小面额的现金换成大面额现金。将现金变换成大面额还能够减少被缴获后的法庭证据：面额越大，尤其是来源于货币兑换店，不会像犯罪分子贩卖非法物品所得现金一样容易暴露。多数航空公司都对随身携带和托运的行李有重量限制。因此，大宗现金的转移面临挑战，或者使用大型集装箱（如商业航运集装箱或车辆中的分体车厢）或者分散携带。使用多人携带现金，可以大大降低一个或几个携带者被抓而造成损失的风险。

49. 来自全球的案例研究②显示，许多用于走私毒品的伎俩已经被用于现金或不记名可转让金融工具的跨境走私。

危害

50. 犯罪分子和恐怖分子非法转移和走私现金产生了一些具体的危害。这些危害包括犯罪分子之间的抢劫和暴力风险。犯罪分子转移现金和价值的方法也为进一步犯罪分子和恐怖活动提供了资金。使用非法现金的能力

---

① 例如，一个 10 厘米 ×39 厘米 ×50 厘米的公文包可以容纳价值 740 万欧元的面值为 500 欧元的纸币，重 14. 8 公斤（1. 48 万张）。同样的公文包能够容纳价值 74 万英镑的面值为 50 英镑的纸币（以 2010 年 3 月汇率欧元/英镑 =1 计算，折合 74 万欧元），价值仅有欧元的 10%；或者价值 148 万美元的 100 面额的美元钞票（以 2010 年 3 月汇率欧元/美元 =1. 5 计算，约合 98. 67 万欧元，原文为 222 万美元，计算有误——译者注）。

② FATF（2010），*Detecting and Preventing the Illicit Cross-border Transportation of Cash and Bearer Negotiable Instruments*：*International Best Practices*，FATF，Paris.

使得犯罪收益最终得以实现。大量拥有现金也减少了政府部门的征税。使用这种方式将流通中的资金从发案国家转出，也会增加该国发行货币的需求和发行成本。

动机

51. 犯罪分子和恐怖分子试图通过现金的物理运送或现金走私达到很多目的。首先，他们试图避免本地金融部门采取的预防措施。犯罪分子和恐怖分子同时还寻求通过他们熟悉且便利的方式转移资金。他们尽力让资金远离犯罪发生地。因为犯罪和恐怖活动都会产生和需要现金，而现金走私能够脱离金融系统、远离金融产品，因而能确保资金的安全和保值。通过这一方式，犯罪分子或恐怖分子可以随时使用资金，几乎不需提前准备资金就可以快速到达国外目的地。

诱因

52. 现金被普遍接受，且转移方便灵活。大面额的钞票在某些司法辖区很容易找到。这样的钞票体积小，更加便于携带。

53. 因为某些领域缺乏可疑交易报告的要求和防范措施，使该领域为犯罪分子所青睐。例如，某国的不记名可转让金融工具，该国旅行者出境时不需要申报所携带的旅行支票。有一些现金行业的报告要求也很低，管理制度薄弱。现金的匿名性和缺乏交易记录，给犯罪分子和恐怖分子提供了更多的灵活性。最后，产生于金融系统之外并被保存在金融系统之外的资金，有助于避免被发现。

需要进一步考虑的措施

54. FATF 特别建议 9 包含了各个司法辖区应当采取的应对现金非法转移的威慑性和制度性措施。特别建议 9 还包含临时措施和冻结程序（与建议 3 和特别建议 3 一致），以及与国际合作相关的措施。

55. 尽管旅行支票没有在特别建议 9 定义的“不记名可转让金融工具”范围内，但各国要考虑采用出国时必须强制申报旅行支票的监管制度。对目前 FATF“不记名可转让金融工具”定义范围之外的其他价值形式（例如金币、赌场筹码和电子证书），各国也可以考虑相应的报告要求。

56. 现金携带和大宗现金走私问题已经在 FATF 1998—2002 年的年度

类型研究报告当中提到。另外，FATF 2010 年发布了《监测和防范现金及不记名可转让金融工具非法跨境运送》（参见第 130 页脚注②——译者注）的国际最佳实践文件。这些最佳实践关注那些已经证明对各个司法辖区具有挑战性的领域，并提供已经检验的解决办法。例如，指引中就包括可以用于发现现金携带活动的一系列预警指标，并要求国家考虑不要发行大面额纸币。

57. 很多低能力国家是现金密集型经济。因此，加强这些国家的金融包容性可以降低现金风险的严重性。

2.3.2 放置（包括第三方账户）

58. 将非法现金放置在金融机构（包括通过特定非金融行业和职业），是最常用和最易发现的洗钱活动形式之一。现金尽管是不记名的，当在某些特定的环境中使用时也会引起注意并能产生交易痕迹。大额现金交易（例如，将现金存入银行或者购买高价物品）可能会促使金融机构或者特定非金融行业和职业提交报告，因此犯罪分子往往会将现金分散成一系列小额资金并存入大量账户中。例如，犯罪分子将可观的现金存入不同银行的短期存款账户中，然后不断向这些账户存入资金。这些看起来毫无关系的小额现金存款随后会被提现（通过世界任何地方的自动柜员机）、兑换成其他货币并汇往境外、转化成其他价值形式。在许多案例中，犯罪分子会使用第三方账户。这些第三方账户通常以家庭成员、合伙人或法人实体的名义开立。例如，只要填写账户持有人的详细信息（账号、账户持有人姓名）、身份证明文件或者授权委托书，就可授权第三方进入该账户。

59. 恐怖融资资金常常置于金融系统之外以免被发现。某些司法辖区调查显示，利用正规金融机构进行恐怖融资的情形很少或不断减少。然而，通过将资金存入常规的银行体系来不断资助恐怖组织活动却非常便利，某些司法辖区指出，金融机构是存入和转移恐怖资金最主要的场所。[①] 有一个例子，恐怖分子将大量现金存入金融机构以保证租用建筑物的安全。

---

① FATF（2008），*Terrorist Financing Typologies Report*，FATF，Paris，29 February，p. 21.

60. 2009 年的战略监测项目发现，与转账（利用金融机构或汇款公司）相关的现金存取仍是洗钱和恐怖融资的重要方式。2009 年问卷调查显示，某个司法辖区已经证实了将第三国第三方作为中转站的恐怖融资交易，该中转站接收初始资金转入，然后再将资金转移到最终收款方。第三章将会解决价值转移问题。

危害

61. 为洗钱和恐怖融资目的而存放现金，包括犯罪分子和恐怖分子使用第三方账户，会导致一些具体的危害。如果企业和个人持有或运送越来越多的现金，抢劫的风险就会不断上升。非法现金的存放也会为同谋企业带来不正当竞争优势。

62. 现金存放通常会通过虚假或盗窃身份证件的方式。政府反身份欺诈行动需要大量的资源和花费，并会随着身份欺诈手法的复杂化而不断增加。犯罪资金的存入也会使部分犯罪收益得以实现。最后，虚假和被盗身份证件的泛滥还会导致公众对公共部门、金融机构数据设备和处理程序信心的丧失。

动机

63. 犯罪分子和恐怖分子试图通过存入资金（包括通过使用第三方账户）来达到很多目的。最主要的是，他们需要将现金存入金融系统而不被监管当局发现。账户的使用能确保资金的安全和使用便利。犯罪分子不想限制其运用和依赖现金生存的能力，尤其是在发达经济体中。

诱因

64. 通过在多家银行开设现金存款账户并分散存入现金，可以规避执法机构和监管部门的监测。犯罪分子可以找到很多愿意以少量报酬来帮助存款人。便捷的国际通信可以协助资产的存入和转移。

65. 此外，犯罪分子还可以将银行或存款账户的使用权转移给第三方，但有些监管往往并不要求对第三方开展客户尽职调查。也有规章对现金交易报告设置了很高的限额。

66. 最后，犯罪分子和恐怖分子还会使用虚假或盗窃的身份证件开立账户存放现金，以避免被客户尽职调查要求识别出来。

应对措施

67. FATF标准中包含一些可以适用于这些特征识别的预防或阻止措施。这些措施主要集中在客户尽职调查，交易记录保存，异常、可疑或大额交易报告（例如，建议5、建议9～建议10、建议11、建议13、建议19和特别建议4）。正如本章所述，犯罪分子和恐怖分子使用现金是为了匿名并避免被察觉。交易记录被认为是帮助主管当局发现现金真正来源和实际受益人的措施之一。如果恐怖资金来自犯罪活动，那么传统的反洗钱监测机制同样适用于恐怖融资的监测，尽管并不能立即发现该活动或嫌疑人与恐怖融资有关。

68. 为了执行FATF标准，一些司法辖区还采取了额外措施，例如授予执法部门制别权力，包括使用地理靶向定位（GTO）的权力，即要求特定区域的某家或某些金融机构除通常向监管部门上报的反洗钱和反恐怖融资报告外，还要提交额外的报告或额外的交易记录。当确定某一特定机构或区域有非法现金存入以规避反洗钱和反恐怖融资报告要求时，这个措施就特别实用。该措施可以作为一种信息收集器，保证执法部门获得更多的洗钱模式信息；同时，由于给犯罪分子和恐怖分子的决策制定增加了不确定性和高风险因素，从而打乱其成形的洗钱方式，因此也有助于防范规避反洗钱和反恐怖融资监管的行为。

69. 项目组进一步提出了对一次性金融交易采取客户尽职调查的要求措施。该措施的运用要以高风险为基础，而不用考虑所涉及金额。关于某人或机构偶尔或在有限情况下实施金融交易的问题，FATF 2007年公布的《以风险为本的反洗钱和反恐怖融资方法指引：高级原则和程序》（参见第126页脚注①第二个文件——译者注）中已经得到解决。

70. 同时，金融包容性，尤其是在低能力国家，应当鼓励降低与现金相关的严重风险。这同样意味着要根据不同产品的风险进行监管，从而避免不必要的行政负担。

2.3.3 现金密集型行业

71. 零售和服务性行业（如饭店、酒吧和便利店等）很早就已经被犯罪分子用来清洗非法现金。这些合法企业如果是为掩盖非法行为而建立的，则称为“前台公司”。在不涉及现金的情况下滥用前台组织、“空壳公司”以及恐怖组织的前台组织，产生的问题将会在本报告的第三章第五节讨论。

72. 2009 年战略监测调查项目收到的反馈中，现金密集型行业被认为是一个风险因素。例如，某些司法辖区发现非法来源的现金越来越多地注入其他合法行业。现金密集型行业可以在洗钱周期的所有阶段使用，尤其是在放置阶段。犯罪分子会设立企业账户，并以小面额的日常收入形式存入大量现金。许多情况下，在经营活动中并未发生合法交易。当合法商业活动发生时，非法资金就会混入合法收入，从而掩盖了资金的真正来源。

73. 至于恐怖融资，从合法的现金密集型行业中获得收益，可能会作为资助恐怖活动的资金来源之一，这在战略监测项目报告中突出为资助恐怖主义的主要合法来源之一。现金密集型行业类型范围广泛：包括建筑业、二手汽车交易商、旅行社、黄金和珠宝店、货币兑换店、服装店、屠宰业、快餐店及相关产业等。由于销售报告和实际销售情况之间的关系很难查证，这些行业可以直接资助恐怖组织或恐怖活动。已经有很多案例显示，恐怖分子通过收购或控制现金密集型行业，包括某些案例中的货币服务业，来转移资金。

74. 赌场天生就是现金密集型行业，因为其大部分交易依赖现金。2009 年 3 月，FATF 公布了一份关于赌场和赌博行业洗钱漏洞的报告。报告显示，全球赌博活动非常可观，现金密集、竞争激烈且易被犯罪分子利用。

危害

75. 犯罪分子和恐怖分子利用现金密集型行业造成了许多具体危害。同谋的企业获得了竞争优势。犯罪所得现金的放置，使得犯罪所得收益得以实现。通过利用现金密集型行业，犯罪分子可以腐化（自愿或被迫）行业中的其他员工。

动机

76. 犯罪分子和恐怖分子试图通过滥用现金密集型行业达到多种目

的。主要是把非法所得和合法资金相混合来掩饰其非法来源。犯罪分子和恐怖分子通过规模经济来提高货币价值（通过现金密集型行业清洗大量资金比通过个人账户更容易）。企业所有权允许社团共有或支配，可以掩盖非法活动。另外，合法经营的收益也可能被用做支持恐怖主义的资金来源。

诱因

77. 犯罪分子和恐怖分子能够利用现金密集型行业。相对于个人实施而言，使用这一特征，放置现金被察觉的风险要比通过个人账户小得多。当涉及企业经营时，被监管机构往往认为大额资金是正常的。现金密集型行业还能够虚报每天合法的现金收入，以掩盖其通过犯罪活动获得的现金。

78. 在某些国家，政府部门对现金密集型行业的关注和监管很少。对金融机构来说，监测这些行业持有的账户也比较困难。

可考虑的措施

79. FATF 建议 12、建议 16、建议 24 对特定非金融行业与职业的控制扩大至贵金属交易商、珠宝交易商和赌场。此外，建议 19 要求各司法辖区要考虑执行大额交易报告制度，即金融机构和中介机构要报告所有国内和国际超过一定金额的货币交易或大额现金交易。如果某国特定领域面临洗钱或恐怖融资威胁，这些建议将特别适用。建议 20 要求，也可考虑将监管范围扩大至其他行业和职业，包括现金密集型行业，如果他们面临风险，税务部门通过财政监督和审计活动，也能在发现滥用现金密集型行业方面发挥作用。

80. 赌场通常需要遵循一系列监管要求、商业规则和安全措施，这些可以作为反洗钱和反恐怖融资措施的补充。例如，在赌场使用监控措施可以降低利用筹码洗钱的严重风险。2008 年 10 月，FATF 发布了关于赌场风险为本方法的指引。

第三章　滥用价值转移方式

3.1　简介

81. 犯罪分子和恐怖分子普遍滥用的第二种方式就是价值的转移（不包括第二章阐明的现金及不记名可转让金融工具）。价值转移依然是全球经济运行的核心，是任何金融交易中的自然过程。每天，数以百万的全球交易通过金融系统、货币汇兑业、国际贸易系统、第三方商业机构、慈善团体、汇款系统和新的支付方式等途径完成价值的转移。这些交易中绝大多数是合法的，如何区分非法和合法的价值转移是我们面临的挑战。

82. 犯罪收益通常不会以犯罪分子期望的地点或形式存在。因此，他必须通过对各种不同的交易使非法收益重新融入合法经济中，或资助更多的犯罪活动。罪犯分子采用的手段取决于他们的需求，而需求又由一系列因素决定：资金的物理地点、资金的形式、使用资金的目的（资助更多的犯罪，直接用于生活消费，长期清洗以备日后使用等），以及当地的环境（执法和监管的水平）等。然而，大多数犯罪分子都普遍会有一个明确的需求：为了保护他们自己免予被发现或起诉，他们想使犯罪收益远离犯罪本身。①

83. 恐怖分子与资助恐怖主义者的直接目标不同，但使用的机制实际是相同的。与洗钱分子希望使资金远离犯罪目的相比较，恐怖分子更希望在不被察觉的情况下将筹集的金钱转移到将要实施恐怖活动的组织和个人。资助者与其所资助的活动可能会有一定的物理距离；或者可能涉及将合法的收入用于购买商品和服务，例如为恐怖分子或恐怖组织提供日常开销，或者直接资助恐怖活动。

---

① 犯罪分子所要求的距离范围取决于犯罪地的犯罪风险以及犯罪分子对风险的预期等因素。

3.2　收益的主要来源

84. 与所有上游犯罪相关的洗钱活动，在某种程度上与多数恐怖融资案例一样，很可能需要对价值进行转移。2009 年 FATF 战略监测调查项目指出，很多司法辖区已经注意到，这些方式被用于各种洗钱图谋，包括欺诈和逃税。

3.3　具体方式

85. 下面章节主要分析与滥用以下价值转移方式相关的危害，包括：银行系统；货币转移行业和替代性汇款体系；国际贸易系统；第三方机构、慈善团体和其他的合法实体；以及零售支付系统和自动柜员（自动柜员机）网络。

86. 每一节都描述了这些次级方式所产生的特定危害、犯罪分子和恐怖分子滥用的动机，以及犯罪分子和恐怖分子得以利用的可乘之机。最后，提出一些应对措施，使各国关注这些动机和诱因，以降低产生的危害。各国在设计其反洗钱和反恐怖融资战略时可考虑这些因素。

3.3.1　银行系统

87. 价值转移方式通常会或多或少地依赖银行机构。即使真实的或被清洗的价值经由商品和服务来间接转移（详见 3.3.3 部分国际贸易系统），银行系统也会被用于平衡相关账户。即使洗钱者利用其他方法或方式，如证券和保险领域渠道，银行系统也会常被用做价值转移。

88. 银行转账使价值可以在严密监管的环境中通过电子方式快速转移。这一活动数量庞大，每天全球有数百万的合法交易通过成千上万家银行发生，涉及数量庞大的交易对手。资金的所有者或者经授权的第三方，如律师、会计师或私人银行家，可以通过柜台，或者使用互联网或电话进入银行系统。

89. 2009 年 FATF 战略监测项目调查指出，涉及现金存取的电子转账是恐怖资金转移的主要方法。同时还指出，一些司法辖区的金融系统已经被恐怖分子作为资金交易链的一部分，将资金转入然后直接转出该国。

危害

90. 犯罪分子和恐怖分子滥用金融机构转移价值，会逐渐削弱人们对金融系统完整性的信心，并损害该系统及业务的声誉，并对该业务、市场甚至整个经济造成损害。还会排挤合法商业活动，并使得金融机构更加依赖犯罪资金。此外，还会使受到影响的金融机构难以融入全球金融领域。

91. 对银行系统的滥用通常会源于身份欺诈。随着身份证件欺诈方法的不断复杂化，政府采取的反欺诈行动需要大量的资源和耗费。伪造的和盗用的身份证件大量进入银行系统，同样会导致公众对公共机构、金融机构数据存储和处理程序缺乏信任。

动机

92. 犯罪分子和恐怖分子利用金融机构转移价值进行洗钱和恐怖融资的动因是，他们需要安全、快速地转移资金，并且表面上要呈现合法的形式。同时还需要将资金转化成各种其他产品，并将资金转出以远离上游犯罪。另外一个可以确定的诱因是，需要将资金转移到急需或容易得到，包括实施更多犯罪活动的地方，或者将维持恐怖组织日常运转的资金分离出来。

93. 资金也会转移到反洗钱和反恐怖融资制度较为薄弱的地区，因为洗钱或恐怖融资活动几乎在这些地方很可能不被识别、报告和调查，犯罪资金也很少被没收，犯罪分子也很少被起诉［详见第六章，环境/国家（地区）的滥用］。

诱因

94. 银行机构被滥用的诱因为，全球金融机构的巨大规模和范围、银行管理的复杂性以及可隐藏资金的产品等。缺乏银行系统预防措施的司法辖区也是被滥用的诱因。

95. 伪造和盗用身份证件也是滥用银行系统的诱因，这会使犯罪分子避免因客户尽职调查要求而被发现或者滥用账户。

96. 另外一个诱因是，可以将进入银行或存款账户的权利转移给第三方。在某些情况下，当第三方提供账户持有人的详细信息（账号和户名）、身份证件和授权委托书时，就可以被允许进入账户。允许客户远程存款也意味着犯罪分子可以在账户持有人不出现的情况下，通过银行客户系统（通过互联网或电话）在世界上任何地方将非法资金存入银行体系。当银行内部控制机制发现某可疑交易时，也难以与客户进行联系，以核实交易的性质和目的。银行客户由于在物理距离上离银行很远，他就能在账户被终止前继续进行可疑交易。

应对措施

97. 建议5、建议11和特别建议7确定了降低滥用银行系统进行价值转移的洗钱和恐怖融资威胁的最重要措施，建议要求采取客户身份识别、监测金融机构的交易、保存资金转移发起者准确有用的原始信息。之后，收款金融机构应当采取措施识别那些没有完整资金来源信息的电汇交易。相关问题涉及间接汇款，即以客户名义向另一国收益人汇款的方式，并常常涉及汇款行和收款行之间没有直接的结算关系。FATF在2009年10月就间接汇款发表声明，[①] 指出间接汇款存在被潜在滥用的可能，促进跨境电汇交易的透明度。

98. 进一步措施包括，根据建议3和特别建议3的要求，冻结和限制银行和存款账户。这些与价值转移相关的措施，通过有效的冻结机制切断用于转移恐怖资金或其财产的渠道，[②] 使恐怖分子现金流中断，迫使犯罪分子和恐怖分子使用成本更高、风险更大的方式来资助其活动，也使他们更容易被发现和瓦解。此外，这些方法非常高效，因为其剥夺了犯罪分子通过犯罪方法获得的资金，并且削弱了犯罪活动的资金基础。

99. 一些国家已经考虑要通过相关法律，授权或要求银行拒绝为某些特定客户（包括犯罪分子）开户。这可以拒绝犯罪分子直接或间接进入银行体系，例如，阻止犯罪分子以失踪或他人身份证件注册公司的名义开立银行账户。然而，一些国家实施这些措施的条件还不成熟。

---

① FATF（2009），*Chairman's Summary*，*Paris Plenary*，14 – 16 *October* 2009，FATF，Paris，16 October.

② FATF（2009），*International Best Practices*：*Freezing of Terrorist Assets*（*Special Recommendation* Ⅲ），FATF，Paris，2 July.

新出现的问题——金钱马仔

执法部门发现，使用金钱马仔越来越成为一种新的价值转移方式。这在2009年战略监测调查项目中已经有所反映。金钱马仔被用来清洗欺诈犯罪收益（如钓鱼网站和盗窃身份）。犯罪分子非法侵入受害人存款账户，并招募无辜第三人作为金钱马仔。在金钱马仔交易中，马仔被招募从事接收资金，然后从存款账户将资金电汇到境外的个人账户，并扣除一定的佣金（可能是5%～10%）。

金钱马仔的招募方法很多，包括垃圾电子邮件、真实招聘网站上的广告、社交网络、即时通讯和报纸广告等。一旦招募，金钱马仔将用其账户接收资金，根据要求从账户中取出这些资金，然后汇往境外（扣除佣金）。

与其他欺诈受害者遭受的损害一样，金钱马仔被抓获时，账户通常会被终止，会造成不便以及潜在的金融损失。

3.3.2　汇款业和替代性汇款体系

100. 除利用银行系统外，犯罪分子和恐怖分子也会利用非银行机构或组织，或混合了上述两种方式的机构。尽管银行机构与非银行机构之间的差异[①]很大，但汇款业和替代性汇款体系都属于提供价值转移服务的零售金融服务业。在有些情况下，使用这样的服务是出于历史和文化的原因。有些业务属于全球经营，可以将资金转往世界任何地方，而其他业务只为非常有限的团体或群体服务[②]。2009年FATF战略监测调查报告指出，一些司法辖区发现，替代性汇款系统的滥用现象不断增长。一家司法辖区提

---

① 货币转移行业可能会用其本身系统或现有银行系统，而替代性汇款体系不使用现有银行系统。在某些国家和地区，这些服务是价值转移的主要方式。

② 最近几年，金融行动特别工作组和相关区域性反洗钱组织已就该议题做了大量的工作。FATF（2003）. *International Best Practices Paper on Combating the Abuse of Alternative Remittance Systems* and FATF（2003）. *Interpretative Note to Special Recommendation* Ⅵ：*Alternative Remittance.* Asia Pacific Group（APG）(2003). *Alternative Remittance Regulation Implementation Package*；Middle East and North Africa Financial Action Task Force（MENAFATF）(2005). *Best Practices on Hawalas*：FATF（2009）. *Risk – based Approach Guidance for the Money Service Business Sector.* FATF and MONEYVAL（2010）. *Money Laundering through Money Remitters and Currency Exchange Providers.*

供了关于"cuckoo smurfing"的详细描述——利用替代性汇款体系，涉及无辜第三方及其账户，且他们毫不知情。

101. 2009 年战略监测调查报告也指出了利用替代性汇款体系进行恐怖融资的两种交易类型。一种是使用在线汇款业务，即汇款公司使用代理账户，从而导致所保留的相关交易信息非常有限。另一种是喜欢现金服务业的持有银行汇票的客户交易。

危害

102. 最为关键的是，那些使犯罪现金得以转移、价值得以释放的机制，将为进一步的犯罪和恐怖活动提供资金，同时也使犯罪收益得以实现。

103. 滥用这些方式同样也削弱了公众对这些行业完整性的信心，损害了该系统及业务的声誉。犯罪分子优先使用这些方式而不通过银行机构，破坏了银行监控措施的益处。这些行业同样会出现伪造和盗窃的身份证件。随着身份欺诈手段的日益复杂，政府采取的反欺诈行动需要的资源和花费不断增长。

104. 通过货币服务业和替代性汇款体系进行洗钱和恐怖融资，可能会导致对该行业采取额外的、更加严厉的控制措施，结果会使部分行业或者转入地下经营，或者关闭，或者将额外负担转移给已处于不利地位的诚实客户。

动机

105. 犯罪分子和恐怖分子使用货币服务业和替代性汇款体系的动因有多种，包括在银行机构外存放现金和快速转移其价值，包括大额转账的需求。使用汇款业和替代性汇款体系还能使犯罪分子进入到没有银行系统的地方。资金可以基于个人信用而快速、低成本和安全地转移。滥用这些系统还可以逃避货币管制约束以及银行机构的反洗钱和反恐怖融资措施。

诱因

106. 犯罪分子和恐怖分子使用汇款业和替代性汇款体系转移价值的诱因也多种多样。因监管规章和控制措施的差异而不同。在一些些司法辖区，对该领域甚至完全没有控制或监管。

107. 对汇款人和收款人来说，使用汇款业和替代性汇款体系可能比正规金融机构更为方便。汇款公司通常与汇款人和收款人有着千丝万缕的联系，包括文化、信用、地缘联系或合谋关系。

108. 脆弱的行业模式或小规模行业大多无法负担复杂的反洗钱和反恐怖融资控制体系，而专营商却没有监督履行义务的合规管理措施。

109. 与银行相比，这些行业现金更加密集，一次性交易更少引起注意。未注册的汇款机构所保存的交易记录能使调查人员难以查阅、监管人员难以监控。

应对措施

110. 特别建议 6 规定了一系列关键措施，用于应对涉及价值转移（包括不当使用汇款业以及替代性汇款体系）的洗钱和恐怖融资威胁。这些措施前提是所有的服务提供商在监管环境中经营，至少要求他们应该注册或获得从事汇款业务的执照。特别建议 6 的另一核心内容是要求汇款业必须遵守 FATF 的相应建议（如建议 4 ~ 建议 16 和建议 21 ~ 建议 25）。最后，特别建议 6 要求各个司法辖区严厉制裁那些没有营业执照或未注册登记并且没有遵守 FATF 相关标准的汇款服务商。

111. 然而，执行这些措施必须考虑汇款服务商和其他金融机构（如银行）的区别，必须平衡各种目标，诸如为无法使用正规金融机构的客户提供基本金融服务。更概括地说，政府应考虑如何使正规机构更具吸引力（如采取措施降低交易费用等）。

112. 特别建议 7 中有关电汇的措施同样与该行业有关，这将在第 3. 3. 1 关于银行系统的部分详述。

113. 2003 年 6 月，FATF 发表了关于打击使用替代性汇款体系的最佳实践文件，其中包括了许多值得考虑的措施。

114. 除此之外，许多国家强调了确保执法机关与监管部门协调合作、共同识别和起诉帮助洗钱的相关行业的重要性。如果有涉及这方面的诉讼或其他执法或监管行动，要进行宣传以增强激励合规或遏制犯罪的效果。FATF 和相关区域性反洗钱组织（如亚太反洗钱组织、中东和北非反洗钱组织）已发布了这些方面的相关指引。

115. 提高汇款业和替代性汇款体系的透明度同样值得考虑。这包括受益所有人，因为犯罪分子为了规避监测，往往唆使亲属或关系人在名义上经营公司。其他值得考虑的措施包括，在一定区域内限制汇款企业的数量。

价值转移和全球金融危机

金融危机使得某些国家的金融活动越来越多地进入到那些以往被认为是非主流或银行机构之外的领域。这是因为其服务可能更加低廉，例如汇款业和替代性汇款体系的服务。在某些对该领域缺乏透明度和监管的国家，可能会增加风险。

除此之外，因为从金融机构获得贷款已经越来越难，就出现了从其他“替代性”来源获得借款的趋势。犯罪组织可能会提供这些借款，并且趁机洗钱并获得更多非法资金①。

3.3.3 国际贸易系统（包括贸易洗钱）

116. 国际贸易系统被用来大量转移资金和货物，政府部门对其非法活动的监控非常有限。国际贸易系统可能会通过避税和逃税、资本外逃和贸易洗钱而被滥用。FATF 已经对此进行了研究，并在 2007 年就贸易洗钱发表了类型研究报告。2009 年 FATF 战略监测调查报告也指出，国际贸易系统可能被用于洗钱和恐怖融资目的。

117. 贸易洗钱是指通过贸易活动来掩饰犯罪收益和转移价值的过程，目的是使其非法资金合法化或资助犯罪活动。该过程可以通过虚假报价以及虚开高价或低价发票来完成。同样，货物数量和质量也可以作假。

118. 相反，完全合法的贸易也可能会被用来转移价值。在这种情况下，合法公司发生的债务被置于洗钱分子控制之下。之后，这些债务会用来自犯罪组织（多数在第三国）的资金予以清偿。合法公司可能不会注意偿债资金的真正来源。

---

① 2009 年 10 月，日本金融情报中心在金融行动特别工作组类型组会议上曾经发表演讲，说明日本有组织犯罪越来越多地使用贷款诈骗作为一种资金来源。

119. 进一步的贸易洗钱类型与增值税诈骗有关。FATF 2007 年 2 月就此问题发布了类型研究报告。在这种情况下，资金流不一定伴随着货物运输，通常通过银行机构进行。

120. 2008 年 6 月，FATF 发布了关于扩散性融资的类型研究报告，其中提供了关于贸易融资的详细信息（扩散性融资内容广泛，不在本报告讨论范围内）。另外，FATF 2010 年发布了关于自由贸易区的类型研究报告，同样包括了国际贸易体系和贸易洗钱的有关问题。

危害

121. 国际贸易体系被犯罪分子和恐怖分子用来转移价值，包括贸易洗钱，导致一系列具体危害，它可能会破坏国际贸易的公信力和可靠性，也会破坏国家边境贸易和金融系统的稳定性。

122. 利用这　漏洞可以为逃避关税创造机会，从而导致政府合法税收的流失，还会导致资本外逃和（或）逃避货币管制。

动机

123. 驱使犯罪分子和恐怖分子利用国际贸易体系转移价值的因素是，他们希望通过表面合法的贸易转移价值、规避监控和防范措施。

124. 另外一个需求是国际贸易体系可以实现长期大规模洗钱。犯罪收益可以融入贸易涉及的其他合法行业里。这样就可以使上游犯罪及犯罪分子与洗钱活动保持距离。

125. 国际贸易系统内在的漏洞，如庞大的贸易流动，给犯罪分子和恐怖组织跨境价值转移提供了可乘之机。

诱因

126. 反洗钱和反恐怖融资措施已经伴随传统金融机构的实践而不断发展，但还未围绕贸易融资采取应对措施。政府部门和私营部门对贸易洗钱问题也认识不够。犯罪分子和恐怖分子之所以利用国际贸易系统转移价值，主要是由于公司结构缺乏透明度，使其易于掩盖资金的受益所有人。

127. 贸易规模不仅可能隐藏个人的交易，还使监管和执法工作变得困难。国际贸易的复杂性同样使得价值支付难以匹配。各种各样的物流方式——例如像轮船、飞机、公路和铁路——使得犯罪分子的发货渠道多样化，从而能够避免被发现。

应对措施

128. 目前，FATF 建议中还没有专门帮助发现和调查通过贸易系统洗钱和恐怖融资的措施。FATF 已经发布了关于贸易洗钱的非强制性国际最佳实践文件（2008 年 6 月 20 日），目的是提高主管部门收集和有效利用贸易数据的能力，通过以风险为本的方法，发现和调查通过贸易系统洗钱和恐怖融资活动。2010 年关于自由贸易区的类型研究报告也提出很多建议，包括 FATF 标准和预防措施怎样能最好地应用于自由贸易区。目前急需建立途径、机制和渠道来提高政府部门和私营部门的国内和国际合作。信息交换是更好地发现利用自由贸易区进行非法活动（例如欺诈）的关键因素。

129. 下列措施值得考虑：

（1）确保金融机构，尤其是全球贸易服务部门制定强化其贸易金融政策和活动的培训计划。

（2）建立规划，培养专业人员，提高对贸易、调查、起诉的认识和监管部门发现贸易洗钱的能力。

（3）向私营部门及职能部门通报类型研究、预警指标和案例研究成果。

（4）在国内建立连接调查机构与负责收集和存储贸易数据机构的机制。

（5）建立明确有效的、便利税务当局同行间交换国际贸易数据的渠道。考虑建立贸易透明组织。

（6）要求金融服务机构提供有关货物和资金的透明信息（即银行可以看到进口文件以及发票）。

（7）国内及国外机构共享信息（重点是进口和出口的信息），然后采取行动。

（8）对各方提供充足的培训和交流学习，以统一、一致行动。

3.3.4　第三方商业组织、慈善团体和其他法人实体①

130. 犯罪分子和恐怖分子的资金在转移之前可能会先转给各种各样的第三方商业组织。这样的商业组织包括各种法人类组织，如有限公司、合伙公司或上市公司（publicly traded businesses）。② 信托也是一种可以用来转移、融合和分散资金的法人实体类型。2009 年战略监测调查报告指出了空壳公司或前台公司的风险。该项目同时提出，许多司法辖区现在已发现有利用信托和其他复杂公司洗钱的现象，使得收益所有人更加难以确定。

131. 另外，慈善团体和非营利组织也可能被用于作为资金存储和转移的工具，尤其是被恐怖融资者利用。③ 在 2009 年战略监测调查报告中，有许多司法辖区都强调了利用非营利组织洗钱的问题。例如，某些司法辖区发现有人利用非营利组织官员的账户收集和转移资金。

132. 这类实体是可以被犯罪分子或恐怖分子利用的现成机构，或为洗钱和恐怖融资而故意建立的组织。尤其值得关注的是，在某些司法辖区，法人实体很容易建立或解散，使得这些实体不仅可以用于合法目的（像企业融资、公司合并和收购，或财产和税收策划），而且可能被洗钱和恐怖融资分子利用，以掩盖资金来源和法人实体的真正所有者。

133. 2008 年 FATF 关于恐怖融资的类型研究报告也显示，在很多司法辖区，尤其在欧洲，恐怖组织建立和使用大众媒体和出版公司进行融资。这些公司已经不仅仅是作为一种转移资金的工具，同时也作为一种融资的渠道，以收集资金、作为宣传和便利恐怖融资的场所。

危害

134. 第三方组织、慈善团体和其他合法实体的滥用破坏了合法商业和机构的声誉。尤其是慈善机构，其声誉受到损害后更加脆弱，进而会对慈善捐赠产生消极的影响。例如，合法资金可能从慈善事业转向资助恐怖活动，使公众丧失向慈善团体捐赠的信心。

---

① 这些特征与第五章制定人士中提及的专业人士和内幕人员密切相关。

② 详见 2006 年 10 月金融行动特别工作组发布的关于滥用法人组织的类型研究报告及相关案例研究。报告识别了与法人组织滥用相关的风险因素，并且提出了需要进一步考虑防范措施以被滥用的建议。

③ FATF（2008），*FATF Terrorist Financing Typologies Report*，FATF，Paris，29 February.

135. 这些特征的滥用也可通过伪造和盗用的身份证件来达到目的。使用伪造和盗用的身份证件，可能会导致公众对政府机构数据存储和处理流程丧失信心。

136. 在这些公司需要投资的情况下，因其组织结构不透明，可能会妨碍合作方评估其投资风险的能力，这反过来又会影响这些机构的诚信、资产质量、完善性和稳定性。①

动机

137. 犯罪分子和恐怖分子之所以利用第三方商业组织、慈善团体和其他的合法实体转移资金，关键原因是希望把非法资产隐藏在商业组织的金融和经济活动的背后。法人或慈善组织的结构使得隐藏资金受益所有人更加容易。因此，在避免犯罪分子或组织身份暴露的同时，实现转移资金和价值。在战略监测调查中发现，商业组织通常会帮助虚假贷款和贸易洗钱。他们造成资金转移时的表面透明性和合法的感觉，并确保纳税后转为金融产品。

138. 2009 年战略监测调查针对恐怖融资指出如下涉及非营利组织和慈善团体的动机，主要是：通过使用多头账户掩盖资金的真正来源（包括其他非营利组织的账户），将资金转移至非营利组织和冲突地区的个人，以掩盖资金的真实目的（详见第六章关于冲突地区）；以及在转移资金前使用账户来聚集资金。

诱因

139. 犯罪分子之所以可以利用第三方商业组织，因为能够使用伪造或盗用的身份证件来注册公司。战略监测调查报告调查问卷反馈也指出了离岸公司（离岸司法辖区在第六章中阐述）、专业顾问（在第六章中阐述）和同谋银行的参与等诱因。也有可能使用或进入第三国的银行，同时通过遍布多个司法辖区的复杂商业组织来掩饰。法人实体和信托组织的多国结构会进一步帮助掩饰受益所有人。

140. 识别非营利组织和私人组织某些方面的透明性是很难的，而且很

---

① 如国际货币基金组织在 2009 年 10 月金融行动特别工作组类型组会议上的演讲。

多这样的公司几乎没有反洗钱和反恐怖融资的控制措施。部分慈善团体对被洗钱利用的风险缺乏认识，也是一个作用因素。慈善团体的善意鼓励了捐赠，而这些资金可能会被恐怖融资者利用。恐怖分子也可能在政权不稳定的地区或吸引恐怖分子的落后国家实施这些行为。

应对措施

141. 与 FATF 2006 年关于法人组织的类型研究报告得出的结论一致，建议采取措施重点保证受益所有人的透明性。

142. 采取多种措施共同降低利用第三方商业组织、慈善团体和其他法律实体转移价值所产生的严重危害（例如，FATF 建议 33、建议 34 和特别建议 8 中提出的措施）。

143. 特别建议 8 中提出的措施包括，各国应该采取措施来确保恐怖组织不会伪装成合法的非营利组织，同时非营利组织也不会被恐怖组织用做恐怖融资的渠道，或者掩饰将合法募集资金转作他用。针对非营利组织被利用的进一步措施，应该强调特别建议 8 的四个要素，包括扩大范围、监督或控制、信息收集和调查以及国际信息共享。[①] 某些国家报告，他们已经发现发布有关慈善团体最佳实践的自律指引非常有用。

144. 非营利组织可能会采取各种各样的形式，包括法人和法律安排。因此，特别建议 8 提到的措施应当与建议 33 和建议 34 关于法人和法律安排透明性的措施相结合。执行这些措施可以使调查和监管机构有权获得非营利组织的重要控制人以及可能间接控制该组织的第三方的信息。

145. 各国可以参考 FATF 2008 年 6 月发布的关于信托和公司服务提供商以风险为本的方法指引。

146. 一些国家已经考虑建立信托的登记制度来帮助调查人员和金融机构确定受益所有人。向金融机构发布指导建议，帮助其识别、评估和管理空壳公司持有账户的潜在风险。

147. 各国可能还会开发一套系统来持续监控法人，以便发现被利用的迹象。法人的登记义务（包括公司自己以及公司决策人的特定信息）应当

---

① FATF（2002），*Best Practices Paper*：*Special Recommendation* Ⅷ（*Combating the Abuse of Non-Profit Organizations*），FATF，Paris，11 October.

是这一系统的基础。当关于某法人的特定环境与事先确定的风险预期相匹配时，该法人就被设定为“高风险法人”，其行为将被密切监控。随后，这一信息可与其他政府部门分享。

3.3.5 零售支付系统和自动柜员机网络（包括新型支付方式）

148. 零售支付系统和自动柜员机网络对现代商业已经越来越重要。使用这些系统和网络可以在世界任何地方通过电子方式在人与人之间转移资金，实现支付货款或提现。

149. 支付系统对商业的重要性表现为促进创新和展业。由于非银行机构不断提供可以进入支付系统的交易账户，使用支付系统的障碍已经消除。客户可以使用银行卡、计算机或者手机登录这些账户。对犯罪分子和合法行为人一样，支付系统有着快速、安全和低成本转移价值的吸引力。这些业务虽然可以帮助打击通过放置现金进行非法融资的活动，并且将更多的交易带入正规金融系统，但因保障措施尚未跟上创新和业务发展而容易被利用。

150. 2006 年 10 月，FATF 公布了关于新型支付方式的类型研究报告。该报告强调提供预付卡、电子钱包、移动支付工具、网络支付等服务的非银行机构发挥着越来越重要的作用。该报告总结，新型支付方式有合法的市场需求，但也存在潜在洗钱和恐怖融资的漏洞。特别是，相比在本国（地区）内经营的新型支付服务商而言，离岸支付服务商可能产生更大的洗钱和恐怖融资风险。2008 年 7 月，FATF 也发布了关于商业网站和互联网支付系统的类型研究报告。新型支付方式的被利用是一个新出现的问题，因此 FATF 目前正在着手就此进行进一步的类型研究。

151. 2009 年 FATF 战略监测调查报告指出，一定地区范围的许多司法辖区目前经常发现新型的网络洗钱活动，或在洗钱活动中发现新型支付方式（包括电子银行业务）的新使用方法。少数司法辖区还列举了将这些技术用于恐怖融资目的的案例。洗钱活动和产生犯罪收益的方式，通常最大限度地利用新型技术进入支付系统的机会。

危害

152. 使用零售支付系统和自动柜员机网络过程中可能出现使用伪造和

盗用身份证件的现象。随着身份欺诈技术的不断复杂化，政府采取的反身份欺诈行动需要大量的资源和成本。

153. 犯罪分子和恐怖分子滥用零售支付系统和自动柜员机网络来转移价值产生具体危害，包括目前和将来对产品的限制，可能会影响创新、商业和经济的发展。

动机

154. 驱动犯罪分子和恐怖分子使用零售支付系统和自动柜员机网络转移价值的原因包括：希望避免面对面地交易，快速、安全和低成本转移资金，并且领先监管当局一步。零售支付系统和自动柜员机网络还提供了一个接收非法资金的场所，更重要的是，通常可以在世界任何地方快速进入支付系统。可以使用高余额账户的银行卡也是驱动因素之一，这样可以实现用体积很小的物品（即容易运输）清洗大额资金。

诱因

155. 在开户时，可以使用伪造或盗用的身份证件来对付客户尽职调查要求。账户同样具有吸引力，因为可以匿名开户和非面对面开户。客户身份识别和定期的重新识别程序也可能被回避，因为账户可能是被某人开立但被其他任何人匿名使用。此外，犯罪分子和恐怖分子会在多个金融机构建立多重账户关系，使其行为难以追踪。

156. 更进一步的原因是银行卡发卡泛滥（某些信用卡机构为了吸引新的顾客，寄出里面装有卡的信件，经过简单操作即可激活）。[①] 同样，犯罪分子可能即时开立在线支付系统的账户。这意味着洗钱分子和恐怖融资分子可以在很短的时间内进行洗钱和恐怖融资操作。

157. 一个关键的诱因是监管规章滞后于新型支付方式创新。某些司法辖区对目前花样繁多的电子支付系统尚未实施相应的防范措施。正如2006年FATF类型研究观察到的，离岸服务商不会遵守其他司法辖区的法律。

应对措施

158. FATF的建议当中包含许多内容丰富的预防和遏制措施，可以适

① 对正在经历信用爆炸的国家而言，这点千真万确。

用于零售支付系统和自动柜员机网络的账户。这些措施主要关注客户尽职调查、交易记录保存和异常、可疑或者大额交易报告（例如，建议 5、建议 9 ~ 建议 11、建议 13、建议 19 和特别建议 4 和特别建议 6）。

159. 针对新型支付方式，建议 8 要求金融机构对新技术产生的威胁给予特别关注。这对于非面对面业务关系和交易的风险而言尤为重要。该措施可以减轻利用新支付方式洗钱所产生的危害。

160. 建议将电子支付系统纳入国家反洗钱和反恐怖融资系统（包括法律层面）。另外，2006 年 FATF 类型研究报告提出了一系列措施，包括：限制投资、存储和使用资金的数额；监测账户和报告可疑交易；限制跨境资金转移；以及保存付款人和收款人的交易记录。

161. 进一步的措施还包括，要求业界、监管机构和执法部门在产品开发期间进行讨论，尽可能在设计中杜绝产品漏洞。在可能的情况下，可以有限制地进行新产品的试运行，以测试其不足。

162. FATF 目前正在对 2006 年 10 月发布的关于新支付方法的类型报告进行后续研究。2006 年的报告认为，“FATF 的 40 项建议和 9 项特别建议提供了一个恰当的框架，来应对新型支付方法监管的不足”。同时，2006 年的报告建议，在两年后还应对新型支付方式的发展进行研究，更新类型和风险分析，并检验其措施在经历 3 ~ 4 年的实践后对新型支付方式的监管是否还继续有效，或者是否有必要修改 FATF 的建议或相关释义。

第四章　资产和价值储藏的滥用

4.1　简介

163. 洗钱分子和恐怖融资分子普遍利用的第三种方式就是资产和价值储藏。诸如毒品和武器走私、盗窃、欺诈、腐败、挪用公款、行贿以及其他犯罪活动的基本目的是获得非法资金。

164. 然后，犯罪分子试图将这些资金进行投资，以获得安全和盈利，或者持有并保值。犯罪分子试图以方便形式储存价值。不管他们试图达到什么目的，都希望将被发现的机会降到最低，并且使其自身与最初犯罪行为拉开距离。

165. 目前报告涉及的资产和价值储藏的洗钱案例比重远远超过恐怖融资案例。然而，这并不说明该领域没有漏洞。

资产与全球金融危机

在金融危机中，黄金的买卖增长很快，某些犯罪分子也认为黄金具有吸引力。正常人同样将其金融风险投资变现，持有较小的、低风险的投资组合，包括将资产从低能力的国家转移出去。准备投资的犯罪分子也会认为这一投资策略具有吸引力。

4.2　收益的主要来源

166. 所有产生犯罪收益的上游犯罪都会参与资产投资及价值储藏，包括有组织犯罪。针对金融产品，2009 年 10 月 FATF 发布了关于证券业洗钱和恐怖融资的类型研究报告。报告指出，“证券业是在所有行业中唯一既可以清洗从别处获得的非法资金，又可以通过欺诈行为在证券业本身产生非法资金的行业”。针对此问题，报告阐述了证券业特有的三种洗钱上游犯罪（即内幕交易、市场操纵和证券欺诈）。

4.3　总体措施

167. 除了 FATF 在没收方面的要求之外，某些司法辖区更强调民事没收在处置犯罪资产中的积极作用，因为这项措施可在刑事诉讼程序已经失败或无法启动的情况下使用。在这种情况下，该措施提供了一种影响犯罪分子生活和行动的替代方法。另外，在民事没收无法实行的地方，对犯罪资产征税也能异曲同工。

168. 关于追回资产的管理，许多国家追回的犯罪资产限于特定资产而不是其价值，他们报告称，实施罚没资产管理制度或设立资产管理办公室是防止罚没财产贬值或损耗的有效工具。另外，将部分罚没资产再投入执法工作，能够鼓励国内执法部门加强犯罪资产罚没工作，从而进一步提高打击犯罪资产和价值存储的工作成果。

169. FATF 2010 年 2 月就上述要点以关于没收的最佳实践（建议 3 和建议38）的形式发布了指引文件。包括要求各国（地区）考虑建立专门机构或者指定经过专门金融调查技术培训的专业人员。另外，有些国家已经对宣判有罪人员持有的特定资产设定限制，在国家法律允许的情况下，这一措施确实有效。

4.4 具体特征

170. 本章分析滥用资产及价值储藏相关的下列具体特征带来的危害。包括：金融产品、动产、不动产（房地产）。

171. 说明这些具体方式特征所产生的特定危害、犯罪分子和恐怖分子利用的动机，以及犯罪分子和恐怖分子得以利用的可乘之机。最后，提出应对措施，使各国关注这些驱动因素和可乘之机，以降低产生的危害。希望各国能考虑这些方法或者选择其他方法来设计其反洗钱和反恐怖融资战略。

4.4.1 金融产品（包括保险、投资和储蓄产品等）

172. 金融机构在最近几十年的扩张意味着金融产品已经成为个人和机构使持有资产保值和增值的普遍方式。现有金融产品种类繁多，专门针对广大客户的需求和金融风险预期而开发出来。这种扩张已经被合法和犯罪领域利用。

173. 金融产品（如证券、债券、保险产品、储蓄产品等）为犯罪分子提供了一系列的清洗非法收益的机会。被监管金融机构通常称为确保储蓄资金安全的保证人。其很多产品与银行联系密切，或者是因为这些产品由银行提供，或者是因为通过银行账户投资，因此为跨境资金转移或购买其他产品和服务提供了捷径。持有的存款作为一种金融产品可以被用于贷款担保，例如在某个犯罪分子购买房地产时作为其资金合法性的担保。此外，该产品还会产生一定的收益。

174. 2009年FATF关于证券业的类型研究报告指出，证券业以其快捷的交易速度、通达全球的范围及较强的适应性，对犯罪分子具有强大吸引力。FATF战略监测调查报告强调，大量的金融产品（包括证券交易）被有组织犯罪集团用做资金来源。①

175. 证券交易，尤其是小盘股（small capitalization）可能遭受剧烈的价格波动，而且这种非流通股的价格也会受到小额交易的剧烈影响。FATF证券类型研究报告发现，在交易双方以事先约定价格完成非流通股票的大额交易时，这一机制已经被用于洗钱目的。在这种交易中，双方约定一方先以人为低价买入某只非流通股，之后再由原来的卖方或关系人以明显高价购回。这种价格转移也是贸易洗钱的方式之一，在第三章予以分析。

外部事件对金融产品控制的影响

外部事件如全球金融危机可能会导致受影响的金融机构降低反洗钱和反恐怖融资控制措施的投入。FATF、G20以及经济合作与发展组织已经针对金融危机开展工作，采取了反制措施。在某些国家，政府向金融机构投资可以对保持和加强反洗钱和反恐怖融资措施产生积极影响。关于金融危机对各个司法辖区的影响的分析详见第六章。

危害

176. 滥用金融产品进行非法资金投资进行洗钱和恐怖融资，会破坏公众对金融体系诚信的信心，损害其和内部企业的声誉。通过价格操纵引起股市混乱，也会使投资者信心和市场行情受挫。股市上的非法投资也会助长有组织犯罪活动。

177. 洗钱活动经常通过身份欺诈来完成。政府采取的反身份欺诈行动需要大量资源，并随着身份欺诈方法的复杂化而不断增长。伪造和盗用身份证件的泛滥，会降低公众对政府部门和金融机构数据存储和处理程序的信心，导致金融损失，并给身份诈骗的受害者带来不便。

178. 大量滥用金融产品可能破坏金融系统的业务发展，因为应对措施

① 日本金融情报中心在2009年10月金融行动特别工作组类型组会议上的发言。

会给希望开立银行账户的个人造成障碍。

动机

179. 犯罪分子和恐怖分子使用金融产品的动机是确保资金的安全性和高流动性。将现金转换成金融产品可以便于获得和使用，同时也有助于资金的安全和快速转移。

180. 金融产品可以用于清洗大额资金，同时通过提供其他商业机会（如投资房地产及有价证券）赋予非法资金表面的合法性。

181. 通过大规模购买股权，犯罪分子可以实现对企业的控制。

诱因

182. 银行系统的复杂性和国际性使得犯罪分子可以将非法操作隐藏于金融机构日常的海量金融交易中。过剩的金融产品与复杂金融环境相结合，使得犯罪分子和恐怖分子有机会利用它们来获得收益。

183. 企业具有真实而普遍的商业需求，即让销售最大化、开发具有吸引力及竞争性产品。然而，这可能导致企业关注要求交货便捷、偏好匿名的商业模式，并受任务计酬方式驱使，可能被犯罪分子所利用。

184. 各国管理特定金融产品的立法存在差异，同时现有金融产品种类繁多，使不法分子有机可乘。

应对措施

185. 对那些致力于严厉打击不法持有金融产品的司法辖区而言，最有效的措施就是上面列举的那些总体措施（参见4.3）。这些措施可以应对所有类型的资产滥用。然而，因为金融机构在发行和交易金融产品中的核心作用，因此FATF直接针对金融机构的建议也有一定作用。

186. 2009年证券业类型报告指出，证券业和金融业的其他领域存在着许多协作配合。特别是，报告指出一种趋势，即依赖从银行业收集的客户尽职调查（了解你的客户）信息来完成证券业的客户尽职调查（了解你的客户）的义务。FATF目前正在建议9中关注此问题。

187. FATF希望各国考虑其2009年10月发布的关于人寿保险行业以风险为本的方法指引。

188. 有些国家已经和金融机构分享身份识别信息，包括预警指标和类型研究报告，作为金融机构进行自我保护有用工具之一。

4.4.2　动产

189. 有很多动产可以被用来存储犯罪资金。这包括汽车、宝石和黄金、艺术品、古董和机械。这种物品往往具有高价值，因此可以存储大额资金。选择特定财产将会避免引起监管当局和私人部门的注意。购买这类商品还可以实现获得和维持奢侈的生活方式的目标。另外，某些资产本身就可用做洗钱之外的犯罪目标，例如，汽车可以被用来为犯罪提供后勤支持。这些物品还容易实施价格操纵，因为其标价可以远远低于或高于其实际价格，或者是因为其本身价值难以估计，例如艺术品和古董。

危害

190. 犯罪分子和恐怖分子将非法资金投资到高价值的动产，使其享受犯罪收益。在圈子中炫耀犯罪生活方式的实际收益，可能会吸引更多的人走上犯罪道路。

191. 犯罪分子拥有城市公众难以负担的奢侈品和高价品是不公平的，可能会导致社会的分化，并激化社会矛盾。将商品卖给犯罪分子的企业获得了他人难以获得的收入；这使得犯罪同谋企业获得更多的利润，并导致经济活动扭曲。

192. 犯罪活动会刺激古董、艺术品非法市场（黑市）的发展，并会导致文物走私出境。从非法贵金属和宝石交易中获得的收益，再投资到军火买卖中会导致武装冲突的升级。

动机

193. 将非法资金投资到动产，是受享受或保持奢侈生活的愿望驱使。在某些情况下，通过小物品或者大额现金清洗，小物品更便于大额资金清洗。犯罪分子物质财富展示其犯罪生活的好处，可以帮助其在交际和商业群体中确立重要地位。

194. 将大量非法现金转换为储存价值的资产，给犯罪分子提供了国际广泛接受的永久性的财产（如宝石和黄金），并以此获得资产收益，然后被重新投入到其他犯罪活动中。

诱因

195. 犯罪分子和恐怖分子将非法财产投资到动产，是因为具有吸引力的商品的可获得性，以及某些被监管机构对监管规章缺乏重视。另外，某些物品很容易变现。

196. 犯罪分子可能试图使用伪造或盗用的身份文件来规避客户尽职调查措施。通过投资宝石和贵金属、艺术品和古董等其他资产，比购买金融产品留下的痕迹少得多。

197. 在购买财产时使用前台人员或者虚假公司（包括离岸公司），以及以第三方（如亲属或孩子）的名字来注册登记财产，可以模糊交易痕迹，而难以查清受益所有人。

198. 利用高价商品洗钱，还因为存在可以非法交易该商品的国际市场。高价商品包括宝石和贵金属、古董和艺术品等。为犯罪分子提供了犯罪活动的场所，可能导致艺术品的估值定价过高。

应对措施

199. 对那些致力于严厉打击非法持有动产的司法辖区而言，最有效的方法就是采用上面列举的措施（参见 4. 3）。这些措施可以应对所有类型的资产滥用。

200. 除此之外，建议 12、建议 16 和建议 24 将控制措施扩展到特定非金融行业，包括珠宝和贵金属交易商。建议 20 要求考虑将监管规则扩大到其他类型的行业和职业，如果高价商品交易商存在风险，也应该涵盖其中。

4. 4. 3　房地产（土地和建筑物的买卖和租赁）

201. 房地产交易已被证实是有组织犯罪最为常用的洗钱方式。2009 年 FATF 战略监测调查报告指出，很多司法辖区认为房地产交易具有高风险，因为该行业存在被洗钱分子利用的可能性。通过房地产洗钱有各种方法。例如，某前台组织可以用非法资金购买房地产，而卖出这些房地产获得的利润容易被外界视为合法收入。同样，还可以从事不盈利的生意，目的是为了将非法收益掩饰成该生意的利润。

202. 另一个例子是房地产价格操纵，表现为价格明显低于或高于真实价值。在低价买入的情况下，用“黑”钱补足差价，然后以高价出售房地产。这样就产生了表面上合法的收入。在某些司法辖区，非法资金通过土地买卖来清洗。通过夸大地块价格、伪造土地评估文件以及买卖协议，非法资金就能得以清洗。交易可能通过前台公司或者虚构的公司来完成。①

203. 决定在哪里投资房地产时，国家或地区的吸引力往往是犯罪分子决策的部分因素。例如，那些气候非常宜人或者其他犯罪组织成员持有财产的司法辖区，很可能被认为是投资的好去处。

危害

204. 房地产市场易被洗钱分子和恐怖融资分子利用的特点也刺激了抵押贷款欺诈。将非法资金投资房地产还会使犯罪分子和恐怖分子隐藏财产的受益所有人，这意味着资产没有按照真实或全部价值缴纳税款。

205. 犯罪分子能够购买房屋，而正直的公众却负担不起，这有违公平。经过一段时间后，犯罪活动可能导致地区关系恶化，因为犯罪分子拥有房屋可能会助长其他形式的犯罪或非法活动。在当地社区公然展示犯罪生活的回报，有可能吸引更多的个人走上犯罪道路。

206. 中介机构的腐败导致犯罪行为得逞。犯罪活动在房地产交易中的影响日益扩大，会损害商业机构。

动机

207. 犯罪分子和恐怖分子以房地产作为非法资金的投资对象，希望获得或保持其犯罪或奢侈的生活方式，享受非法所得的收益。房地产为犯罪分子提供了一种永久性资产和长期投资，确保其资金的稳定性，并能为其未来贷款提供担保。

208. 购买房地产能够使大量非法收益得到掩饰和清洗。这使犯罪分子能够在大量真实的房地产交易中混淆资金的真正来源，并隐藏受益所有人。将非法现金与正常收入混合，能使收益在形式上合法。

诱因

209. 通过投资不动产，犯罪分子和恐怖分子可能希望通过中介（如房地产代理人和律师）来获得财产。这些人在犯罪分子和他们从事的交易之间形成另外一层阻隔。这些中间人的腐败（可能包括当地的

---

① 价格操纵也可能发生在公司或其他无形资产领域，如知识产权。与洗钱过程基本一致，这也是贸易洗钱的重要组成部分，详见第三章。

官方政策的制定者）使得犯罪分子更容易达到目标，使他们更加远离犯罪活动。

210. 某些国家的监管控制比较薄弱，例如，没有适用于房地产登记部门的法律或规章。在这类的国家或地区中，犯罪分子被发现的风险很低，因此洗钱犯罪能够很容易地隐藏在大量的房地产交易中。

应对措施

211. 对致力于打击犯罪分子持有房地产的司法辖区而言，最有效的措施就是前面列举的总体措施（见 4.3）。这些措施适用于所有类型的资产滥用。同时也希望各国家考虑 FATF 在 2008 年 6 月发布的关于房地产业风险为本的方法指引。

212. 除此之外，建议 12 和建议 16 扩展了特定非金融行业和职业的控制措施，包括房地产经纪人。各国也可考虑是否将租赁中介机构纳入到监管范围之内，这将有助于削弱犯罪活动。

213. 有些国家报告，将财产过户或登记程序纳入国家反洗钱和反恐怖融资体系大有益处。例如，某些司法辖区要求其土地登记部门或者政府土地办公室向金融情报机构提交大额现金交易和可疑交易报告。这些报告在执法部门调查涉嫌犯罪活动的财产时非常有用。

第五章　特定人士的滥用

5.1　简介

214. 特定人士是洗钱分子和恐怖融资分子普遍滥用的第四种方式。特定人士实质上是那些“保护通往金融系统大门”的个人。金融系统的潜在客户（包括洗钱分子）为了获得成功必须通过他们。由于其特殊地位，他们有能力提供各种各样的途径帮助犯罪分子转移或者隐藏资金。

215. 在本章中，特定人士是指传统意义上能够提供金融专业知识和技能的职业人员（如律师、会计师、税务咨询师以及信托和公司服务商），以及在其他方面能够控制或者进入金融系统的职业人员。这包括内幕人员，他们对其运作的商业活动了如指掌，能够通过其职务便利进入金融系统并且提供专业意见。这包括违反保密原则。本章还包括政治公众人物（PEPs），他们可以进入国家的资金和制度体系，并且可以利用其影响改变法律或通过对其自身有利的规则。

216. 在某些情况下，特定人士个人的职位和声誉对降低洗钱分子犯罪活动的可疑程度非常有用，或者是因为这些人员或职业本应具有的道德标准使洗钱分子在他人眼中增添了一定的信用度，或者是因为特定人士的专门知识或技能使得洗钱分子能够以避免引起怀疑的方式交易或安排。

217. 根据报告的案例，涉及特定人士的洗钱案件远超过恐怖融资。然而，这并不能说明特定人士领域对两者来说没有漏洞。

218. 特定人士会从事自行洗钱或者第三方洗钱。各种职业在有意或无意中倾向于给第三方洗钱。这些个人可能实际上是犯罪组织的成员，也可能卷入到上游犯罪当中。内幕人员和政治公众人物可为第三方或者自身洗钱。

5.2　收益的主要来源

219. 通常，所有的上游犯罪都可能通过特定人士进行洗钱，尤其是在特定职业。战略监测调查报告指出，在复杂的洗钱案件中越来越多地使用到特定职业，特别是重大的金融欺诈和有组织犯罪案件。腐化的内幕人员也能为一定范围的上游犯罪洗钱。然而，事实通常表现为内幕人员为自己或其他罪犯转移自身欺诈产生的资金。政治公众人物同样清洗他们为了自身利益非法抽取的国家资金。

5.3　具体特征

220. 本章分析利用特定人士账户洗钱的特征和所带来的危害，重点介绍职业人员或内幕人员和政治公众人物。

221. 说明这些具体方式特征所产生的特定危害、犯罪分子和恐怖分子滥用的动机，以及犯罪分子和恐怖分子得以利用的可乘之机。最后，提出应对措施，使各国关注这些驱动因素和可乘之机，以降低产生的危害。希望各国能考虑这些或者选择其他方法来设计其反洗钱和反恐怖融资战略。

5.3.1 职业人员和内幕人员

222. 如上所述，律师、公证人、会计师和其他的提供专业金融咨询的职业，是复杂洗钱策划中的常见要素。他们通常在帮助制订洗钱方案，特别是代理组建公司和管理类似结构中发挥关键作用。因此，2006 年 10 月 FATF 就法人实体的滥用问题发布了类型研究报告，该报告也关注信托和公司服务商，并识别出一系列与滥用法人实体相关的高发风险因素。2009 年 FATF 战略监测调查报告指出，洗钱策划中越来越多地牵涉专业咨询人员，包括律师和同谋的银行家。

223. 职业人员能够以最有效率并且避免被发现的方式管理和运作交易。在某些案例中，还包括房地产的交易。由于金融机构出于对这类职业的信任，他们也试图将洗钱活动隐藏在“职业人员”的身份背后，这也会降低其犯罪活动的可疑程度①。

224. 内幕人员通常被理解为能够获得私人、秘密、特权或者受限制信息的小团体成员。这一术语通常是指拥有商业信息的人，但通常而言也适用于其他有权组织如政府内部的人员。

225. 内幕人员拥有的主要工具是其第一手信息。对外界来说，这是一种直接有效的提示资源，能够获知表面现象背后的真实情况。因此，潜在的洗钱分子会拉拢或者胁迫内幕人员提供这样的服务，以便加以利用。

危害

226. 职业人员和内幕人员的滥用可能破坏个人、机构和行业信誉。职业人员和内幕人员为犯罪资金提供专业服务，可能导致犯罪活动进入当地社会。这会导致犯罪对职业领域的影响不断扩大，影响和扭曲决策，对该职业甚至整个领域带来声誉和金钱的损失。同样，如果犯罪资金流入市

① 2009 年 2 月比利时会议中的一个情况介绍列举了职业人员能够参与的五种洗钱和恐怖融资类型：介绍金融机构，房地产交易，从事金融交易，建立公司结构或法律和金融组织以及公司管理。

场，对职业服务的需求上升，也存在扰乱整个市场和价格。这将导致对正直客户服务价格的持续上涨。犯罪分子也可能通过获得专业服务而获益，而正直公众和商业机构却难以负担，这样就造成了不公平。

227. 职业人员向犯罪分子出卖服务来获得其他难以获得的收入，使同谋行业更有利可图。一旦职业人员为犯罪分子所用，其活动领域受到的物理威胁和其他威胁的范围就会扩大。

228. 被胁迫、腐化或者拉拢的内幕人员用于洗钱和恐怖融资活动的商业活动，也可能容易被内幕人员用于欺诈和其他犯罪活动。

动机

229. 当犯罪分子要求职业人员和内幕人员提供服务时，他们想尽量获得如何进行交易的专业知识，目的是成功隐藏交易的所有人和其他信息。特定职业或部门的内幕信息可以使得他们以间接或归属不明的形式获得金融产品，使资金或财产的追查漫长而困难。职业人员和内幕人员的服务往往是犯罪分子规避监管部门的预防、觉察和监测措施的关键因素。

230. 在某些司法辖区，法律职业人员介入房地产交易是法定要求，这就成为一种犯罪动机，就像合法使用该职业的需求一样。另外，有些犯罪分子试图利用适用于特定人士的保密义务来从事犯罪活动。

诱因

231. 信息控制薄弱、行为准则和职业道德不足、惩罚不力等因素使得犯罪分子能够利用其提供的服务。职业人员和内幕人员独立运营，缺乏合规监督和管理，同时其脆弱的商业模式难以支持复杂的反洗钱系统，往往被犯罪分子视为可以非法利用的潜在目标。

232. 如果没有相应的道德规范和内部控制，那些以销售计酬作为激励工具的职业会过度关注销售和利润，无意中刺激了个人的贪婪或弱点。这可能为犯罪分子提供了可乘之机。

233. 那些适用于特定人士及其客户之间的不披露和保密的规则，也有助于犯罪分子为获得犯罪收益而寻求职业人员的服务。

应对措施

234. 建议 12 和建议 16 扩展了针对特定非金融行业和职业的控制措

施，包括律师、公证人、其他法律职业者、会计师以及某些特定条件下的信托和公司服务商。

235. 希望各国考虑 FATF 2008 年 10 月发表的关于法律职业的风险为本方法指引，以及 2008 年 6 月发布的关于会计师职业的风险为本的方法指引。

236. 有些国家报告，加强宣传、分享信息、提高对洗钱和恐怖融资威胁以及相关漏洞的认识，对特定职业领域也有作用。依靠先进工具的支持，金融情报机构可以对可疑交易报告进行有效监测，从而形成情报。设立专业职责负责接收和分析每一个职业部门的可疑交易报告，能对此有所帮助。

237. 监管机构针对职业人员制定强有力的行为规范和职业道德规范（其中包括反洗钱和反恐怖融资内容），并配有相应的惩罚措施，是非常重要的。监管机构能够制裁职业人员的犯罪行为也很重要，围绕制裁行为进行宣传，结果事半功倍。

238. 政府也可评估律师与客户交流的保密特权对反洗钱和反恐怖融资有效性的不利影响程度，并且采取可能措施来减轻这种影响。

239. 考虑到内幕人员，建议 14 和建议 15 很重要，因为他们加强了金融机构报告可疑交易时高管、主管及员工的义务和保护措施。同时，他们要求制定反洗钱和反恐怖融资规划，包括内部政策、程序和控制措施，员工培训计划和审计职责。

240. 另外，有报告称，限制罪犯或其同伙（建议 23）以及违反反洗钱与反恐怖融资规定的责任人拥有和控制公司，或者被金融机构雇用，也能起到有益效果。

5.3.2 政治公众人物

241. 政治公众人物是那些被委任或曾被委任具有重要公共职务的个人。尤其是在腐败盛行的国家，他们可能会通过受贿、挪用公款等为自己牟利，滥用其公共权力。

242. 通过其职位，政治公众人物可以接触重要的公共资金和金融安排，如政府预算、银行账户、国有控股公司和合约等。他们的特定身份使其能够给予行贿者合约，并获得个人回扣。因此，政治公众人物被认为是特定人士的一类。2009 年 FATF 战略监测调查报告指出，政治公众人物被认为是最大的高洗钱风险客户类型。这与建议 6 关于如何对政治公众人物强化客户尽职调查措施的要求一致。

危害

243. 通过政治公众人物清洗的资金，不能再用于公共支出，从而增加了税收负担或减少公众服务。

244. 作为某些政治公众人物活动的结果，他们可能为私利去影响立法或者政府部门的活动。这可能削弱这些机构包括政治体系采取行动的信心，导致犯罪率上升和社会动荡，危害巨大。

245. 如果某个金融机构和政治公众人物相勾结，其声誉会遭到严重破坏，或者当未来接收和管理来自政治公众人物的资金时责任越来越大。

动机

246. 政治公众人物非法活动的主要动机是他对职位权力不断增长的贪婪或欲望。他们企图从公共或商业领域转移资金以获取个人利益。就不稳定国家的政治公众人物而言，他们希望将其财产转移到另外一个比较安全的地方。

诱因

247. 政治公众人物控制或者拥有国内的金融机构、公司和政府机构及运作过程，使其有利可图。资金来源国与目标国之间的标准和控制措施存在差异，加之高度腐败以及对哪个个人是外国政治公众人物的不完全理解，使得资金被发现的可能性很低。

248. 监管当局也很难仔细调查政治公众人物。例如，在许多国家，如果对政治公众人物出具搜查令，调查人员需要特别强有力的证据才行。对外交官来说，国家的监管当局只有有限的询问、搜查和调查权。

应对措施

249. 建议 1 要求国家将洗钱犯罪的上游犯罪扩展到最广的范围。确保这其中包括腐败和贿赂，对防范政治公众人物产生的危害至关重要。适用建议 3 关于没收的措施是非常有效的，它能有效遏制政治公众人物获得金钱的主要动机。关于财产追溯（建议 38）、司法互助和引渡（建议 36 和建议 39）等国际合作措施也很有效。建议 6 也是一项关键措施，因为它要求对与政治公众人物有关的人加强尽职调查。

250. 建议 13 规定金融机构有义务报告涉嫌犯罪收益的金融交易，包括贿赂和腐败。建议 16 将这项义务的范围扩展到特定非金融行业。要求金融机构履行程序审查员工，确保达到高标准（建议 15）。这些义务同样适用于特定非金融行业（建议 16）。有效实施这些措施，就能在发现某人曾因腐败或贿赂被定罪时，防止金融机构雇用此人。FATF 的标准中包含同样的措施，来预防可能有犯罪背景的求职者被金融机构（建议 23）或者赌场（建议 24）雇用。

251. 怎样关注腐败的问题也在建议 26 关于金融情报机构的内容中提到。金融情报机构必须具有“足够的运行独立性和自主权来确保其能够避免被影响或干涉”。例如，金融情报机构可能易于受到权力更大的（和腐败的）官员的不正当影响，使其易受滥用职权的责难。建议 30 与此相关，要求参与反洗钱和反恐怖融资的政府机构确保金融监管人员、公诉人员和调查人员应该非常正直。

252. 另外，签署并履行关于反腐败的国际公约（例如《联合国反腐败公约》、《经合组织反贿赂外国政府官员公约》及《美洲国家组织反腐败公约》）也是重要的工作起点。

253. 有些国家将免除国家元首、政府官员或政治领袖的刑事起诉豁免权作为一项有用措施。在操作上，向东道国提交大额交易能够阻止政治公众人物转移资金，建立独立、专业的反腐败机构和官员财产登记机构的做法，与要求政治公众人物披露金融状况一样有益。

254. 将政治公众人物的定义范围延伸到国内的政治公众人物，加强对这类人员的审查，从而能降低他们向外转移资金的可能。虽然 FATF 的标准没有要求对国内的政治公众人物进行强化的客户尽职调查，但 FATF 建议 6 的释义倡导国家将建议的要求延伸到本国拥有重要公共权力的个人。同时，重要的是，建议 6 中包含的风险为本的方法是识别高风险个人和政治公众人物的更有针对性、更有效的工具。

第六章　环境/国家（地区）的滥用

6.1　简介

255. 洗钱及恐怖融资分子普遍利用的第五种也是最后一种方式就是环境或国家。洗钱和恐怖融资仍以跨境活动为主。① 链条的强度是由最薄弱的环节决定，因此国际社会需要所有国家建立有效的反洗钱和反恐怖融资体系，才能成功防范、发现、起诉和制裁洗钱及恐怖融资活动，以削弱这类犯罪活动的负面影响。实际上，一个国家薄弱的反洗钱和反恐怖融资体系会给其他国家带来负面的溢出效应。

256. 目前尚无公认的描述某特定国家或地区存在高洗钱及恐怖融资风险的定义。实际上，洗钱和恐怖融资犯罪会在世界的任何地方发生。但是，特定的国家更可能吸引这类非法活动。特定的国家或地区吸引罪犯及恐怖分子的具体原因，是他们寻找被发现的风险相对较低的友好环境进行活动。其他方面例如有健全的金融机构，也吸引着希望保护其资金安全或使资金形式合法的犯罪分子。犯罪分子及恐怖分子会选择最适合他们的国家（地区）及金融机构。

257. 值得注意的是，总会有环境或国家（地区）因素有助于洗钱及恐怖融资活动得逞，因为洗钱及恐怖融资活动总会在某地发生。尽管很多洗钱及恐怖融资活动都是全球性的，往往涉及两个或更多国家，但对许多犯罪分子尤其是低级的国内犯罪分子而言，没有其他选择，只有在他们生活或活动的地方清洗犯罪收益。至于恐怖融资活动，资金需要转移到恐怖分子或恐怖组织能够使用或者恐怖活动发生的特定地点。

① 2009 年金融行动特别工作组的战略监管调查中证实的。

6.2　犯罪收益的主要根源

258. 考虑到该方式特征范围广泛的性质，环境或国家（地区）因素在所有的洗钱及恐怖融资活动中占有这样或那样的主要位置。2009 年 FATF 的战略监测调查报告显示，最普遍的风险因素——地理位置，能够反映出客户自身的许多识别特征。很多被调查者认为，某交易涉及恐怖活动的任何地区对他们来说都是危险警示。通过识别参与恐怖活动、暴力犯罪活动、毒品走私和制造的犯罪组织行为，可以认定边境地区或可卡因产地是恐怖融资和贩毒的高风险地区。

6.3　现行措施概况

259. 全面执行 FATF 措施能够减少对环境或国家（地区）方面的负面影响。因为某一国家不执行 FATF 的部分或全部建议，不仅会削弱该国反洗钱和反恐怖融资体系，还会普遍影响全球反洗钱和反恐怖融资的效果。因此，所有的措施可分为两类。

第一类是国家自身采取的打击洗钱及恐怖融资活动的措施，其中包含执行 FATF 建议和其他指引的主要内容。

第二类是国际社会针对反洗钱和反恐怖融资制度存在不足的国家采取的措施。这主要涉及 FATF 建议 21 及其成员国执行情况，该建议要求金融机构对未能充分执行 FATF 标准的国家给予特别关注，并允许各国采取相应的防范措施。①

260. 另外，国际社会可以通过援助这些薄弱国家来解决问题，如进行技术支持或能力培养。

---

① 可能采取的应对措施有：

（1）在与来自这些国家个人或公司客户建立业务关系前，要求金融机构严格执行客户识别要求，加强识别实际受益人的建议和咨询（包括特定国家或地区的金融咨询）；

（2）加强相关交易报告机制，或者对涉及这些国家的可疑金融交易进行系统化报告；

（3）在来自反洗钱和反恐怖融资体系不完善国家的金融机构申请建立分支机构或代表处的时候，考虑采取适当应对措施；

（4）提示非金融机构，在与这类国家的自然人或法人进行交易时注意洗钱风险；

（5）限制与特定国家或该国的个人建立业务关系或进行交易。

6.4　具体特征

261. 本章节主要说明滥用环境和国家层面下列具体特征的危害。从标准与控制措施的差异，大型金融中心、避税天堂和离岸金融中心，高风险和冲突地区（例如恐怖活动或犯罪集中的区域），以及高度腐败国家等方面进行介绍。

262. 说明这些具体方式特征所产生的特定危害、犯罪分子和恐怖分子的动机，以及犯罪分子和恐怖分子得以利用的可乘之机。提出应对措施，使各国关注产生原因和可乘之机，以降低危害。希望政府能考虑这些或者选择其他方法来设计其反洗钱和反恐怖融资战略。

6.4.1　标准与控制措施的差异

263. 洗钱和恐怖融资是全球性问题，需要国际社会联合起来共同打击。国际反洗钱和反恐怖融资措施的强度由最薄弱环节决定。某些国家的标准或控制措施存在差异，导致缺乏完善的控制体系，这成为全球洗钱和恐怖融资斗争的薄弱环节。

264. 国际社会期望所有司法辖区有全面的法律、监管和操作制度，以减低洗钱和恐怖融资风险的严重性。那些没有相关制度的国家或地区会暴露在风险中。鉴于此，FATF 成员一致同意，当某个国家不采取有效方式打击洗钱和恐怖融资活动时，FATF 将采取严厉措施。① 2009 年 FATF 的战略监测调查报告指出，某些缺乏完备反洗钱与反恐怖融资体系的司法辖区存在巨大风险。

危害

265. 标准和控制措施的差异在某个国家或地区引起的具体危害，会削弱其他国家或地区反洗钱和反恐怖融资措施的效果，降低该国在区域和国际反洗钱和反恐怖融资事务中的合作能力。

266. 这些控制薄弱国家很可能会遭受犯罪行为影响与危害。继而国际社会的负面反应如双边或多边的经济或其他制裁措施会导致该国经济困

① 2009 年 9 月 23 日，金融行动特别工作组主席 Paul Vlaanderen 在欧盟反洗钱组织的演讲中确认此观点。

难。这些措施同样会阻碍该国家或地区参与国际金融或国际商业活动。另外，国际社会采取的任何制裁措施会导致对其政府援助和外国直接投资减少。

267. 缺乏给反洗钱和反恐怖融资机构授权以及实施相应法律的政治意愿，会促使罪犯与政客相勾结。另外，一国达到公认的洗钱天堂的程度，可能会吸引更多的犯罪活动。

动机

268. 犯罪分子和恐怖分子利用某个国家或地区标准与控制措施的差异是想逃避侦查。侦查活动在各个国家或地区往往有着严格控制。

诱因

269. 利用标准与控制措施的差异的诱因很多，主要由于标准及控制措施存在漏洞或不当。包括以下方面。

（1）政治支持、资源投入、部门合作和效率水平低。

（2）缺乏全面完善的法律体系，导致不良社会风气，促使犯罪分子肆意滥用该体系。这会削弱监管和执行机构，使这些机构的工作人员受到日益猖獗的腐败威胁。

（3）低能力国家（LCCS）：除了国家的政治愿望及法律健全有效程度因素，有些国家全面执行反洗钱和反恐怖融资措施的能力较低。

（4）外部因素如金融危机可能成为进一步的诱因，会进一步影响对反洗钱和反恐怖融资工作的政治支持及资源投入。对低能力国家而言，反洗钱和反恐怖融资能力可能更加受限制，因为政府支出会直接投向其认为更重要的地方；而其他国家的政府也会存在压力，避免给那些有益于反洗钱与反恐怖融资工作的行业施加更多的负担。

应对措施

270. 如上所述，FATF 所有的措施都适合于存在标准与控制措施差异的司法辖区。每个措施的重要性要视情况而定。建议 21 提到的对策由互评估程序支持，该程序可以识别出优势和不足，并就如何弥补不足提出实践建议。其他国家可以通过技术及金融援助、能力培养等方式，帮助落后国家重点消除薄弱环节。例如，在一些低能力国家，现金交易是整体经济活动的重要组成部分，加强这些国家的金融服务覆盖面对降低现金风险至关重要。

271. 另外，拒绝给无完善反洗钱和反恐怖融资系统的外国银行颁发牌照，以及拒绝有犯罪经历的人进入金融机构，被许多国家实践证明是有效措施。

环境和国家（地区）因素与全球金融经济危机

全球金融经济危机对世界上许多国家造成影响，破坏金融体系的稳定性，对社会和全球经济产生直接后果。危机凸显了全球化及国际市场互联的重要性。这表明全球金融系统的稳定性和健全性取决于单个国家的金融系统是否完善。

FATF 意识到，对稳定的需求更加强调反洗钱和反恐怖融资工作的重要性。因此，需要采取如下措施：

- 识别高风险或不合作国家（地区）并采取措施；
- 促使 FATF 的标准在全球得到广泛遵守；
- 创建高透明度的国家金融体系。

6.4.2　现金密集型行业

272. 在现金密集型经济中，非法资金能够很容易地融入国家经济体系中。在这样的经济环境下，大额现金交易非常普遍，因为个人更愿意进行现金交易并携带大额现金。在有些国家，出现这种现象主要是受种族、文化和历史等多种因素的影响，这些因素早在20世纪西方银行体系的传播前就发挥作用。

273. 这种环境使得防范和发现现金洗钱和恐怖融资活动非常困难。但是，既然不是所有的上游犯罪都会产生现金收益，现金密集型经济对洗钱及恐怖分子的有用性和吸引力也会受到限制。

危害

274. 犯罪分子及恐怖分子利用现金密集型经济，导致流动资金从犯罪发生国的正规金融机构流走。本应留在特定国家的资金却转移到现金密集型经济的国家并进行投资，例如房地产。这可以看做是非市场因素对资金流及投资的扭曲。

动机

275. 犯罪分子及恐怖分子利用现金密集型经济的主要动机是希望获得、持有和转移现金时不会引起注意，避免被发现，并且拉开犯罪分子与犯罪活动的距离，因为现金在现金密集型经济中无处不在。现金能被普遍接受且能交换大部分商品和服务。现金可用来进行价值转移，从而进一步拉大犯罪分子与犯罪活动的距离。最后，犯罪分子及恐怖分子希望能够在不被发现的情况下资助其他犯罪活动。

诱因

276. 犯罪分子及恐怖分子利用现金密集型经济，诱因是现金交易没有监管，用现金购买商品和服务没有金额限制或限制没有得到遵守执行。这样的国家或地区也为非法资金与合法资金相混合提供了机会。

277. 现金密集型经济允许现金进入，允许现金在全球金融系统内流动，允许现金转化为其他形式的资产（愿意提供协助的特定人士使这类交易更加便利，详见本报告第五章）。

278. 这类国家或地区往往在货币兑换上较为自由，并可以通过多种货币购买商品或服务。

应对措施

279. 现金密集型经济的国家报告，政府采取步骤向缺少银行的领域提供便宜可行银行服务的措施可行而有效。对现金存取采取客户身份识别要求，能够在现金与非现金经济的交叉点设置控制措施。这执行起来富有挑战性，但长远来看非常有益。

280. 第二章提到的措施同样能应对现金密集型经济产生的危害。现金密集型经济面临的特别挑战是，如何根据反洗钱和反恐怖融资的要求，对大额现金交易和跨境现金流动设定合理的限额。对后者而言，基本原则是实施这样的措施不会影响合法活动。另外，鼓励扩大金融服务覆盖面，特别是在现金密集型经济中，因为不断扩大金融服务覆盖面有助于降低现金风险。

6.4.3　大型金融中心、避税天堂和离岸金融中心

281. 大型金融中心已经成为吸引清洗各类非法资金的“磁石”。在这些国家或地区，大量的金融机构频繁从事涉及巨额资金的国际交易，难以甄别和发现异常或可疑操作。在某些情况下，大型金融中心就是拥有一些大型金融机构但面积很小的国家或地区。尽管这些国家或地区内犯罪活动水平可能受到限制，但这些金融中心会吸引犯罪分子处置、隐匿和掩饰从其他国家获得的犯罪收益。

282. 避税天堂和离岸银行中心是特殊的金融中心。这些国家或地区主要特征是非居民金融活动的数量和规模与其真实经济情况极不相称。2009年FATF的战略监测调查报告显示，离岸国家或地区（特别是那些税收制度优惠的国家或地区）是一个重要的风险因素。其中某些国家或地区还实行过度的银行保密法，这意味着其他政府的金融信息查询要求将会被拒绝。

全球金融危机和透明度

金融危机的发生不断促使某些国家或地区提高透明度。在某些国家，交易模式已经发生转变。例如，由于关心银行的安全性以及国际合作不断加强，许多资金已经被取出并转回母国。

危害

283. 犯罪分子和恐怖分子利用大型金融中心、避税天堂或离岸金融中心洗钱，这会损害国家或地区名誉。还会促使资金流走，导致资金流动和投资不以合法市场的供需所决定。

284. 这会导致犯罪活动融入、接受或影响国家或地区。如滥用其他环境或国家（地区）因素一样，它会降低其他反洗钱和反恐怖融资措施的效果以及国家或地区透明度。犯罪资金流向避税天堂，使其更难以被发现，并减少相关国家或地区的税收。

动机

285. 犯罪分子和恐怖分子利用大型金融中心、避税天堂和离岸金融中心，是希望能够在一个安全、规范的环境持有资金。他们需要将资金

放在一个能够自由存储和处置资金的地方。这些国家或地区与其他国家或地区极易联系，同时能提供广泛的金融产品与服务，从而提供更多利润。

286. 犯罪分子和恐怖分子也希望进入规范的市场来体现合法性。至于避税天堂，犯罪分子也希望通过避税来避免清洗犯罪收益的损失。

诱因

287. 犯罪分子和恐怖分子利用大型金融中心、避税天堂和离岸金融中心，是因为这些地方会发生大量合法交易，使得追查不法资金来源非常困难。

288. 缺乏透明度或者过度的保密法，如在受益所有人方面，限制了国际合作。

289. 建立法人机构比较容易，意味着洗钱时间短、难度低。同时，这些地区还能比较容易找到其他中介机构，愿意代理犯罪分子或恐怖分子在这些中心从事交易。

应对措施

290. 针对大型金融中心，FATF 的所有建议都适用。因为金融机构在这些国家或地区中发挥核心作用，所有直接适用于这些金融机构的建议都可以考虑。如上所述，根据建议 4，国家应该确保金融保密法不会影响 FATF 标准的执行。根据建议 28 要求，执法及监管部门在调查洗钱、恐怖融资及上游犯罪时，应当能够获得资料及信息，包括金融机构的交易记录。根据建议 29 要求，金融监管部门在进行检查时同样可以要求金融机构提供信息。

291. 针对避税天堂和离岸金融中心，建议 18 关于禁止与空壳银行或类似机构建立业务关系的规定非常重要。要求银行在其审批和监管的国家或地区保留实际场所，包括银行的管理层，也会有所帮助。

292. 除了进一步采取措施提高产品或服务的透明度，例如废除不允许主管部门调查受益所有人的过度保密条款外，建议 5 中关于受益所有人的识别要求也很重要。

293. 国际合作也很重要，包括建议 36 至建议 40 中要求的刑事事务及司法互助。特别是国家不能以金融机构保密法为由拒绝提供合作。

6.4.4　高风险和冲突地区（恐怖或犯罪集中发生的区域）

294. 发生重大政治、社会或经济危机的国家也遭受犯罪及恐怖主义的困扰，包括洗钱和恐怖融资带来的影响。这些犯罪和恐怖活动可能是危机的结果，也可能是造成危机的因素。这类国家往往受到制裁、禁运或类似措施的影响；其反洗钱和反恐怖融资法律和规定方面存在不足；腐败蔓延或存在犯罪和恐怖活动。

295. 在2009年FATF战略监测调查报告显示，对很多国家而言，特定区域发生重大犯罪和恐怖活动成为洗钱和恐怖融资的一个指标。

危害

296. 洗钱分子和恐怖分子利用高风险和冲突区域，可能导致这个国家或地区发生伤亡，因为其行为可以助长犯罪分子和恐怖分子更多的暴力或其他危险活动。

297. 这些地区的犯罪活动还会损伤国家声誉、引起国际制裁，给政府和社会机构造成危害。洗钱或恐怖融资活动的存在还会妨碍该地区合法的人道主义援助或慈善活动。

动机

298. 犯罪分子和恐怖分子利用高风险或冲突地区放置或转移资金是为了满足资助恐怖或犯罪活动的资金需求。这些国家或地区对犯罪分子而言是安全的环境，由于暴力冲突和其他问题横行，犯罪活动不会被政府部门发觉或查处。事实上，犯罪活动甚至会成为引发或维持冲突的一种方式。

诱因

299. 犯罪及恐怖活动能够成功利用高风险和冲突地区是由许多因素促成的。在这些区域的政治及社会危机使得交易及犯罪活动得以隐藏。这些条件也会促使其他形式的资助共同进入相同的区域。

300. 国际社会可能也不会关注政治或经济意义不大国家或地区。在这种冲突环境下，腐败可能更加盛行，使得犯罪活动始终未得到遏制。

应对措施

301. 由于很多高风险和冲突地区往往依赖汇款和替代性汇款服务，因此按照特别建议6监管和规范汇款业务和替代性汇款服务在此至关重要。另外，现金运输及非营利组织往往作为补充的金融渠道，因此执行特别建议9和特别建议8显得尤为重要（详见本报告第二章、第三章）。就非营利组织而言，各国应该采取措施降低风险，包括向慈善机构及捐赠团体等发布风险因素提示、风险控制措施和政府职能的指引。

6.4.5 高度腐败国家

302. 腐败与洗钱往往相伴而生，相辅相成。因此腐败促进了洗钱，而洗钱反过来也促进了腐败。腐败分子需要通过洗钱来实现腐败收益的合法化。

303. 另外，如果官员与犯罪分子勾结，那么洗钱活动被发现的风险会大大降低。因此，贿赂政治公众人物成为非法活动的关键部分。政治公众人物在一个国家或地区出现意味着该国（地区）存在洗钱风险。[①]

危害

304. 洗钱活动可使腐败分子将腐败和挪用的收益转移并合法化。这种洗钱活动助长了公共采购中的贿赂，这削弱公众对政府及金融机构的信任。其后果是被清洗的资金使部分公共支出未能发挥效果，可能导致税负加重，或公共服务减少。

305. 另外，政府管理和腐败之间有很强的相关性。一个国家或地区的腐败程度越高，则其管理水平越低。

动机

306. 犯罪分子和恐怖分子利用高度腐败国家的主要动机，是需要从这些国家榨取和转出资金。动机也可能是通过腐败官员来帮助其清洗来自其他国家或地区的犯罪收益。

诱因

307. 有效和充分独立的政府监管、执法及司法机构的缺位，促使犯罪分子和恐怖分子通过腐败分子帮助他们的犯罪活动。

308. 腐败分子控制或掌管国内金融机构、公司和政府机构，给其犯罪

① 根据本报告第五章描述，政治公众人物同样可以视为特定人士。

活动提供了滋生的土壤。这包括渗透到调查或司法部门，或者确保豁免起诉或引渡。

309. 高度腐败与贿赂文化或社会容忍相结合并长期存在，会使得洗钱活动被发现的风险很低。薄弱的标准和控制措施，包括公共采购中的无效规定，加之公共部门工作人员收入低、待遇差，使得这些领域特别容易被腐败侵蚀。

应对措施

310. 针对政治公众人物作为特定人士时所列的应对措施在这里同样适用，这些措施详见本报告第五章。

311. 另外，正如 FATF 2004 年发布的评估方法介绍中所述，各个国家或地区应该遵守透明和有效管理的原则，参与地区或国际反腐败行动，确保执行如《联合国反腐败公约》等国际法律制度。

312. FATF 计划深入开展反腐败工作，关注的焦点包括建议 6（政治公众人物）和建议 26（金融情报机构）。FATF 将在已经开始的操作问题（建议 27、建议 28）修订工作的基础上，开展建议 26 的修订工作。

第七章　结　论

313. 本报告首先描述了全球洗钱和恐怖融资威胁评估报告产生的过程，概述了其中发现的主要系统性威胁，并建议 FATF 及司法辖区运用全球洗钱和恐怖融资威胁评估、国家洗钱和恐怖融资威胁评估的方法去制定与执行相关措施，以应对识别出的威胁。然后建议采取后续步骤，包括更加努力地开展国家洗钱和恐怖融资威胁评估。

314. 打击洗钱和恐怖融资需要对犯罪分子用于清洗非法资金和恐怖分子用于资助恐怖活动的方法进行持续跟踪。这些方法范围广泛，从多年形成且广为人知的传统操作，到利用全球支付网络革新和技术不断进步而形成的现代手法。

315. 全球洗钱和恐怖融资威胁评估通过对类型研究、互评估报告及FATF的战略监测调查报告的分析，识别出系统性的洗钱和恐怖融资威胁。这些威胁包括使用现金、网络系统及新型支付方式、复杂的商业结构和信托、电汇和基于贸易的交易，往往涉及使用虚假或盗用的身份证件。这一领域的威胁本质上仍然具有全球性，往往要涉及两个以上的国家或地区。他们会利用正式及非正规的系统，以及多个部门和多种方法予以实现。但是，由于真实、可靠、可量化数据的限制，这难以具体描述。

316. 本报告通过对犯罪和恐怖活动威胁的表现和原因的新的思考，为我们提供了一个研究金融领域系统性威胁的全球视角。报告识别犯罪分子或恐怖分子实施的洗钱和恐怖融资活动的主要方式特征，并且首次阐述了这些活动带来的各种危害，以及为什么各国政府或国际组织应予关注。报告还分析了犯罪分子和恐怖分子滥用特定机构、产品、方法及机制的原因，并指出了漏洞。另外，针对已经识别出的风险，全球洗钱和恐怖融资威胁评估报告还提出了可以降低洗钱和恐怖融资活动严重性的可行措施。

317. 这些观念的适用情况因国家而异。有些危害会在全球蔓延，而有些仅在个别国家出现，而且有些危害在评估中未能发现。各国应该意识到与其相关的危害，并应当关注产生这些危害的洗钱和恐怖融资活动。

318. 可以用来应对洗钱和恐怖融资危害的措施同样会因国家而异，而且这里的措施并非面面俱到。在一定程度上，他们给希望解决特定洗钱和恐怖融资问题的国家提供了指引和参考。另外，各国还可拥有适合各自国情的独有措施，这些措施也应当针对其面临的问题不断发展和实施。

319. 所有国家都面临着如何将稀缺资源分配到反洗钱或反恐怖融资体系、公共政策及安全工作中。在预算编制过程中，确认最紧迫的问题并优先关注至关重要。这个过程要求了解洗钱和恐怖融资威及国家经济和金融机构中的相关漏洞。希望本报告能够提供一种工具，帮助各国就如何向监管机构及司法体系充分配置资源、优先解决问题制定决策。

下阶段工作

320. 目前，仅有少数国家开展了国家洗钱和恐怖融资风险、威胁及薄弱环节的评估。FATF 正在研究国际最佳实践，以帮助各国开展国家层面的评估。因此，FATF 鼓励所有的司法辖区开展自己的国家洗钱和恐怖融资风险评估。国家洗钱/恐怖融资风险评估能够帮助国家在基于风险的基础上执行 FATF 的标准，也会有助于 FATF 未来在全球范围开展类似的评估。鼓励所有国家在开展本国的国家评估时采用全球洗钱和恐怖融资威胁评估的框架（详见附件 C）作为工具。FATF 可以考虑提出详尽的国家评估要求，以便帮助各国政府有效贯彻反洗钱和反恐怖融资体系，并相应地分配资源。

321. 另外，鼓励各国使用全球洗钱和恐怖融资威胁评估和本国的国家评估作为政府部门和私人部门对话的基础。

322. FATF 负有对出现的威胁及时采取应对措施的职责。经验表明，针对目前的洗钱和恐怖融资威胁收集和评估可靠、可量化的数据，并作出决策非常困难。提高数据的数量与质量的工作是可喜的进步，这样能够更好地了解威胁。FATF 可以考虑对各个司法辖区应当收集、整理和公布的关于犯罪、犯罪收益、洗钱和恐怖融资等方面的数据提出更为严格的要求。

323. 如本报告第二章至第六章及上述结论提到的，通过使用虚假或盗用的身份证件，助长了很多其他因素的滥用。使用虚假或盗用的身份证件，可能破坏 FATF 建议中的所有预防性措施，因为这些建议在逻辑上都要依靠金融机构客户出示真实身份证件。FATF 中没有针对金融体系中如何应对虚假和盗用身份证件的专门措施。FATF 可以考虑在发现潜在措施和分享最佳实践方面做更多的工作。

324. FATF 将继续研究和公布类型研究报告，提供洗钱和恐怖融资方法、趋势及技巧方面的详细信息。伴随越来越多的国家开展评估，FATF 识别全球主要系统性威胁也应当更加容易和准确。

325. 在决定哪些洗钱和恐怖融资威胁以及相关的薄弱环节需要优先研究、关注和更好地理解时，鼓励 FATF 在政策制定过程中使用全球洗钱和恐怖融资威胁评估的框架。同时也鼓励 FATF 采取附件 D 表格中所列的措施。

附件 A　全球洗钱和恐怖融资威胁评估框架

全球洗钱和恐怖融资威胁评估使用的特有框架如下。

（1）洗钱分子或恐怖分子利用的方式特征。

为帮助理解各种洗钱和恐怖融资活动的具体危害，我们把这些活动分解成一系列关键的要素。这些方式特征是洗钱和恐怖融资活动的构成要件，因为几乎所有的洗钱和恐怖融资必须会利用其中一个或多个方式特征。

全球洗钱和恐怖融资威胁评估中的方式特征清单并非试图列举所有的洗钱和恐怖融资方法，而是帮助识别洗钱和恐怖融资过程中的重要方式特征。这些方式特征本身或许不会造成洗钱或恐怖融资威胁。但当相应的防范措施缺失，或者因此被洗钱或恐怖融资分子利用，威胁就会产生。

（2）利用这些方式特征引起的主要危害。

全球洗钱和恐怖融资威胁评估关注洗钱和恐怖融资分子利用这些方式特征实施洗钱和恐怖融资活动所产生的影响。洗钱和恐怖融资活动的危害巨大——它对个人、公众、社会及经济体制都有负面影响；其危害类型各异——包括物质的、社会的、环境的、经济的及结构性的危害。如果对威胁不予以遏制，其潜在后果就是危害。正因为有这些危害的存在，政府才需要遏制洗钱和恐怖融资活动。

（3）吸引犯罪分子或恐怖分子利用这些方式特征以及允许他们利用这

些方式特征的原因。

洗钱分子和恐怖融资分子利用这些方式特征主要原因可分为两类：

——动机是指犯罪分子或恐怖分子试图达到的目标（主观）。

——诱因是指该方式特征中允许犯罪分子和恐怖分子用于达到其目标的方面（客观条件）。

（4）如何通过运用各种措施降低或减少危害。

可以在地方、国家、地区或全球层面采取措施，使得洗钱和恐怖融资分子难以利用这些方式特征实施犯罪活动。最终，这些行动将降低洗钱和恐怖融资对个人、公众、社会及经济的危害。

在国家层面，这些措施包括法律和监管制度（包括刑事司法及执法体系），以及金融机构和其他特定非金融行业和职业应当运用的预防性措施。这些措施还包括 FATF 的建议，旨在帮助司法辖区建立和完善司法、监管或制度体系中的反洗钱和反恐怖融资规定，并履行这些规定。

随着各国或国际标准制定者（如 FATF）措施的不断更新，洗钱和恐怖融资方法和技巧也会不断变化。

附件 B　全球洗钱和恐怖融资威胁评估及其框架的实践应用

使用者可以利用全球洗钱和恐怖融资威胁评估的内容，同时也可根据其特定要求形成他们自己的评估报告。例如，全球洗钱和恐怖融资威胁评估可能准确地反映了很多司法辖区中洗钱和恐怖融资的性质，但每个国家或地区都可以根据本国（地区）发现的次级方式特征、犯罪动机、诱因和危害结果调整评估内容，从而形成对该国（地区）最合适的措施。最终调整后的评估细节因国家而异。

下面是全球洗钱和恐怖融资威胁评估及其框架实际应用的案例。

一、主管部门实施地区评估

国家层面：通过全球风险评估框架进行国家风险评估，全球洗钱和恐怖融资威胁评估报告中多次提及。FATF 的其他文件也建议使用这种方法（例如，FATF 关于国家威胁评估的成果文件）。

区域性层面：同样的方法可以运用在区域性评估中。例如，多个国家可能因地理、金融、贸易途径或者犯罪集团等因素相互联系。因此，区域性层面的评估可以更加关注与特定区域相关的特定方式特征或次级特征（例如，现金流动和走私）。

本地层面：在本地层面上利用全球洗钱和恐怖融资威胁评估模式去了解洗钱风险、制定反洗钱和反恐怖融资规划。下面方框中的例子说明，某个 FATF 成员国如何成功运用全球洗钱和恐怖融资威胁评估的方法，发现了某城市小型城区中若干个人和公司进行的涉及全国的重大洗钱活动。

> 一些执法部门与金融监管机构、被监管机构、行业协会和社会领袖合作，以识别方式特征和具体方式特征（在本案例中是现金放置、价值流转和特定专业人士）。
>
> 然后，识别出洗钱活动得以成功的动机及诱因（本案例中后者包括社会及种族关系因素）。
>
> 还识别出危害，这在赢得社会支持方面非常有效，他们能够向社会公众清楚地表达政府部门采取行动是为了有效减少洗钱活动蔓延带来的社会和经济危害。这里，全球洗钱和恐怖融资威胁评估在通过公共媒体提高公众意识、获得反洗钱和反恐怖融资的社会支持方面发挥重要作用。
>
> 最终，各方就一系列的措施（或行动[①]）达成一致，包括司法部门负责的调查和起诉，监管当局加强监管，社会领袖加强交流。

① 可以看出，这里使用“措施”一词并不必然要求根据国际标准调整立法，但包括能够遏制或发现洗钱活动的任何可能行动。

二、执法部门打击有组织犯罪的行动

全球洗钱和恐怖融资威胁评估在制定降低有组织犯罪影响的策略方面也是有效工具，它能够逐渐削弱有组织犯罪的融资及保持收益的能力。与上面的例子相类似，这些策略着重关注有组织犯罪集团可能利用的特定方式特征或次级方式特征。这些策略旨在利用现有的执法部门和职能达到最优的结果和最大的效用。

执法专家习惯于分析犯罪动机：因为了解了罪犯动机就了解了其弱点，从而能找出有效的措施。

例如，A 罪犯的动机可能是公开享受财富，而 B 罪犯寻找长期隐蔽的资金安全，此外 C 罪犯想要财富带来的权力和影响。因此，削弱 A、B、C 三人动机的措施将各不相同。

同理，使有组织犯罪集团得以成功洗钱的诱因也各不相同，因此需要相应的措施预防或发现这种洗钱行为。

某个特定有组织犯罪集团的危害可能众所周知。但是在这种情况下，应用全球洗钱和恐怖融资威胁评估框架的附加价值就在于，当需要应对很多有组织犯罪集团时，如何确定重点并优先分配资源（相关的危害程度、成功运用措施的可能性等）。

三、金融机构

全球洗钱和恐怖融资威胁评估可以作为政府部门和私营部门联合对话的基础。

私营部门的代表可以就特定方式特征或次级方式特征提供信息，并与监管机构、执法部门及政策制定者共同努力，以便加深对这些方式特征、被犯罪分子利用的原因（动机和诱因）、引起的危害及可能的措施的相互理解。

这就要求加强信息交流，强化知识共享以及对洗钱和恐怖融资威胁的相应反应。这种对话也可以用做政府部门和私营部门之间的信息反馈机制。

四、政策制定者

政策制定者可以利用上述全球洗钱和恐怖融资威胁评估的应用结果，评估其本国的国家反洗钱和反恐怖融资体系有效性。例如，全球洗钱和恐怖融资威胁评估可确定是否在某个薄弱领域有着充足的资源和措施，而其他领域太少或没有。这能够帮助政策制定过程与法律和规章是否在必须领域得到恰当应用、哪项措施合理有效等这些问题相联系。

全球洗钱和恐怖融资威胁评估也是政策制定者对实权部门（如政治家、执行部门、监管部门）及利益相关方（如媒体、公众）施加影响的有效载体，使他们认识到洗钱和恐怖融资活动的间接危害，值得持续关注。在获得加强反洗钱和反恐怖融资法律及监管体系所必需的政治承诺方面，全球洗钱和恐怖融资威胁评估特别有用。使用全球洗钱和恐怖融资威胁评估，还可以简要地向立法者阐明加强和完善法律以应对洗钱威胁的必要性。

五、FATF 类型研究工作组

对上面几种全球洗钱和恐怖融资威胁评估应用成果的分享，可以促使 FATF 加深对洗钱和恐怖融资系统性威胁和漏洞的理解，要求类型研究工作组（WGTYP）进一步深入研究，从而促进全球洗钱和恐怖融资威胁评估体系不断进步。

未来的 FATF 类型研究可以使用全球洗钱和恐怖融资威胁评估框架来实施：

（1）类型或方式特征的描述（在现实世界里是如何发生的）；

（2）什么动机促使犯罪分子利用这些方式特征(犯罪分子将得到什么好处)；

（3）什么诱使犯罪分子获取非法利益（例如方式特征的强度以及薄弱环节），例如，一个受到严格监管的安全、灵活、高效的服务对守法公民和罪犯同样具有吸引力；

（4）类型研究还可以分析危害的产生。

然后，类型研究工作组进一步判断，在某一方式特征中得逞的洗钱和恐怖融资活动，其危害是否小于在其他方式特征。

全球洗钱和恐怖融资威胁评估还可以作为类型研究工作组确定今后类型研究项目和研讨会主题的决定性因素。类型研究工作组研究的项目越来越少，但这些项目对全球关注及行动有着更大的影响力。类型研究工作组将致力于识别那些危害最大的威胁。

未来 FATF 战略监测调查报告将以不同方式提出问题，以便收集关于方式特征、动机/诱因、危害及应对措施方面的信息。司法辖区可能会通过调整内部收集程序来获取信息，比如通过案例分析来研究方式特征或次级方式特征，被滥用的原因、危害结果及成功的应对措施。类型研究工作组必须考虑当前监测机制如何用做收集数据的工具，以便持续分析洗钱和恐怖融资威胁。

附件 C　犯罪及恐怖主义：危害框架

犯罪及恐怖主义的危害触目惊心，可以从三个层面分析：个体和当地、公众和区域、国家和国际。

在个体和当地层面：使用犯罪分子控制的商品或服务会对个体健康、财产及生活质量产生负面影响。对个体的伤害还包含这些不良行为对他人的影响，例如年轻人因为赚钱容易、势力感而卷入犯罪。此外，对享受犯罪生活方式的人还会产生直接的负面影响，因为他们要面临更高的人身暴力威胁。恐怖主义也已经发展到严重威胁个体安全的程度。在最近几十年，犯罪分子和恐怖分子为达到政治或军事目的，已经实施或资助绑架、使用暴力和恐吓手段胁迫无辜人员帮助犯罪。

在公众和区域层面：非法活动盛行会损害该区域声誉，同时合法企业因犯罪及恐怖主义而遭受财产损失。另外，如果某地区成为恐怖袭击的目标，则难逃被摧毁的厄运。长期受非法活动影响，会逐渐削弱社会公众对执法部门及广大刑事司法系统的信心。

在国家及国际层面：蔓延全球的有组织犯罪及恐怖主义已经削弱经济,[①] 腐蚀政府，引起或加剧国家政权的颠覆。遭受有组织犯罪和恐怖主义损害的国家或地区，其金融机构及经济活动也往往会遭受声誉或资金影响。极端观点盛行并与恐怖主义相交织，还会毁坏社会结构。

下表列出犯罪及恐怖主义对应的三个层次的危害，并把它们与危害的种类进行交叉对照。

这些危害主要是与上游犯罪活动或恐怖主义相联系，而非随后的洗钱或恐怖融资活动。但是，由于洗钱或恐怖融资往往是这类非法行为的一种辅助因素，在许多案例中，很难将它与危害完全分离出来。

表　　　　犯罪及恐怖主义对应的三个层次的危害

危害	个体/当地	公众/区域	国家/国际
身体危害	个体死亡、受伤或疾病： • 通过使用被有组织犯罪控制的商品与服务（如通过吸食毒品、偷渡）。 • 通过成为恐怖主义活动受害者（恐怖袭击或绑架）。 • 个人卷入有组织犯罪活动（如帮派内讧冲突的受害者）或成为恐怖分子（自杀式炸弹袭击）的后果。	特定社区或地理区域发生死亡、伤害或疾病事件： • 通过使用被有组织犯罪控制商品或服务（如集中出现涉毒死亡、对人口贩卖受害者性剥削）。 • 直接卷入有组织犯罪活动的后果（如毒品债务、恐怖绑架活动、有组织犯罪或恐怖主义相关的暴力活动）。	某国家发生死亡、受伤或疾病水平和模式： • 通过使用被有组织犯罪控制商品与服务（如每年涉毒致死总数）。 • 直接卷入有组织犯罪的后果（如毒品债务、恐怖绑架活动、有组织犯罪泛滥或恐怖主义相关的暴力活动）。

① 例如，恐怖袭击给某些国家的旅游业造成了巨大影响。

续表

危害	个体/当地	公众/区域	国家/国际
社会危害	通过犯罪和其他不良行为对个体造成的损害以及对他人的影响： • 有组织犯罪分子的行为或使用被有组织犯罪控制的商品与服务（如暴力倾向，毒品引发的大量犯罪，日益严重的犯罪行为）。 • 对他人的负面影响(如年轻人因为容易赚钱、权势或帮会感而参加犯罪或恐怖活动)。 • 有组织犯罪或恐怖主义受害者受到的影响（如对恐怖主义或身份欺诈受害者造成的抑郁或不便）。	对特定区域、种族或其他社会群体内部或之间的幸福感造成伤害： • 有组织犯罪及恐怖主义活动的后果（如公众对当地执法和广大司法系统的信心降低）。 • 获得他们商品或服务的后果（如毒品黑市附近的高犯罪率，增加了公众对犯罪的恐惧和紧张情绪）。 • 极端主义观点盛行的后果。	危害社会、削弱社会责任、对他人权利的信仰及对法律的尊重： • 严重有组织犯罪或恐怖主义活动或使用其商品或服务的后果（如“低水平”罪犯/不良行为，如“娱乐性”毒品、个人逃税；不愿支持司法体系，如出庭作证或履行陪审团服务）。 • 极端主义观点盛行的后果。
环境危害	居住环境恶化（包括个体财产）： • 有组织犯罪的结果（如对那些被用于制造或贩卖毒品、涉及人口贩卖的卖淫活动的住宅或其他场所的损坏）。 • 成为恐怖袭击目标地点的后果。 • 使用其商品或服务的后果（如丢弃吸毒用品）。	地区损害（包括房产、邻里、城镇）： • 作为有组织犯罪或恐怖活动的结果，包含任何隐性健康及安全危害（如不当处理毒品生产过程中产生的化学废品，或出现易爆物品）。 • 成为恐怖袭击目标的后果。 • 使用被有组织犯罪控制商品与服务的后果（如因集中吸毒者及非法入境人员而形成贫困区或抛弃区，导致区域环境进一步恶化）。	对国家整体或更大区域或其他国家的损害： • 作为有组织犯罪活动的结果，或使用被有组织犯罪控制商品与服务的后果（如某些国家对A级毒品的需求导致南美砍伐森林种植毒品）。 • 大范围的恐怖袭击的结果。
经济危害	对个人及家庭的经济成本/影响： • 使用被有组织犯罪控制的商品或服务（如因吸食毒品而失去现有工作和长期就业能力）。 • 受害者及广大公众的成本（如盗窃、安全成本、高额保费和其他消费成本）。	有组织犯罪和恐怖活动对特定乡村、城市及地区的经济成本/影响： • 合法商业活动受有组织犯罪影响（如欺诈或掠夺损失、贸易损失、非法活动导致经营失败）。 • 合法经营受恐怖主义影响（如由于场地受损或客户受阻而不能交易的损失、重建受损财产的成本）。 • 对当地公众及社会服务的影响（如犯罪和恐怖活动的罪犯或受害者的医疗成本、受损财产及基础设施的修复成本）。 • 对当地社会的影响（如贸易下降，或者失去内部投资机会）。	有组织犯罪及恐怖主义对国家经济的成本/影响： • 直接影响（如非法用工影响失业率和国家竞争力，走私与欺诈造成的直接或间接的税收损失）。 • 间接影响（如通过执法机关和规范控制措施应对有组织犯罪及恐怖主义的公共开支、修复受损财产或基础设施的成本）。

续表

危害	个体/当地	公众/区域	国家/国际
组织机构危害	损害个人对公共、私营机构和体系完善性的认识： • 有组织犯罪活动的后果（如由于意识到网上欺诈的风险而惧怕使用新技术）。 • 恐怖活动的后果（如因发生过恐怖袭击或存在恐怖袭击风险而害怕或厌恶去特定地方）。 • 使用被有组织犯罪集团控制的商品或服务的后果（如个人对保护自己生命或财产避免犯罪包括有组织犯罪侵犯的机构的能力失去信心）。	损害大众对公共、私营机构及系统完善性的认识： • 使用被有组织犯罪控制的商品或服务的后果（如当地明显受到某种犯罪因素支配，或者当地政治或经济领袖被有组织犯罪分子腐蚀或控制）。 • 恐怖活动的后果（如极端主义观点在当地渗透）。	对国家的国际形象产生影响： • 有组织犯罪的后果（如次级抵押贷款欺诈及电话诈骗对金融部门的影响）。 • 使用被有组织犯罪控制的商品或服务的后果（如有组织的非法移民泛滥逐渐破坏边界的完整）。 • 恐怖主义盛行的后果。

附件 D　应对措施摘要[①]

特征/ 次级特征	应对措施
第二章　现金及不记名可转让金融工具的滥用	
现金流动和走私	• 特别建议 9 中的措施特别适用（包括关于没收及国际合作的释义）。 • 对出境旅游时使用的旅行支票规定强制申报义务。 • 对其他形式的财产建立报告制度（如金币、赌场筹码和数字证书）。 • 履行 2010 年 FATF 发布的《关于监测和防范非法跨境运输现金和不记名可转让金融工具的国际最佳实践》。 • 加强低能力国家现金密集型经济的金融服务支持。

① 请注意，这里关注的重点是防范前述方式特征被滥用的主要措施，而非构建完整的反洗钱和反恐怖融资体系的措施。

续表

特征/次级特征	应对措施
存放，包含第三方账户	• 建议5、建议9、建议10、建议11、建议13、建议19和特别建议4规定的措施特别适用（重点是客户尽职调查、记录保存和异常、可疑或大额交易报告）。 • 赋予执法机构额外的权力，包括使用地理监控令（geographic targeting orders，GTO），即授权监管机构要求某一地理区域内的某个或某些金融机构在通常的反洗钱和反恐怖融资报告要求之外提交另外的报告或保存另外的交易记录。 • 要求对高风险的一次性交易进行客户尽职调查，不论交易金额大小。 • 加强低能力国家现金密集型经济的金融服务支持。
现金密集型行业	• 建议12、建议16、建议19、建议20和建议24所列措施特别适用。 • 2008年5月FATF和亚太反洗钱组织报告《娱乐及博彩行业的漏洞》以及FATF报告《房地产行业洗钱和恐怖融资》中的措施。 • 在赌场应用FATF 2008年发布的《赌场风险为本措施指引》（如在赌场使用监控措施降低化整为零的洗钱风险）。 • 税务部门通过审计活动，在发现现金密集型行业被滥用方面发挥作用。
第三章　滥用价值转移方式	
银行系统	• 建议3、建议5、建议11、建议38，特别建议3与特别建议7（包括其释义）所列措施特别适用。收款金融机构应当有识别没有完整资金来源信息的电汇交易的机制。 • 遵守FATF 2009年10月就间接汇款发布的强调间接汇款潜在风险、提高跨境电汇透明度的声明。 • 必要时，制定法律授权或要求银行拒绝给特定类型的客户（尤其是已知犯罪分子）开立账户。 • 履行2010年2月FATF发布的文件：《关于没收（建议3和建议38）的国际最佳实践》。 • 履行2003年10月FATF发布的文件：《关于冻结恐怖资产的国际最佳实践》。
汇款业及替代性汇款体系	• 建议4至建议16、建议21至建议25，特别建议6（及其释义）、特别建议7特别适用［考虑汇款服务商和其他金融机构（如银行）的区别，必须平衡各种目标，诸如为无法使用正规金融机构的客户提供基本金融服务］。 • 应用FATF在2009年7月发布的《货币服务行业基于风险的指引》。 • 执行FATF 2003年6月发布的文件《关于打击滥用替代性汇款体系的国际最佳实践》。 • 执法部门和监管机构协调合作、共同识别和检举帮助洗钱的行业，包括公布其行为。 • 提升汇款业及替代性汇款体系的透明度，包含受益所有权人。 • 主管部门应当推动提高正规金融部门对客户的吸引力（如降低交易成本）。

续表

特征/ 次级特征	应对措施
国际贸易体系，包括基于贸易的洗钱	• 执行 FATF 2008 年 6 月发布的文件《关于基于贸易的洗钱的国际最佳实践》。 • 考虑采用 FATF 2010 年 3 月发布的报告《自由贸易区的洗钱漏洞》中所列措施。 • 建立加强主管部门及私人部门的国际合作的机制和渠道。 • 改进全球贸易服务部门的培训计划，以加强其贸易融资政策和活动。 • 建立规划，培养专业人员，提高对贸易的认识，提高调查、起诉和监管部门发现贸易洗钱的能力。 • 向私营部门及职能部门通报类型研究、预警指标和案例研究成果。 • 建立明确而有效的方法，以方便对等政府当局间的国际贸易数据的交换。考虑建立贸易透明组织。 • 要求金融服务机构提供有关货物和资金的透明信息（即银行可以看到进口文件以及发票）。 • 国内及国外机构共享信息（重点是进口和出口的信息），然后采取行动。
第三方商业组织、慈善团体及其他合法实体	• 建议 33、建议 34 及特别建议 8（包括释义）中的措施特别适用。 • 加强受益所有权人的透明度。 • 执行 FATF 2008 年 6 月发布的《关于信托和公司服务提供商的以风险为本的方法指引》。 • 建立信托登记制度，帮助调查人员及金融机构确认受益所有权人。 • 建立系统对法人进行持续监测，避免其利用漏洞。 • 执行 FATF 2002 年 10 月发布的《关于防范滥用非营利性组织的国际最佳实践》。
零售支付系统和自动柜员机网络（包含新型支付方法）	• 建议 5、建议 8、建议 9、建议 10、建议 11、建议 13、建议 19、特别建议 4 与特别建议 6 中所列措施特别适用。 • 将电子支付体系纳入反洗钱和反恐怖融资监管体系（包括法律层面）。 • 限制能够投资、储藏和使用的金额。 • 监测账户，报告可疑活动。 • 限制跨境资金流动。 • 保存付款人及收款人交易记录。 • 在产品研发过程中要在行业、监管机构及执行部门之间反复讨论，尽量在设计环节消除漏洞（产品测试）。 • 考虑采用 FATF 2008 年 6 月发布的报告《商业网站及网上支付系统的洗钱漏洞》中所列措施。 • 考虑采用 FATF 2006 年 10 月发布的报告《新支付技术》中所列措施。

续表

特征/次级特征	应对措施
第四章　资产和价值储藏的滥用	
总体措施	• 执行 FATF 2010 年 2 月发布的文件《关于没收（建议3、建议38）的国际最佳实践》所列措施。 • 建立非基于宣判的没收制度（民事没收）。 • 在民事没收不可行的情况下，对犯罪资产征税。 • 建立罚没资产管理制度或罚没资产管理机构，防止没收资产损耗或贬值。 • 将罚没资产再投资进执法工作，激励进一步的资产没收行为。 • 建立专门机构或者指定经过专门的金融调查技术的培训专业人员。 • 对罪犯持有特定类型的资产设定法律限制。
金融产品（保险、投资及储蓄产品等）	• 见第四章所列整体措施。 • 采用 FATF 2009 年 10 月发布的《关于人寿保险行业以风险为本方法指引》。 • 在金融机构之间分享警报指标及类型研究等信息。 • 考虑采用 FATF 2009 年 10 月发布报告《证券行业的洗钱及恐怖融资》中所列措施。
动产	• 见第四章总体措施。 • 建议 12、建议 16、建议 20 和建议 24 所列措施特别适用。
房地产（土地和建筑物的买卖和租赁）	• 见第四章总体措施。 • 建议 12、建议 16 中所列措施。 • 采用 FATF 2008 年 6 月发布的《房地产业以风险为本方法指引》。 • FATF 报告《通过房地产业洗钱和恐怖融资》中所列措施。 • 考虑是否将租赁中介机构纳入监管范围，以遏制犯罪活动。 • 将国家财产管理措施纳入反洗钱和反恐怖融资体系。
第五章　特定人士的滥用	
职业人员和内幕人	• 建议 12、建议 16 中所列措施特别适用。 • 采用 FATF 2008 年 10 月发布的《律师业以风险为本的方法指引》。 • 采用 FATF 2008 年 6 月发布的《会计师业以风险为本的方法指引》。 • 加强宣传措施，分享信息，提升对洗钱和恐怖融资威胁的认识。 • 成立专门机构负责从各专业部门接收和分析可疑交易报告，积累经验，提高成效。 • 强化职业人员的行为准则和职业道德准则（由监管机构来支持推动），包括反洗钱与反恐怖融资内容以及相应的纪律处分。 • 主管部门适当处罚和宣传。 • 采取适当措施消除律师/客户关系中的保密特权对反洗钱有效性的负面影响。 • 建议 12、建议 15 及建议 23 中关于内幕人措施特别适用。

续表

特征/ 次级特征	应对措施
政治公众人物	• 建议1、建议3、建议6、建议13、建议15、建议16、建议23、建议24、建议26、建议30、建议36至建议40中所列措施特别适用。 • 签署并履行关于反腐败的国际公约（例如《联合国反腐败公约》、《经合组织反贿赂外国政府官员公约》及《美洲国家组织反腐败公约》）。 • 扩大政治公众人物的定义范围，包含国内政治公众人物，并强化对其客户尽职调查措施（见建议6的释义）。 • 可行的情况下，免除国家元首、政府官员或政治领袖的刑事起诉豁免权。 • 建立一个独立的、专业的反腐败机构和官员资产登记机构，要求政治公众人物披露金融资产。
第六章　环境/国家（地区）的滥用	
总体措施	• FATF所有建议中所列措施均适用。 • 建议21条中所列应对措施如下： —在金融机构与来自特定国家的个人或公司建立业务关系时，要强化客户识别要求，扩大指导建议，包括具体国家或地区的金融意见，以便识别受益所有权人； —当与这些国家的金融交易存在可疑时，加强相关报告制度或者系统报告金融交易； —考虑到某金融机构来自反洗钱和反恐怖融资体系不完善的国家，对分支机构或代表处的建立申请要采取相应对策； —警惕非金融机构与可能存在洗钱风险国家的自然人及法人进行的交易； —限制与已确认的高风险国家或该国人员进行商业活动或金融交易。 • 存在严重薄弱环节的政府需要采取内部措施防范漏洞。 • 扩大国际援助，帮助低能力国家建立有效的反洗钱和反恐怖融资体系。
标准与控制措施的差异	• FATF所有建议中所列措施均适用： —在金融机构与来自特定国家的个人或公司建立业务关系时，要强化客户识别要求，扩大指导建议，包括具体国家或地区的金融意见，以便识别受益所有权人； —当与这些国家的金融交易存在可疑时，加强相关报告制度或者系统报告金融交易； —考虑到某金融机构来自反洗钱和反恐怖融资体系不完善的国家，对分支机构或代表处的建立申请要采取相应对策； —警惕非金融机构与可能存在洗钱风险国家的自然人及法人进行的交易； —限制与已确认的高风险国家或该国人员进行商业活动或金融交易。 • 扩大低能力国家的金融服务覆盖面。 • 提供技术和金融援助，培养能力。 • 拒绝给没有足够反洗钱和反恐怖融资体系的外国银行进入本国金融领域或颁发牌照。

续表

特征/ 次级特征	应对措施
现金密集型行业	• 见第二章的措施。 • 扩大低能力国家的金融服务覆盖面。 • 根据反洗钱和反恐怖融资的要求，对大额现金交易和跨境现金流动设定合适的、合理的限额。 • 在客户存款或取款时进行身份识别，虽然执行起来有挑战性但有潜在好处。
大型金融中心、避税天堂及离岸金融中心	• FATF 所有建议中所列措施均适用。 • 确保金融保密法律没有限制 FATF 标准的执行（如建议 4）。 • 确保执法部门有能力获得所需信息及文件（如建议 28）。 • 确保金融监管机构有能力获得信息及文件（如建议 29）。 • 识别受益所有权人（如建议 5）。 • 对避税天堂及离岸金融中心而言，建议 18 中关于禁止空壳银行或与类似的机构建立业务关系的要求值得关注。 • 加强国际合作——建议 36 至建议 40 中所列措施。
高风险和冲突区域（如恐怖及犯罪活动集中发生的区域）	• 特别建议 6、特别建议 8、特别建议 9 中所列措施。 • 执行 FATF 2003 年 6 月发布的《关于防范滥用替代性汇款体系的国际最佳实践》及区域性反洗钱组织发布的类似指引中所列措施。 • 执行 FATF 2002 年 10 月发布的《关于防范滥用非营利性组织的国际最佳实践》中所列措施。 • 执行 FATF 2010 年发布的《关于监测和阻止非法现金及不记名可转让金融工具跨境交易的国际最佳实践》中所列措施。 • 在监测和识别风险的基础上，对货币汇款业及替代性汇款服务进行有效监管。 • 给捐款社团及慈善组织就洗钱风险因素、风险缓释实践及管理规则方面提供指引。
高度腐败国家	• 第五章将政治公众人物作为特定人士所列的措施均适用。 • 各个国家或地区应该遵守透明和有效管理的原则，参与地区或国际反腐败行动，确保执行如联合国反腐败公约等国际法律制度。

附录三

健全洗钱和恐怖主义融资风险管理指引

（2014 年）

第一章　引　　言

1. 考虑到银行存在有意或无意卷入犯罪活动的风险，巴塞尔银行监管委员会（以下简称委员会）制定本指引，指导银行将洗钱（ML）和恐怖融资（FT）风险纳入整体风险管理框架。

2. 委员会长期致力于推动实施反洗钱和反恐怖融资（AML / CFT）政策和程序，这对维护银行的安全、稳健和国际金融系统的诚信至关重要。在 1988 年发布最初的声明之后，委员会已发布了若干文件支持反洗钱和反恐怖融资工作。2012 年 9 月，委员会公布《有效银行监管核心原则》（2012），重申立场，制定了滥用金融服务的处理原则（BCP29）。

3. 委员会支持采纳金融行动特别工作组（FATF）发布的标准。2012 年 2 月，FATF 发布修订后的《关于打击洗钱、恐怖融资与扩散融资的国际标准：FATF 建议》成为制定本指引的重要依据。2013 年 3 月，FATF 发布的《金融普惠指引》也是制定本指引的重要参考。委员会发布本指引的目的是探索通过互补合作，充分发挥两个组织的专业合力，支持 FATF 标准的实施。指引体现了 FATF 标准和巴塞尔核心原则对银行跨国经营的要求，属于银行业监管总体框架的一部分。因此，指引的目标与 FATF 标准一致，是对 FATF 标准的补充，而不是对 FATF 标准的修改或歪曲。

4. 在某些情况下，委员会引用了 FATF 标准，以协助各国遵循国际标准。但通常情况下，委员会不会简单引用，因为本指引的目的不是简单重复 FATF 标准。

5. 委员会打击洗钱和恐怖融资的努力与其职责一致。委员会的职责是加强对全球银行业监督管理，维护金融稳定。银行对洗钱和恐怖主义融资风险的有效管理与银行及整个银行系统的安全和稳健紧密相关，原因在于，对洗钱和恐怖主义融资风险管理可以防范和遏制利用银行清洗非法资金、筹集或转移资金支持恐怖主义的行为，维护银行及其体系声誉；打击腐败和恐怖主义融资，维护国际金融体系和政府的诚信。

6. 对洗钱和恐怖主义融资风险管理的空白和不足之处使银行面临严重风险，尤其是声誉风险、经营风险、合规风险和集中度风险。近期的工作进展，如监管机构对银行实施处罚，已经凸显了这些风险。银行由于未尽职实施恰当的风险管理政策、程序、措施而被处罚，引发直接成本及间接成本。若这些银行建立的风险为本的反洗钱和反恐怖融资政策、程序有效，则这些成本和损失是可以避免的。

7. 值得注意的是，所有这些风险是相互关联的。除了监管机构的罚款和处罚风险，还有其他可能导致巨大财务损失的风险（如停止资金批发业务、关闭服务设施、索赔、增加调查成本、资产的扣押和冻结以及贷款损失等），而化解这些风险还会占用有限和宝贵的管理时间和业务资源。

8. 因此，应结合委员会的其他相关文件阅读本指引，这些文件包括：《有效银行监管核心原则》（2012），2012 年 9 月；《银行内部审计职能》，2012 年 6 月；《操作风险健全管理原则》，2011 年 6 月；《加强法人治理原则》，2011 年 6 月；《跨境电汇中支付信息的尽职调查和透明度》，2009 年 5 月；《银行的合规与合规职能》，2005 年 4 月。

9. 本指引是对委员会发布的反洗钱和反恐怖融资系列指引的优化、合并并取代之前发布的两个与本主题相关的文件：《银行客户尽职调查》（2001 年 10 月）和《客户身份识别风险综合管理》（2004 年 10 月）。本指引对上述文件中指出的银行利用第三方引荐业务风险和代理行业务风险作了进一步阐述。上述这些文件中还涉及政治公众人物（PEPs）、私人银行、特定法律实体及其他特定领域的洗钱风险，虽然重要也与本主题相关，但由于现有 FATF 相关文件已作阐述[①]，本指引不再赘述。

10. 本指引应与委员会制定的其他关于银行集团统一监管标准和准则结合运用[②]，特别适用于在客户频繁与同一银行集团内不同国家的分支机构建立业务关系或开立账户的情形下开展的反洗钱和反恐怖融资工作。

---

① 见 FATF 制定的政治公众人物指引（建议 12 和建议 22），www. fatf - gafi. org/fr/documents/documents/peps - R12 - R22. html.

② 见《有效银行监管核心原则》（2012）中涉及 BCP12 的案例，2012 年 9 月。

11. 本指引适用于所有银行。小型或专业银行可能需适当调整指引中的一些要求，以适应它们特定的规模或业务模式，但本指引并不涉及如何调整。

12. 本指引特别针对银行、银行集团（第二部分、第三部分）和银行监管机构（第四部分）。如BCP29所述，委员会意识到各国对反洗钱和反恐怖融资合规监管的安排存在差别，特别是存在银行监管机构与其他监管机构（如金融情报机构）共同开展监管的情形[①]。因此，指引中的“监管机构”可能指上述所有的监管机构。在多个机构共同负责反洗钱和反恐怖融资监管的国家（地区），银行监管机构与其他机构合作，共同遵守本指引。

13. 应注意，本指引没有包括FATF标准规定的金融行业和特定非金融行业需采取的全部措施，不涉及主管部门的权力和责任。

第二章　健全有效的洗钱和恐怖主义融资风险管理的基本要素

14. 按照《有效银行监管核心原则》（2012）规定，银行应具备“健全有效的政策和程序，包括严格的客户尽职调查（CDD）措施，以提升行业道德和专业水准，防止银行有意或无意被利用于犯罪活动”[②]。这项规定是银行应具备健全有效的风险管理方案应对各种风险（包括洗钱和恐怖融资风险）这一基本义务的特定方面。健全有效的政策和程序在本指引中指执行有效的客户尽职调查（CDD）措施和其他反洗钱和反恐怖融资措施，由银行根据自身洗钱和恐怖融资风险的评估结果来设定，体现风险为本的原则。本指引正是针对这些措施制定的。此外，在没有专门的反洗钱和反恐怖融资指引适用的情形下，其他指引可适用或作为补充。

---

① FATF新《四十项建议》建议26描述了金融情报机构。

② 见《有效银行监管核心原则》（2012）中的BCP29，2012年9月。

一、评估、了解、管理和降低风险

（一）评估和了解风险

15. 健全的风险管理需要识别和分析银行所面临的洗钱和恐怖融资风险，设计有针对性的政策和程序，并有效执行。在对洗钱和恐怖融资风险进行全面评估时，银行应从国家、行业、企业和业务关系等层面考虑相关的固有风险和剩余风险因素，从而确定风险状况和可接受的风险程度。制定客户尽职调查、客户受理、客户识别以及业务关系监测和业务运营（提供产品和服务）等方面的政策和程序时，必须考虑风险评估及其结果。银行应建立适当的机制，记录风险评估信息，并报主管部门（如监管机构）。

16. 银行应对客户群、产品、交付渠道、提供的服务（包括正在开发或将要发布的）以及银行及其客户开展业务所在的国家（地区）的固有洗钱和恐怖主义融资风险有深刻理解。综合考虑银行的具体业务和交易数据、银行搜集的其他内部信息以及外部信息资源（如国家风险评估、国际组织的国家报告）。银行应设计和履行接受客户、尽职调查和持续监测的政策和程序，以有效控制已识别的固有风险，并有效管理风险评估所确定的剩余风险。银行应向监管机构提供风险评估过程及结果，并得到其认可。

（二）适当的公司治理结构

17. 委员会之前发布的指引已经指出，有效管理洗钱和恐怖融资风险需要适当的公司治理结构。有关董事会批准风险管理及合规管理政策以及监督执行的要求可完全适用于洗钱和恐怖主义融资风险管理。董事会应该对洗钱和恐怖主义融资风险有清楚的认识。洗钱和恐怖主义融资风险评估信息应及时、准确、完整、清晰地传递给董事会，作为董事会决策的依据。

18. 要依靠公司治理结构有效管理银行的政策和程序，董事会需要分配职责，明确授权。董事会和高级管理层应任命一名具备相关资格的首席反洗钱和反恐怖融资官，全面负责银行的反洗钱和反恐怖融资工作，在银行内部树立必要的权威，提出的问题能够引起董事会、高级管理层和业务条线的足够重视。

（三）三道防线

19. 作为工作的普遍要求，以及反洗钱和反恐怖融资工作的特殊要求，业务条线（如前台、直接面向客户的活动）是识别、评估和控制业务风险的第一道防线。业务条线工作人员应该了解相关的政策和程序，并拥有足够的资源来确保政策和程序的有效执行。第二道防线包括负责反洗钱和反恐怖融资的首席官员、合规部门、人力资源部门和技术部门。第三道防线是内部审计部门。

20. 第一道防线的政策和程序应以书面形式准确描述，并向所有人员传达；应明确员工责任、具体业务和合规要求；应建立可疑交易监测和报告的内部流程。

21. 银行应该建立健全有效的政策和程序，审查应聘人员和在职员工的情况，确保其具有较高道德和专业水准。银行应持续实施员工培训，确保员工能够熟练掌握并有效执行反洗钱和反恐怖融资政策和程序。根据员工所在部门的不同，银行应调整培训时间和内容，以适应员工的需求和银行的风险状况。员工的培训需求会因其职能、岗位职责、服务年限的不同而有所差异。培训课程安排以及培训材料应根据员工的具体职责和职能量身定制，从而为员工有效执行反洗钱和反恐怖融资政策和程序提供所必备的知识和信息。新员工入职后应尽快接受培训，以获取履职必备的知识和信息。银行还应向员工提供在职培训，提醒其责任，更新员工的知识和专业技能。培训的频率和对象，应根据员工履行职责涉及的风险、银行的风险水平和性质来决定。

22. 在第二道防线中，反洗钱和反恐怖融资的首席官员负责持续管理银行反洗钱和反恐怖融资合规履职情况。如果反洗钱和反恐怖融资程序存在管理不到位的情况，首席官员可对合规情况进行抽样测试，并提醒高级管理层或董事会。首席反洗钱和反恐怖融资官是银行与外部机构（包括监管机构或金融情报机构）进行反洗钱和反恐怖融资工作沟通的联络人。

23. 银行商业利益不能影响首席反洗钱和反恐怖融资官有效履行上述职责。不论银行的规模或管理结构如何，都应该避免潜在的利益冲突。为了能形成无偏见的判断以及提出公正的建议，首席反洗钱和反恐怖融资官不能承担业务条线职责，也不能承担数据保护或内部审计方面的职责。应建立机制，确保当业务条线与首席反洗钱和反恐怖融资官意见不一致时，首席反洗钱和反恐怖融资官的意见能得到最高层的公正对待和考虑。

24. 首席反洗钱和反恐怖融资官可以兼任首席风险官、首席合规官或类似职务，并可以向高级管理层或董事会直接报告工作。如果首席反洗钱和反恐怖融资官未兼任上述职务，他们之间的职责必须明确界定。

25. 首席反洗钱和反恐怖融资官承担报告可疑交易的职责。银行应向首席反洗钱和反恐怖融资官提供充分资源，确保其有效履职，在反洗钱和反恐怖融资工作中处于核心地位，发挥积极作用。首席反洗钱和反恐怖融资官需对银行的反洗钱和反恐怖融资制度、相关法律法规要求以及业务中产生的洗钱和恐怖主义融资风险有充分的了解。

26. 内部审计作为第三道防线，在独立评估风险管理和控制措施方面发挥重要作用，履行董事会审计委员会或类似监督机构赋予的职责，定期评估反洗钱和反恐怖融资政策和程序的有效性。银行应建立以下审计政策：（1）对识别的风险，反洗钱和反恐怖融资政策和程序是否健全有效；（2）员工是否有效执行银行政策和程序；（3）合规监管和控制措施是否有效，包括系统自动报警的参数；（4）银行对相关人员培训是否有效。高级管理层应确保审计人员具备反洗钱和反恐怖融资知识和开展审计的专业技能。确保审计范围和方法与银行的风险状况相适应，审计频率根据风险确定。内部审计人员应定期开展全行范围的反洗钱和反恐怖融资审计。此外，内部审计人员应主动跟进其审计结果和建议。一般而言，反洗钱和反恐怖融资审计流程应遵循内部审计的要求及其他适用于反洗钱和反恐怖融资措施的审计要求。

27. 在许多国家，外部审计人员也在其财务审计过程中评估银行内部控制和程序，验证银行是否遵循反洗钱和反恐怖融资监管制度，发挥着重要作用。如果银行利用外部审计人员评估其反洗钱和反恐怖融资政策和程序的有效性，必须确保审计范围能够覆盖银行的风险，审计人员具有必要的专业知识和经验。在委托外部审计时，银行应对委托审计工作实施适当的监督。

（四）健全有效的交易监控系统

28. 银行应根据其规模、业务活动及其复杂程度和风险建立交易监控系统。对于大多数银行，尤其是国际银行，建立系统自动监控是有效监测的必然要求。如果银行根据自身情况决定不建交易监控系统，应记录该决定，向监管机构或外部审计人员证明其建立了有效的替代措施。交易监控系统应涵盖银行客户的所有账户及所有的交易（不管客户是受益人还是交易指令的发出人）。银行应该能够利用交易监控系统对交易活动进行趋势分析，识别异常的业务关系和交易，以防止发生洗钱或恐怖融资犯罪。

29. 交易监控系统应能为高级管理层提供若干关键方面的准确信息，包括客户交易状况的改变。在编制客户个人资料时，银行系统应整合客户提供的信息，保证客户信息始终最新、最全、最准确。IT 系统应该允许银行或所在的集团（可行的情况下）集中数据信息（即在整个集团层面按客户、产品以及交易时间顺序管理信息）；银行不必逐一翻阅客户资料，就可调取所有相关信息，评定和管理客户风险。IT 系统应吸取国际国内经验，健全完善参数设置。银行可利用 IT 系统开发机构提供的行业通用参数设置，但必须同时考虑和结合银行自身的风险状况。

30. IT 系统应允许银行设立更多的监控标准，提交可疑交易报告或采取其他风险管理措施。首席反洗钱和反恐怖融资官应至少能访问和运用 IT 系统（即使系统由其他业务条线运营和使用），了解与其履职相关的内容。IT 系统的参数应能引发异常交易报警，之后由首席反洗钱和反恐怖融资官作进一步评估。异常交易的参数设定应充分反映银行的风险评估结果。

31. 内部审计应该评估 IT 系统，确保其适当性，并能够被第一道防线和第二道防线有效使用。

二、客户受理政策

32. 银行应根据风险评估结果，制定明确的客户受理政策和程序，明确高风险客户类别。在评估风险时，银行应考虑相关的因素，包括客户的背景、职业（包括公共或公众职位）、收入和财富的来源、出生国和居住国（当二者不同时）、使用的产品、账户性质和开户目的、关联账户、业务活动及其他客户风险指标等，以确定整体风险水平，运用适当的措施管理风险。

33. 这些政策和程序包括适用于所有客户的基本尽职调查要求，以及适用于不同风险客户的尽职调查要求。如果法律允许，对低风险客户可采取简化的尽职调查措施。如对账户余额小且仅使用日常的零售银行业务的个人，适用开户基本尽职调查程序即可。重要的是，客户受理政策过于严苛会导致公众特别是弱势群体无法使用银行服务。FATF 发布的《金融普惠指引》可用于指导各国设计反洗钱和反恐怖融资程序，体现不过度限制弱势群体使用金融服务的原则要求。

34. 当风险较高时，银行应采取更严格的措施以降低和管理这些风险。对账户余额巨大并定期办理跨境电汇业务的个人或政治公众人物（PEPs），严格的尽职调查措施必不可少。更为严格的尽职调查措施特别适用于国外的政治公众人物。与高风险客户建立业务关系时，应实施更为严格的尽职调查措施，如应申请高级管理层批准。银行客户受理政策还应该规定不得建立业务关系或应终止已有业务关系的情形。

三、客户及受益人的身份识别、验证和风险分析

35. 在本指引中，对客户的定义与 FATF《四十项建议》建议 10 一致，指与银行建立业务关系或与银行发生一次性金融交易的人员。客户尽职调查不仅适用于客户，也适用于客户的代理人和交易的实际受益人。按照 FATF 建议，银行应识别和验证客户身份。

36. 银行应建立系统的程序，识别和验证客户及其代理人、实际受益人的身份。一般而言，在按照 FATF 新《四十项建议》建议 10 的要求识别、验证客户身份之前，银行不能与客户建立业务关系或进行任何交易。根据 BCP29 和 FATF 标准，银行还应该采取合理手段来验证实际受益人身份。银行还应验证客户代理人被授权的情况及客户代理人的身份。

37. 验证客户、代理人及实际受益人的身份，应使用可靠的第三方出具的文件、数据或信息。当利用文件验证时，银行应尽可能使用难以非法

获取或难以假冒的文件。采取其他验证方式时，银行应确保使用的方法（如与其他金融机构比对、获取财务报表）恰当，信息来源可靠，符合银行的政策和程序要求以及客户的风险状况。银行可以要求客户出具关于实际受益人身份和详细信息的书面声明，但不能仅依靠这种声明进行验证。银行在确定所运用尽职调查手段的范围和程度时，应考虑客户的风险性质和状况。任何情况下，银行不能因为无法面见客户（非面对面客户）而忽略客户身份的识别和验证程序。银行还应该考虑下列风险因素，例如，客户为什么远离其办公地点开立账户，特别是到国外开户。对来源于反洗钱和反恐怖融工作存在重大不足的国家（地区）的客户，应关注其风险，并响应 FATF、其他国际组织或国家主管部门的要求，使用更为严格的尽职调查措施。

38. 客户身份识别和验证程序始于建立业务关系之时或进行一次性交易之时，获取的信息用于了解客户及其行为。需要收集的信息通常包括：建立业务关系或开展一次性交易的目的、客户的资产水平或交易规模、业务关系的规律或持续时间等。因此，银行应该建立相关政策和程序开展客户尽职调查，以明确某一客户或某类客户的风险状况，并应根据客户业务模式、业务活动、客户需要的金融产品或服务的风险状况来确定需要收集的信息。这些风险状况将有利于识别某一客户或某类客户偏离“正常”的任何账户活动，发现异常甚至可疑之处。客户风险状况有助于银行确定某一客户或某类客户是否为高风险，是否需要更为严格的尽职调查和控制措施。客户风险状况体现了银行对客户业务关系或一次性交易性质和目的、交易的预期水平、交易类型，以及必要时对客户资金来源、收入或财富及其他类似情况的理解。银行应收集客户活动或行为方面的重要信息，并应用于客户风险评估。

39. 银行应获取客户身份证明资料，及客户尽职调查所需的其他信息和文件。包括官方身份证明文件（如护照、身份证、驾驶执照）、账户文件（如金融交易记录）和商务信函的副本或记录，以及风险评估结果、对客户业务关系及交易活动的背景和目的询问了解的情况。

40. 银行应获取必要信息，识别客户及其代理人、实际受益人的身份。

银行识别并验证客户身份时，应根据风险评估结果确定验证所需信息的性质和范围，包括申请人类型（个人、企业等）、预期交易规模和账户用途。验证自然人身份的具体要求通常由国家立法规定。高风险客户需要更严格的尽职调查措施以验证其身份。如果业务关系较复杂或账户数量较多，应根据总体风险状况确定需采取的措施。

41. 若无法完成客户尽职调查措施，银行不能为客户开立账户、不能与其建立业务关系或进行交易。但有时为了不影响客户开展正常业务，也存在先建立业务关系后验证身份的情况。在此情况下，银行应采取适当的风险管理程序，设置条件和限制来控制风险。如果账户已开立，但在建立业务关系过程中出现难以解决的身份验证问题，银行应关闭账户或停用账户。在执行客户尽职调查措施时，一旦出现问题，银行应考虑提交可疑交易报告。此外，经过客户尽职调查，银行如果怀疑或有合理理由怀疑客户的资产或资金与洗钱和恐怖主义融资犯罪相关或属于上游犯罪收益，则不能为其开立账户，并应在确保客户不知情的情况下向相关部门提交可疑交易报告。

42. 银行应制定程序、投入物力，依托前台部门及直接面对客户的活动，识别本国法律和联合国安理会的有关决议（UNSCRs）指定的特定单位或个人（如恐怖分子、恐怖组织）。

43. 当客户资金来源于其他银行的同名账户，虽然转出行在资金存入时可能已按照同样的标准进行了客户尽职调查，但转入行仍应开展尽职调查，并需要考虑转出账户因与非法活动相关而被关闭的可能性。当然，客户有权将业务从一家银行转移到另一家银行。但是，如果银行相信客户被另一家银行拒绝与其建立业务关系或进行交易是由于担心其从事非法活动，则应考虑调高该客户的风险等级，并对客户和业务关系实行强化的尽职调查程序，提交可疑交易报告。如有必要，银行应按照风险评估和有关程序要求拒绝受理客户。

44. 银行不能为匿名、假名客户开立账户或与其发生持续的业务关系。即使选定专门工作人员进行操作，也不允许将保密号码账户作为匿名账户，这些账户应与其他账户一样接受同样的客户尽职调查。虽然号码账户能够为账户持有人提供额外的保密，但银行也应验证持有人的身份，特别是有因素表明客户具有较高风险时。并且，还应让足够多的工作人员知晓这些信息，以方便开展有效的尽职调查。银行应确保其内控、合规、审计及其他监督部门，特别是首席反洗钱和反恐怖融资官和银行监管者，在需要时能够看到这些信息。

四、持续监控

45. 持续监测是有效、健全的反洗钱和反恐怖融资风险管理的重要内容。如果银行了解客户正常、合理的银行活动，就能够识别出不符常规的异常交易企图，从而有效管理风险。银行应对所有的业务关系和交易进行持续监测，但监测范围取决于风险评估和客户尽职调查结果。对高风险客户和交易应加强监测。银行不仅要监测客户及其交易，还应对产品和服务进行分类监测（cross - sectional monitoring），以发现新的风险模式，并降低其风险。

46. 所有银行均应建立系统来监测异常、可疑的交易或活动模式。在制订识别方案时，银行应根据风险评估结果、客户尽职调查收集到的信息、从执法部门或其他机构获取的信息作出对客户风险状况的综合考虑，如银行可能从主管部门了解到本地区已识别出的洗钱手法。作为风险评估程序的一部分，银行将根据获取的信息进行评估，判断该行的某类客户、某组账户、某种交易模式或某种产品存在被利用于洗钱活动的可能。因此，银行应设计并应用适当的监测工具和控件，在计算机监控系统中设置警报或对某些特殊活动类别设定限制。

47. 利用客户尽职调查信息，银行应能识别毫无经济目的的交易、涉及大额现金存款或与客户正常和预期交易模式不符的交易。

48. 对被确定为高风险的客户，银行应建立强化的尽职调查政策和程序。除了建立开户审批政策和程序外，银行还应针对客户尽职调查的性质和范围、监控账户的频率、更新客户尽职调查信息和其他记录等方面制定具体政策。银行应具备有效监控和识别可疑活动的能力，应能够获取全面、准确、及时更新的客户档案和记录。

49. 银行应从重要性和风险角度，建立与其规模、组织结构或复杂性相称的、统一的信息管理系统，及时向业务部门（如客户关系经理）和风险合规人员（包括调查人员）提供必要信息，识别、分析和有效监测客户账户。该系统和现有信息应支持对跨业务条线的客户关系进行监测，还应包括该客户的所有可用信息，如交易记录、遗失账户的开户资料、客户交易行为或业务状况的显著改变、客户通过其不常用账户进行的交易信息等。

50. 当制裁名单发生变化时，银行应对其客户数据进行筛查。银行还应定期对外国政治公众人物以及其他高风险账户进行筛查，对其适用强化的客户尽职调查措施。

五、信息管理

（一）记录保存

51. 银行应对客户尽职调查获得的所有信息进行记录。记录应同时包括：①在核实客户或其受益人身份时，客户提供的证明文件；②将上述资料以及其他途径获取的客户尽职调查相关信息，录入银行的计算机信息系统。

52. 银行应制定和实施明确的规则，确保对客户和个人交易的尽职审查资料进行记录。如果可能，该规则应考虑已规定的隐私措施。银行应明确定义需要记录的信息和文档类型，以及记录的保存期限，该期限应为自建立业务关系或发生一次性交易起至少五年。对涉及调查或诉讼的账户，即使已销户，银行也应保留所有记录直至案件结束。保持完整及最新的记录，对银行有效监控客户关系、了解客户现有业务和活动是必不可少的，并且在必要时能够为纠纷、诉讼及可能导致监管后果或刑事起诉的事件提供审计跟踪。

53. 全面记录持续监控、审查以及作出结论的评估过程，有助于证明银行遵守客户尽职调查规定，以及具备管理洗钱和恐怖融资风险的能力。

（二）更新信息

54. 银行只有确保记录的信息准确、及时更新并定期审查，主管部门、执法机构或金融情报机构才能有效利用这些信息履行反洗钱和反恐怖融资职责。此外，保持信息更新将提高银行有效监控异常、可疑账户活动的能力。

（三）向监管者提供信息

55. 根据要求，银行应能向监管者证明，在评估、管理和降低洗钱和恐怖主义融资风险、客户受理政策、客户身份识别及验证的程序和政策、持续监控和可疑交易报告程序等反洗钱和反恐怖融资的各个方面，自身所采取的措施是充分、有效的。

六、报告可疑交易和资产冻结

（一）报告可疑交易

56. 持续监测分析账户和交易，银行才能发现异常活动、排除其中的正常交易，及时报告真正的可疑交易。银行应建立政策和程序，明确规定识别、调查和向金融情报机构报告可疑交易的内容，并通过定期培训告知所有员工。相关政策和程序还应清楚界定员工义务，规定识别、调查和报告可疑交易的操作流程，填写可疑交易报告的方法。

57. 银行应建立相关流程，履行可疑交易报告体制规定的义务，研判是否需要将交易报告给相应的执法机构、金融情报机构、监管机构。流程应符合保密原则，保证迅速对可疑交易开展调查，可疑交易报告内容全面翔实，可疑交易报告提交及时。当怀疑账户内资金或其他资产属于犯罪所得时，首席反洗钱和反恐怖融资官应及时披露。

58. 一旦对账户或客户产生怀疑，除了报告可疑活动外，银行还应采取适当行动有效降低被犯罪活动利用的风险，如调整客户、账户及整个业务关系的风险级别，需要时升级到由决策者来决定如何处理的程度，同时考虑其他相关因素，如与执法机构或金融情报机构的合作。

（二）资产冻结

59. 恐怖融资和洗钱具有相似性，但银行也应考虑其特殊性：用于资助恐怖活动的资金，其来源既可能非法，也可能合法。根据恐怖组织类别的不同，其资金来源的性质也不一。此外，应注意的是，与恐怖融资相关的交易金额可能非常小。

60. 银行应有能力发起和实施主管部门要求的资产冻结，不得与特定主体和个人（如恐怖分子和恐怖组织）开展交易，应遵循相关法律和联合国制裁决议的要求。

61. 客户尽职调查应帮助银行发现和识别可能的恐怖融资交易，帮助银行更好地了解客户及其交易。设计客户受理政策和程序时，银行应充分考虑与恐怖组织有关联的个人或者主体发生业务关系的风险。在与新客户建立业务关系或者开展一次性业务之前，银行应将客户与权威部门（国内主管部门或国际组织）发布的已知或者怀疑恐怖分子名单比对。此外，还应对客户进行持续监测，确保现有客户不在前述的恐怖分子名单之中。

62. 所有银行应建立系统，杜绝开展被禁止的交易（如与联合国或国家制裁名单中的主体开展的交易）。银行必须将客户与恐怖分子名单比对筛查。这项措施与风险为本的措施无关，不必考虑客户本身的风险大小。为有效实施比对筛查，银行可建立符合要求的自动比对系统。银行应依据相关法律法规，立即冻结特定个人和主体的资产和资金，不允许有延迟，也不允许在冻结前泄露冻结信息。

第三章　跨国背景和集团层面下的反洗钱和反恐怖融资

63. 在银行跨境经营的背景下，建立和完善洗钱和恐怖主义融资风险管理，必须考虑他国的法律要求。考虑到风险，银行集团应建立集团层面的反洗钱和反恐怖融资政策和程序，在集团层面统一监督执行。因此，其分支机构或子公司层面的反洗钱和反恐怖融资政策和程序，应与集团层面的政策和程序一致，不得与集团层面的政策和程序相违背①。当他国的反

① 集团在本指引中指的是一个组织的一家或多家银行，以及这些银行的分支机构子公司。总部在本指引中还包括母银行或者业务条线的反洗钱业务管理机构。

洗钱和反恐怖融资要求比集团层面的要求更严格时，集团应允许相关分支机构或子公司采纳和实施他国要求。

一、客户风险的全球管理

64. 统一的风险管理意味着建立和实施协调机制，执行集团统一的政策和程序，实施集团范围内的一致标准，管理跨国经营风险。政策和程序设计的目的不在于严格满足所有法规，而在于识别、监测和减少集团层面的风险。应确保反洗钱和反恐怖融资措施得到本地化改造，不会削弱银行集团依据全球反洗钱和反恐怖融资标准获取和审查信息的能力，不会损害集团层面的反洗钱和反恐怖融资措施的效力。银行应确保总部（母公司）与分子机构（子公司）之间具备健全有效的信息共享机制。当母国与他国的最低监管或法律要求不一致时，银行的他国机构应该采用两者中更为严格的标准。

65. 此外，依据 FATF 标准，如果他国不允许 FATF 标准的实施，主要负责反洗钱和反恐怖融资工作的人员应向母国机构报告这一情况，并考虑采取进一步的措施，在适当的情形下可停止在他国的业务运营。

66. 委员会认为实施集团统一的反洗钱和反恐怖融资程序比其他风险管理程序更具有挑战性，因为一些国家和地区仍然限制银行向境外传输客户及其账户余额信息。实施集团统一的洗钱和恐怖主义融资风险管理，银行应在依法保密的前提下，与集团总部或母公司共享客户信息。这一原则适用于分支机构或子公司。

二、风险评估和管理

67. 银行应从集团层面深入理解与客户相关的所有风险，不论是单一客户的风险还是某一类别客户的风险，并依据风险性质和大小，记录并定期更新风险信息。评价客户风险时，应识别所有风险要素，如地域、交易活动模式（客户申报或自述）、使用的银行产品和服务；建立高风险客户识别标准。这些标准适用于银行及其分支机构和子公司，以及外包业务。客户风险评价应在集团层面统一实施，或者在集团内使用统一的方法。考虑不同客户类别的风险时，集团应认可同一类别客户因所在国家（地区）的不同而风险不同。评价过程中所获取的信息应被用于确定集团整体风险程度和性质，用于制定集团整体的风险控制措施。风险控制措施包括向客户索取额外信息、加强监测、缩短更新客户信息的频率、上门访问客户等。

68. 银行合规人员和内部审计人员，特别是首席反洗钱和反恐怖融资官，或者外部审计人员，应从多方面评估集团政策和程序的合规情况，包括统一的客户身份识别政策的有效性、集团内部信息共享的有效性以及响应集团总部（总公司）查询信息要求的效率。在国际上活跃的银行集团应具备强有力的内部审计和全球合规人员，因为他们在监测银行的客户尽职调查全球合规情况、集团共享信息政策和程序的有效性方面发挥了主要作用。首席反洗钱和反恐怖融资官应认真履职，确保集团符合所有相关的反洗钱和反恐怖融资规定，无论是本国和外国的规定（见段落 75 ~76）。

三、统一的反洗钱和反恐怖融资政策和程序

69. 当存在委托业务或代理业务时，银行应理解反洗钱和反恐怖融资相关立法在多大程度上允许其信赖其他银行（如都属于同一集团的银行）的反洗钱措施。当他国反洗钱要求低于本国反洗钱要求时，银行办理委托代理业务时，不得信赖他国银行的反洗钱措施。因此，银行必须了解和评估与其存在委托代理业务的银行所在国的反洗钱要求。只有在被委托机构与该银行属于统一集团、接受与该银行同样的监管标准，且其行为受到该银行所在集团的统一监管的情形下，银行才可以较为信赖被委托机构所提供的信息。在信赖被委托机构的情形下，银行可从被委托机构获取客户信息，因为如果涉及客户的交易可疑，银行需要向金融情报中心报告这些客户信息。

70. 银行集团总部为实施集团反洗钱和反恐怖融资政策和程序，应可以获取相关信息。银行集团内各个机构必须遵循总部的反洗钱和反恐怖融资要求，并按照总部规定的政策和程序提供相关信息。总部的政策和程序应符合本指引的要求。

71. 集团内部应实施统一的客户受理、尽职调查和记录保存措施，局部必要的调整只是为了反映业务条线和地域的特定风险。此外，客户和交易信息收集和保管的方式可以有所不同，以反映不同国家（地区）的监管要求以及风险状况，但不得违背集团统一措施的要求。

72. 集团内部不同国家（地区）的机构，应根据所在国家（地区）的风险建立监测程序和流程。此外，还应与总部建立强有力的信息共享机制，如果可能的话，在不同分支机构（子公司）之间建立高风险客户及其业务信息的共享机制。

73. 为有效管理所开立账户的洗钱和恐怖融资风险，银行应整合客户、账户的受益人及涉及的资金信息。银行应在集团内统一监测重要客户的业务关系、账户余额及其交易活动，包括资产负债表内和表外的客户；监测涉及银行自身的资产和受托管理的资产，与资产处于何地没有关系。FATF新《四十项建议》对银行总部如何管理集团合规、开展审计和承担反洗钱和反恐怖融资职责，有详细的要求[①]。这些要求不应视为仅适用于银行，也适用于金融集团（包括银行）。

74. 许多做到上述要求的大型银行建立了集中处理系统和数据库，以加强管理和提升效率。集中处理模式下，银行应完整记录并整合不同国家（地区）的监测要求，确保监测是在整个集团范围内开展，既考虑集团统一的监管要求，也兼顾不同国家（地区）的特殊要求。

75. 开展跨国（地区）业务的银行应该任命集团层面的首席反洗钱和反恐怖融资官员（集团反洗钱和反恐怖融资官）。集团反洗钱和反恐怖融资官负责在集团全球风险管理的框架下，协调、评估和制定集团统一的反洗钱和反恐怖融资战略（有权制定有效力的政策和程序，管理国内外所有的分支机构及控制的其他机构）。

76. 集团反洗钱和反恐怖融资官负责在集团范围内（不论是国内还是国外），持续监测反洗钱和反恐怖融资要求的履行情况。因此，集团反洗钱和反恐怖融资官对整个集团的反洗钱和反恐怖融资合规负责（可通过定

① 见 FATF 新《四十项建议》建议 18。

期现场检查方式履职）。如果需要，集团反洗钱和反恐怖融资官应被授权在集团范围内采取必要的措施。

四、集团内的信息共享

77. 银行应监督信息共享情况。分支机构或子公司应依据全球反洗钱和反恐怖融资标准积极向总部提供高风险客户及其业务信息，及时反馈总部或者母银行的客户信息查询。银行集团层面的制度应该设计相关流程，适用于所有国家（地区）的机构，识别、监测、调查异常和报告可疑交易。

78. 银行在集团层面的政策和程序应考虑不同国家（地区）的数据保护和隐私保护法规要求，还应对集团内部共享的信息进行分类，制定信息保管、查询、分享或发布以及处置的规定。

79. 集团整体洗钱和恐怖主义融资风险管理应评价分支机构或子公司报告的可疑交易活动的潜在风险，若可行，还应在集团层面评估特定客户或特定客户群体的风险。应建立政策和程序以确定不同的分支机构或子公司是否为同一客户开立了账户（包括与客户有关联的机构或者其从属机构）。银行还应制定政策和程序为整个集团管理全球的高风险客户或可疑交易，政策和程序应包括更严格的措施和限制账户活动，以及在适当的情形下关闭账户。

80. 此外，银行及其分支机构和子公司应该依据各自所在国（地区）的法律，根据执法部门、监管机构或者金融情报中心为开展的反洗钱和反恐怖融资工作提出的查询要求，反馈所需的客户信息。银行总部应能要求所有的分支机构或子公司比对特定名单，或者搜索涉嫌协助和参与洗钱和恐怖主义融资的特定个人或组织信息，并报告结果。

81. 银行应依据监管机构要求，向监管机构报告其集团层面管理客户风险的全球流程、洗钱和恐怖主义融资风险评估和管理程序，统一的反洗钱和反恐怖融资政策和程序，及其整个集团的信息共享安排。

五、综合性金融集团

82. 许多银行集团经营证券和保险业务。这类集团运用洗钱和恐怖主义融资风险管理措施时，可能会面临与银行不同的特殊问题。综合性的金融集团应能在整个集团层面上监测和共享客户身份信息及其交易和账户变动，发现同一客户使用不同业务条线服务的异常，满足上述段落79提出的要求。

83. 由于业务部门不同，相应的客户关系模式、交易性质也不同，反洗钱和反恐怖融资要求也应进行相应调整。集团内某业务部门销售其他业务部门的产品和服务时，应注意适用其他业务部门的反洗钱和反恐怖融资要求。

第四章　监管部门的职责

84. 银行监管者应遵循FATF新《四十项建议》建议26的要求，对于遵循核心原则的金融机构，应当运用与审慎监管相同的方法开展反洗钱和反恐怖融资监管；对并表集团的反洗钱和反恐怖融资监管，同样适用此方法。委员会希望监管机构在遵循和不违反其银行总体监管框架的情形下，运用《有效银行监管核心原则》（2012）对银行的洗钱和恐怖主义融资风险管理进行监管。

85. 银行监管机构应设定监管预期，指导银行建立反洗钱和反恐怖融资政策和程序。明确的监管预期是监管人员制定监管政策和实施监管的参考依据。建议各国监管机构为银行提供指引，帮助其制定自身的客户身份识别政策和程序。委员会特别指定了两个指引，涉及两个主题，供监管机构使用。

86. 监管机构应采取风险为本的方法对银行的洗钱和恐怖融资风险管理进行监管①。这一方法要求监管机构：①深刻理解所在国家（地区）的

① 监管机构还应考虑FATF新《四十项建议》建议26的注释对风险为本监管方法的描述。

风险及其对被监管机构的影响[①]；②根据国家风险评估的结果，评价银行自身开展的风险评估[②]；③评估金融机构的风险，了解其客户、产品和服务、银行及其客户经营所在地域的风险；④评估银行设计的反洗钱和反恐怖融资风险管理措施（包括客户尽职调查措施）的健全性和有效性；⑤使用上述信息确定监管所需资源、检查范围、有效检查所需的监管经验及监管人员，并根据识别的风险分配上述资源。

87. 监管机构应对高风险业务条线或者客户类别配备符合要求的特定专业人员和追加检查程序，确保检查的有效性；根据银行的风险状况来确定监管周期的频率和时间；对业务风险较高的银行，应加大检查频率；验证银行运用风险为本方法实施反洗钱和反恐怖融资措施时，能否作出合理判断；评估银行的内控制度，了解银行如何评价其自身合规程度及其评价结果的合理性。检查不应限于反洗钱政策和程序，必要时还应包括客户信息、抽样部分账户和交易、内部报告和可疑交易报告。监管机构有权获取所在国银行的交易和账户所有相关的文件，包括银行对异常或可疑交易所作的分析。

88. 监管机构应监督促银行健全洗钱和恐怖融资风险管理，确保银行安全和稳健运营，维护金融体系诚信[③]。监管部门应明确表明将对违反内控和监管要求的银行及其管理人员采取适当的监管措施，在特定的情形下，可能是严厉的公开处罚措施。此外，监管机构（或其他相关机构）能够采取制裁措施，推动银行按 FATF 要求对特定的业务关系和交易，或对涉及本国认定的反洗钱和反恐怖融资工作存在不足国家的业务关系和交易采取更为严格的客户身份识别措施。FATF 和一些国家提出了反洗钱和反恐怖融资制度存在重大缺陷或者不遵守国际规定的国家清单[④]，银行应运

---

① 为此，建议监管机构参考国家风险评估的结果，FATF 新《四十项建议》建议 1 的释义阐述了国家风险评估的内容。

② 在可行的情形下，包括跨国风险评估。

③ 许多监管机构有责任报告发现的（如通过现场检查）可疑、异常、非法交易。

④ 例如，这些被公开指出的国家（地区）包括 FATF 公开声明所指出的国家：

（1）具有重大 AML/CFT 缺陷，并应受到制裁措施的国家（地区）；

（2）具有重大 AML/CFT 缺陷，且未取得大的改进或者按照 FATF 要求制订改进行动计划，FATF 公开发布的《提升全球 AML/CFT 合规：后续进展》所指出的国家（地区）。

用这些信息开展洗钱风险管理。

89. 监管部门需审查银行对分支机构开展的反洗钱和反恐怖融资合规管理，审查集团反洗钱和反恐怖融资政策适应各国（地区）要求而作的调整，确保当银行分支机构或子公司所在地反洗钱要求与集团反洗钱和反恐怖融资政策要求存在差异时，分支机构或子公司执行更严格的要求。当分支机构或子公司未能执行更严格要求时，监管部门应了解并记录原因和差异，并采取适当的措施消除差异带来的风险。

90. 银行跨境经营时，母国监管部门[①]应可以不受限制地对银行所有分支机构是否符合集团反洗钱和反恐怖融资制度开展现场检查。可以审查他国分支机构的客户资料、抽样检查账户或者交易。如果母国监管部门合法使用信息，并采取可行的措施保护信息隐私，东道国的隐私或数据保护法律不应妨碍母国监管部门了解所需的信息。尽管东道国监管部门和（或）相关部门保留监管银行遵守当地反洗钱和反恐怖融资要求的执法责任，东道国监管部门也应全面配合和协助母国监管部门开展合规检查工作。母国监管机构应能获取抽样客户的账户和交易信息、特定客户在国内外的必要风险信息，以评价其客户身份识别和风险管理情况。在监管机构须遵循保密要求的情形下，信息被用于合法监管目的，不应该受到他国银行保密和数据保护法律的限制。他国监管机构负责监督银行遵循当地反洗钱和反恐怖融资要求的情况（包括对流程是否健全有效的评估），同时还应开展全面合作，协助母国监管机构监督其海外银行遵循集团反洗钱和反恐怖融资政策的情况。

91. 在评价反洗钱和反恐怖融资政策和程序的有效性方面，集团内部或者外部审计发挥了十分重要的作用。母国监管机构应该要求银行根据风险建立适当的政策，分配的资源应满足集团反洗钱和反恐怖融资审计的范围和频率要求。审计人员可以获取审计期间的所有报告。

92. 监管机构应对客户和交易信息保密，采取的保密措施同样适用于获取的其他银行活动信息。

---

① 在由外部审计人员承担检查任务的国家，主管部门依然有此权力。

93. 所有拥有外资银行的国家（地区）应建立适当的法律框架，推动外资银行向其总部（母银行）、母国监管机构传递信息以开展客户风险管理。同样，总部审计人员、风险管理人员、合规人员（包括首席反洗钱和反恐怖融资官或者集团反洗钱和反恐怖融资官员）以及母国监管机构人员可以对位于他国的分支机构和子公司开展现场检查，了解银行交易记录，包括客户姓名和账户余额。对分支机构交易记录的了解权限与对子公司交易记录的了解权限没有不同。如果上述信息共享受到限制，而且也没有类似的信息共享安排，母国监管机构应告知他国监管机构该银行应接受更多的监管，如在集团层面更为严格的监管措施，包括要求其停止在他国经营。

94. 母国总部机构被授权人员可了解他国机构的客户信息，同时还可以向总部报告上述信息而不应受到限制。对这些信息应遵循保密和相关使用要求，还应遵循母国法律有关保密和行业特权的相关要求。

95. 委员会认为，为了开展风险管理，包括洗钱和恐怖融资风险管理，没有理由立法限制银行将客户信息向其国外（其他地区）的总部或母银行传递。如果有法律限制这些信息向第三方披露，应将银行总部或者母银行以及母国银行监管机构明确排除在第三方的定义之外。如果一个国家（地区）存在风险管理方面的信息共享立法限制或者法律条款，则应解除限制，并提供特定渠道共享信息以开展必要的风险管理。

附件 A　依托另一家银行、金融机构或第三方开展客户尽职调查

一、简介

1. 在一些国家，银行可以依托其他银行、金融机构或其他实体进行客户尽职调查。虽然形式多样，但本质上通常分为两种情况。

（一）依托第三方

2. 一些国家的银行可以依托其他金融机构或指定的非金融企业和行业

开展客户尽职调查，因为这些机构也受到反洗钱和反恐怖融资监管[①]。这种情况下，第三方机构通常与客户存在已有的业务关系，而银行在开展新业务时可以免作客户尽职调查。金融行动特别工作组（FATF）[②] 允许通过以下方式开展客户尽职调查。

（1）利用可靠、独立来源的文件、数据或信息识别并核实客户身份。

（2）识别实际受益人并采取合理的措施来核实其身份，以使金融机构明确谁是实际受益人。在法人和制度安排上，金融机构还应该了解客户所有权和控制权结构。

（3）适时了解并获取关于业务关系目的和意图的信息。

FATF 准则进一步要求依托第三方的金融机构应立即获取关于这三项客户尽职调查措施的必要信息。

3. 一些国家对依托各种方式开展客户尽职调查进行了限制；例如，限制对金融机构的依赖，只允许依托第三方的现有业务关系（禁止关联链依托）或者不允许依托外国机构。

（二）外包/代理

4. 银行也可以订立合同通过第三方来履行各项客户尽职调查义务，这通常以外包/代理关系来实现（外包机构代表委托银行执行客户尽职调查措施）。通常情况下，关于哪些第三方可以作为银行代理的限制较少，但这常常是通过预先的安排和持续的记录来确定的。

5. 不论是依托第三方还是外包，银行都可以选择限制各种交易类型的规模、范围或性质。在所有情况下，主管部门应该可以根据要求及时获得客户信息。尽管这两种方式看起来相似或相关，但是它们之间存在显著差异，银行应确保其自身理解这些差异并将其反映到政策和程序中。

二、依托第三方

6. 关于是否以及什么时候依托另一家银行或金融机构是可接受和审慎的，银行应该有明确的政策和程序。这样的依托绝不能减轻银行应具有充

① 见 FATF 新《四十项建议》建议 17 及其释义。

② 见 FATF 新《四十项建议》建议 17 和建议 10 关于客户尽职调查的部分。

足的客户尽职调查政策和程序等反洗钱和反恐融资的义务，如了解预期的客户活动、客户是否为高风险、交易是否为可疑等。

7. 依托另一家银行或金融机构实施某些方面的客户尽职调查，银行应评估这种依托的合理性。除了确保有一个法律依据，相关可信赖的评估标准包括以下几方面。

（1）所依托的银行、金融机构或其他实体（国家法律所允许的）应该和银行一样受到全面监管，在开户时有类似的客户识别要求、存在真实的业务关系。另外，在达不到这些标准时，国家法律可能需要实施补救措施或进行管控。

（2）银行和其他实体应该有书面的安排或谅解备忘录来确认银行对其他金融机构的客户尽职调查流程的依赖。

（3）银行的程序和政策应该记录这种依托关系，并对这种关系建立适当的管控和审查程序。

（4）第三方可能需要向银行证明其已经实施了反洗钱程序，其执行的客户尽职调查措施与银行的相应义务实质上等同或一致。

（5）银行应该充分考虑其所依托的第三方的不利公共信息，如它被执法行动披露出的反洗钱缺陷或违规行为。

（6）银行不选择与单个机构发生直接的依托关系时，应识别并减轻由依托多方机构带来的任何额外风险（依托链）。

（7）银行的风险评估应该把依托第三方作为一个潜在的风险因素。

（8）银行应定期审查其所依托的机构，以确保它继续以像银行一样全面的方式进行客户尽职调查。为此，银行应该从它依托的银行、金融机构或实体中获得并评估所有的客户尽职调查资料及文件，包括审查本地数据库以确保符合当地的法规要求。

（9）银行应考虑终止依托于那些不能执行适当的客户尽职调查或其他不符合要求和期望的机构。

8. 拥有跨境分支机构的银行经常以金融集团名义把它们的客户介绍给金融集团内的其他机构。在允许这种依托跨境分支机构开展业务的国家，金融机构依托于其集团内部的其他成员的客户身份识别，应确保已做到上述评估标准。如果金融机构受集团范围内的反洗钱和反恐怖融资标准监管，并在集团层面受其财务主管监督，FATF 准则[①]允许其免除国家风险评估。

三、外包/代理

9. 银行可以选择直接进行客户身份识别和其他客户尽职调查流程，或者可委托一个或以上的第三方采取这些措施，有时以代理关系开展。虽然反洗钱和反恐怖融资合规职能可能由第三方来执行，但是履行客户尽职调查、反洗钱和反恐怖融资的义务仍由银行来承担。利用第三方的程度通常取决于银行的经营模式；通常情况下，通过电话或互联网操作的银行或实体分支网点较少的银行在更大程度上倾向于利用第三方机构。银行可以通过第三方来扩大其客户基础、增加对客户的支持力度、提升服务水平。

10. 选择利用第三方机构的银行应确保存在书面协议，其中规定了银行的反洗钱和反恐怖融资义务，以及这些义务将如何由第三方来执行。在一些国家，银行和第三方之间的关系是被监管的。

11. 如上面所指出的，银行明确利用第三方作为其代理人与依托另一家银行的客户身份识别和客户尽职调查流程的区别是很重要的。根据委托代理法律，此处的代理通常是银行的法律延伸。当一个银行的客户或潜在客户与银行的代理人进行业务交易时，它在法律上实际是与银行自身进行交易。所以第三方有义务实施银行关于客户身份识别和尽职调查的政策与要求。

12. 在实践中，银行的第三方代理必须具备必要的专业技术、知识和培训去实施银行的客户身份识别和尽职调查措施。在某些情况下，对于那些商业模式是基于代理几家银行的第三方，通常形成自身的重要内部专业知识。虽然通常情况下第三方机构会存在反洗钱和反恐怖融资义务，但也并不总是这样。但是，无论情况如何，第三方总需要执行委托银行的客户身份识别和客户尽职调查要求（这也必须符合法律规定）。

---

① 见 FATF 新《四十项建议》建议 17。

13. 银行通常通过零售存款经纪人、抵押贷款经纪人和律师等第三方来履行客户身份识别义务。当银行不确定第三方机构是否执行适当的客户身份识别要求和客户尽职调查措施时，洗钱和恐怖融资风险可能会增加。

14. 如上所述，应该存在记录第三方机构责任的书面协议或安排，其中应该包括以下内容：

（1）要求银行的客户身份识别和客户尽职调查要求得到执行（包括适当地查询资金和财产来源）；

（2）确保在进行客户身份识别和（或）客户尽职调查时，客户本人在现场，第三方机构执行客户身份识别程序应包括按规定或银行要求的查看身份证明文件原件。

（3）在当客户不在场的情况下进行客户身份识别时，应确保第三方可实施规定的适当的或与银行约定的非面对面身份识别。

（4）确保第三方机构对客户资料进行保密。

15. 银行也应该：

（1）确保如果第三方机构负责确定和（或）识别实际受益人或政治公众人物，这些责任应有所记录；

（2）确保第三方在所要求的时间内向银行提供客户身份识别信息；

（3）以系统性的方式，定期审查或审计由第三方收集和记录的客户信息的质量，确保其继续满足银行的要求；

（4）清楚地识别出相关情况，银行将考虑到第三方机构不能按照合同约定履行其职责的情况，并且建立相应程序来采取适当的行动，例如终止与经确认不能履行职责的第三方机构的合作关系。

16. 银行应该及时从第三方获取所有相关信息，确保信息的完整并保持最新的银行客户记录。

17. 与第三方机构的合同应该根据需要进行检查和更新，以确保这些合同继续准确规定第三方的职责、反映任何更新的职责。

附件 B　代理银行

一、代理银行概述

1. 根据金融行动特别工作组编译的词汇表，代理银行是指为另一家银行（被代理银行）提供银行服务的银行。

2. 被广泛用于世界各地的代理银行账户，可以办理和提供被代理银行不能直接办理和提供的业务和服务①（因为缺乏国际网络）。在那些被代理银行没有设立分支机构的司法管辖区内，代理银行提供的服务备受青睐。

3. 代理银行为被代理银行的客户处理或执行交易。代理银行一般不与被代理银行的客户发生直接业务关系，这些客户可以是个人、公司或金融服务机构。代理银行的客户一般为被代理银行。

4. 由于委托代理活动的结构特点及有关基础交易的性质和目的的可用信息有限，代理银行可能会涉及特定的洗钱和恐怖融资风险。

二、代理银行洗钱和恐怖融资风险评估——信息收集

5. 承担代理业务的银行，应当承担评估有关代理银行业务洗钱和恐怖融资风险的义务，并制定适当的客户尽职调查措施。

6. 在代理关系建立之初和之后的连续代理基础上，代理银行应该收集足够有关被代理银行的信息，充分了解其业务性质，正确评估持续代理基础上的洗钱和恐怖融资风险。

7. 代理银行应考虑的因素包括：

（1）被代理银行所在的国家或地区；

（2）被代理银行所属的集团，以及该集团的子公司及附属分支机构所

① FATF 词汇所提到的业务和服务，如现金管理（各种货币如计息账户）、国际电汇、支票结算、付款户口和外汇服务。

在的国家或地区；

（3）有关被代理银行的管理和所有权的信息（特别是受益人或政治公众人物）、声誉[①]、主要业务和客户及其地址；

（4）向被代理银行提供的服务的目的；

（5）包括目标市场和客户群在内的银行业务类型；

（6）被代理银行所在国家有关银行立法和监管的现状和质量（特别是反洗钱和反恐怖融资风险管理控制的法规）；

（7）被代理银行有关洗钱的预防和监测措施，包括对被代理银行的客户尽职调查措施的描述；

（8）获得有权使用代理银行服务的任何第三方实体身份信息的能力；

（9）被其他被代理银行在“嵌套”代理银行关系中潜在使用的账户[②]。

8. 可能依赖于任何由被代理银行填写的问卷或其提交的公开函件（如财务信息或任何强制性的监管信息）中，有关反洗钱和反恐怖融资风险政策和程序的信息。

三、客户尽职调查的要求

9. 如果代理银行在代理活动中没有应用适当水平的客户尽职调查措施，他们可能会与持有和（或）交换的货币与非法活动有关。

10. 所有的代理银行关系都应进行适当水平的客户尽职调查。银行不应该把客户尽职调查过程作为一个“纸张收集活动”，而应对洗钱风险进行真实评估。如有必要，信息的收集应基于与当地被代理银行的管理和合规人员、监管者、金融情报单位和相关政府机构的接触来完成。

11. 客户尽职调查的信息也应按照基于风险的方法进行定期检查和更新。同时应使用此信息来更新银行的风险评估程序。

---

① 声誉可能包括已被任何法院或监管机构宣告的民事、行政或刑事行动/处罚（罚款、责备等）。

② “嵌套”代理银行是指一个银行利用多个代理银行的关系，与直接被代理银行进行交易，并获得资产和其他金融服务。

四、接受客户

12. 接受（或继续）代理银行关系的决定，应得到代理银行高级管理层的批准。

13. 若代理银行受到反调查措施的影响或反洗钱/反恐怖融资存在战略性缺陷，金融行动特别工作组的互评估报告和针对特定国家或地区的报告可作为相关信息来源。通过类似金融行动特别工作组的区域性机构相互评估报告也可以获得这样的信息。从国家主管当局得到的任何公开的信息，银行也可以利用。当国家设有限制措施，特别是禁止代理银行提供服务时，应慎重考虑这一实情。代理银行在建立或继续与被代理银行的业务关系时，应特别注意那些位于缺乏反洗钱和反恐怖融资措施或来自已经被确定为打击洗钱和恐怖融资“不合作”的国家或地区的客户。

14. 在被代理银行没有单独设立分支机构的国家或地区，若被代理银行没有附属于正规的金融集团（即空壳银行），代理银行应拒绝开始或继续保持与其的代理银行关系。

五、持续监控

15. 代理银行应建立相应的政策和程序，使其自身能够监测到任何与向被代理银行提供相关服务的目的相违背的活动，或者是与代理银行与被代理银行间达成的协议不相符的活动。

16. 如果代理银行决定允许第三方直接利用代理账户为其自身办理业务（如应付账户），应进行与这些特定风险等级相一致的强化的监测。代理银行应当确认被代理银行已对具有直接进入相应的银行账户权利的客户实施了足够的客户尽职调查，且被代理银行能够根据要求为代理银行提供相关的客户尽职调查信息。

17. 应定期告知高级管理层高风险的代理银行关系以及相应监测的手段。

六、集团和跨国的考虑

18. 如果被代理银行与所在同一集团下的其他实体间有代理银行关系[①]（见案例 1），集团总部应特别关注集团间不同实体对风险的评估是否与集团风险评估政策一致。集团总部应调控与被代理银行的关系，特别是在高风险的情况下的关系，并确保集团内部适当的信息共享机制落到实处。

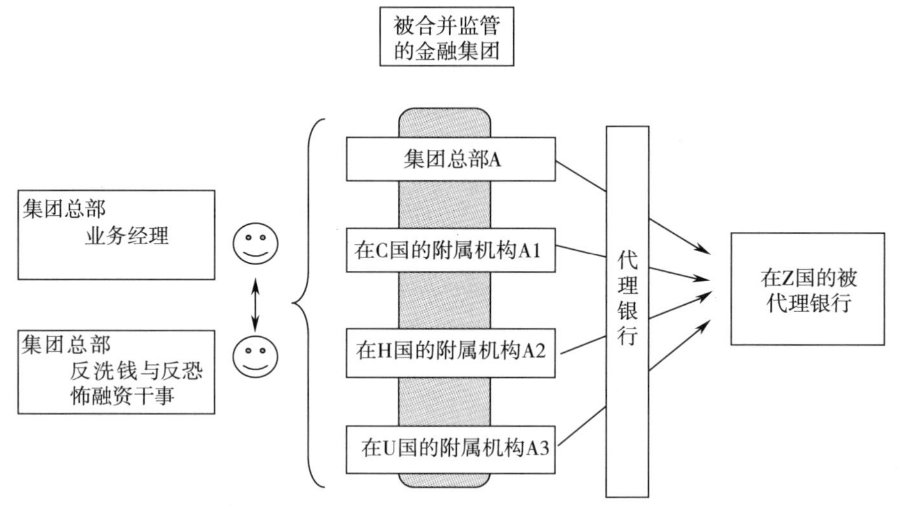

案例 1

19. 如果一个代理银行已与几个在同一集团但属于不同国家的公司建立了业务关系（见案例 2），代理银行应该注意这些公司属于同一集团控制的这一事实。而且，银行也应分别评估洗钱和恐怖融资风险在每个业务关系中的表现。

七、风险管理

20. 银行应建立明确的程序来管理代理银行关系。业务关系约定应

① 每个实体在其东道国提供代理银行服务。

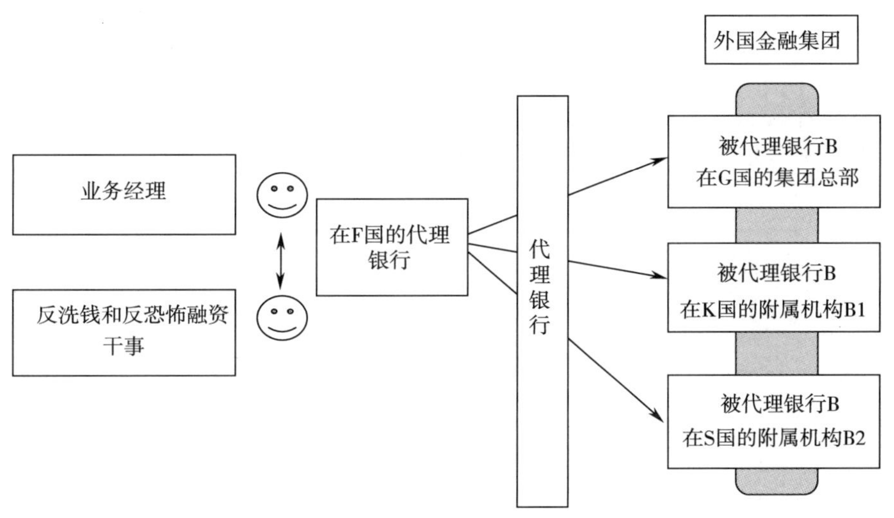

案例 2

该以正式的书面协议形式存在，且应明确界定银行合作伙伴的角色和职责。

21. 高级管理人员也应该清楚不同服务主体［业务员、干事（包括首席反洗钱和反恐怖融资官或集团反洗钱和反恐怖融资官）、审计员等］在与代理银行开展代理活动中的责任和作用。

22. 银行内部审计及核查部门①在评估并确保与代理银行活动相关的程序一致性方面，负有重要责任。内部控制应包括被代理银行风险识别手段、信息的收集、洗钱和恐怖融资风险评估程序和代理银行关系的持续监控。

① 见《银行内部审计职能》，2012 年 6 月；《有效银行监管核心原则》（2012）中关于内部控制和审计的 BCP26，2012 年 9 月发布。

附件 C　相关 FATF 建议列表

FATF 修订后的建议（包括其解释性注释）
• 建议 1：评估风险与运用以风险为本的方法
• 建议 2：国家层面的合作与协调
• 建议 9：金融机构保密法
• 建议 10：客户尽职调查
• 建议 11：记录保存
• 建议 12：政治公众人物
• 建议 13：代理行
• 建议 15：新技术
• 建议 16：电汇
• 建议 17：依托第三方的尽职调查
• 建议 18：内部控制境外分支机构和附属机构
• 建议 20：可疑交易报告
• 建议 26：对金融机构的监督和管理
• 建议 40：其他形式的国际合作

附录四

中国洗钱风险状况评估

（2010 年）

金融行动特别工作组（FATF）2007 年开始倡导风险为本反洗钱方法，并发布国家洗钱风险评估战略，推动各国开展国家洗钱风险评估工作。《中国反洗钱战略》（2008—2012）明确提出开展中国国家风险评估，推动风险为本监管。为了在国家层面上评估洗钱风险，中国人民银行反洗钱局课题组收集整理近十年全国发生的 409 个洗钱案件，对中国犯罪收益和洗钱类型特点、洗钱犯罪主体情况、行业、业务（产品）和地区洗钱风险分布等进行统计分析，形成了中国首份国家洗钱风险评估报告，为将来全面、实时、持续的国家洗钱风险评估奠定基础，有利于提高中国反洗钱工作的针对性和有效性。

一、对中国洗钱风险状况评估的背景

长期以来，FATF 及其区域性组织（FSRB）在收集各国洗钱案例基础上开展洗钱类型研究，发布了一系列洗钱类型研究报告，分析全球洗钱特点与趋势，并逐步形成专题性的研究成果。自倡导风险为本反洗钱方法以来，FATF 开始动态地、系统性地分析和评估全球洗钱状况。2007 年以来，FATF 发布了九个风险为本指引，2008 年 8 月发表了《洗钱与恐怖融资风险评估战略》。FATF 正在进行的与风险评估相关的工作有：（1）制定国家洗钱风险评估指引。此项目是 2008 年国家风险评估研究报告的延伸和成果体现。2008 年 10 月，FATF 全会与类型工作组决定制定一系列指导成员国国家风险评估工作的最佳实践指引文件，并制订了详细的项目计划，目前仍在最后讨论确定过程中。（2）发起战略监测倡议。2008 年 FATF 开始向成员国发出战略监测问卷，收集各国洗钱案例和统计信息，了解全球洗钱手段。（3）撰写全球洗钱威胁评估报告。此项目于 2008 年 11 月在 FATF 类型研究年会上启动，首次从战略和长远视角来分析和评估全球洗钱和恐怖融资风险，并于 2010 年 7 月发表首份《全球洗钱与恐怖融资威胁评估》报告。此报告以 2008 年和 2009 年 FATF 开展的“战略监测调查报告”问卷为基础，总结 FATF 类型报告成果和对成员国的互评估报告，从全球洗钱特征、主要危害、洗钱原因和应对措施四个方面进行分析。全球洗钱特征又主要分析现金及无记名支付工具、价值转移、资产与价值储存、专业人士、国家与区域因素五个方面，分别从洗钱需求、洗钱服务和危害等几个维度进行描述。此报告对各成员国开展国家风险评估有一定的参考与借鉴意义，并计划以后每两年发表一份新的《全球洗钱与恐怖融资威胁评估报告》。

作为中国反洗钱行政主管部门，中国人民银行在长期反洗钱专题研究中，认识到了解和掌握洗钱特征和规律是做好反洗钱工作的基本前提，可以使我国的反洗钱战略规划、政策制定、监督管理、案件调查和国际合作的有效性得以提升。2009 年底，中国人民银行发布了《中国反洗钱战略》(2008—2012)，明确提出了“开展国家洗钱风险评估”的战略要求和工作内容。随着中国反洗钱工作的不断深入，人民银行依法开展反洗钱调查，积极配合司法机关查处洗钱案件，主动发现和破获了大量洗钱案件。2008—2009 年，人民银行在全国范围内开展“天网行动”和“雷霆行动”，有效打击了洗钱和地下钱庄犯罪活动。中国反洗钱部门开始有意识地收集整理和总结分析洗钱案例，总结分析中国洗钱特点和规律，先后编写和出版了多部反洗钱案例分析专著。

二、洗钱风险状况评估的方法

国家洗钱风险评估的重要基础是对洗钱特征和规律的掌握，因此案例统计分析体系是其重要内容。人民银行近年来致力于案例收集分析，建立洗钱案例数据库，提炼出案例分析的样本和方法论，运用统计方法，从统计特征中描述中国犯罪收益与洗钱特点，进而分析洗钱风险在不同行业、业务（产品）和地区的分布情况，对中国整体洗钱风险状况进行评估。

为客观评估中国洗钱风险状况，人民银行组成中国洗钱风险状况评估课题组，尝试对近年全国发生的洗钱案件进行抽样调查，并专门设计了《中国洗钱风险状况评估——洗钱案例要素采集分析模板》。本次抽样调查的范围并不限于已经宣判的洗钱判例，而是包括同时满足以下三个条件的洗钱案例：（1）存在掩饰、隐瞒犯罪所得及其收益的洗钱行为；（2）已经被侦查机关破获以及被司法机关起诉审判；（3）比较典型，有一定的代表性。为尽量全面采集案例信息，课题组在典型案例研究和多次讨论修改的基础上专门设计了《中国洗钱风险状况评估——洗钱案例要素采集分析模板》。该模板主要分为五部分，包括背景情况说明、案例基本信息、犯罪（嫌疑）人员和单位基本信息、洗钱行为和资金交易分析、案件办理及其他信息。课题组于 2010 年 10 月开展了专题抽样调查，共采集各类洗钱案例 409 例，其中，人民银行参与办理（如发现线索、调查报案和配合侦查等）的案例 312 起，占案例样本总量的 76.3%；来源于侦查机关、司法机关、新闻媒体等渠道的案例 97 起，占案例样本总量的 23.7%。

三、中国洗钱风险状况类型评估

本课题主要描述犯罪收益来源、洗钱犯罪主体特征、洗钱的行业、业务（产品）和地区分布等与评估洗钱风险高度相关的统计结果。

（一）犯罪收益与洗钱类型分析

在洗钱案例抽样调查中，课题组分别对中国洗钱犯罪类型、犯罪收益、洗钱金额、犯罪方式等信息进行了采集和分析，从而对中国洗钱犯罪收益和类型情况进行评估。

1. 洗钱上游犯罪类型

根据《中华人民共和国刑法》的规定，洗钱犯罪的上游犯罪主要包括毒品犯罪、黑社会性质的组织犯罪、恐怖活动犯罪、走私犯罪、贪污贿赂犯罪、破坏金融管理秩序犯罪、金融诈骗犯罪以及其他犯罪等。在对 409 个洗钱案例（样本总数）的抽样调查中，涉及破坏金融管理秩序犯罪的洗钱案例最多，占样本总数的 29.6%；其次是涉及金融诈骗的洗钱案例，占 13.9%；涉及毒品犯罪和贪污贿赂犯罪基本相当，分别占 10.0% 和 9.0%（见附图 1）。此外，有 30.8% 的洗钱案例涉及《中华人民共和国刑法》第一百九十一条规定之外的上游犯罪类型，其中最主要的是赌博犯罪（13.0%）和税务犯罪（4.6%）。

2. 上游犯罪收益

犯罪所得（收益）是指通过犯罪活动获得的各种非法资产总额，也就是洗钱犯罪资金的来源。课题组对 309 个洗钱案例的上游犯罪所得金额进

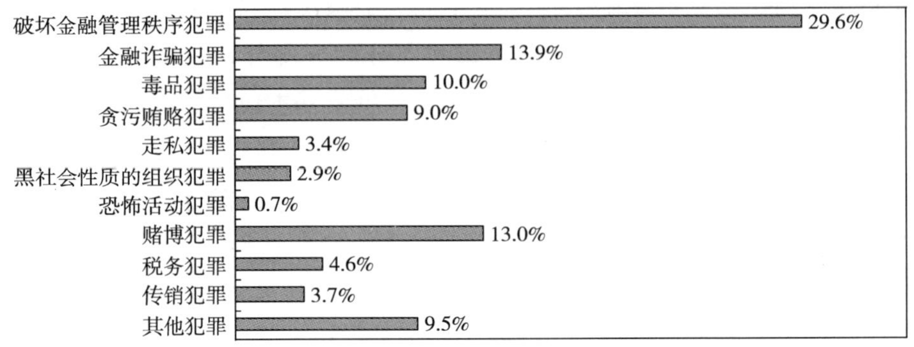

注：由于四舍五入，合计数可能不等于100%，下同。

附图1　洗钱犯罪涉嫌上游犯罪类型

行了统计，分析得到上游犯罪所得折合人民币共计1 053.1亿元，平均每个洗钱案例的上游犯罪所得约3.4亿元。其中，69.6%的洗钱案例上游犯罪所得在1 000万元以下（上游犯罪所得在100万元以下的洗钱案例占样本总数的29.8%）；同时也有一定比例的巨额洗钱案件，如犯罪所得超过1亿元的洗钱案例也占到10.1%（见附图2）。

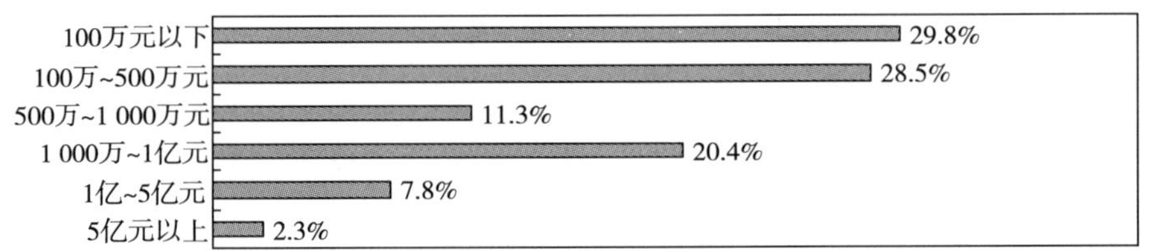

附图2　上游犯罪所得

3. 洗钱犯罪涉及金额

涉案金额是指犯罪活动涉及的总金额。实践中，涉案金额与犯罪所得、洗钱金额有所不同。① 课题组对397个洗钱案例的涉案金额进行了抽

① 以走私洗钱案件为例，走私团伙用1亿元购得价值2亿元的香烟，走私到境内低价卖掉香烟后得到1.5亿元，并通过地下钱庄将其中1亿元转往境外，则此案涉案金额为2亿元，犯罪所得0.5亿元，洗钱金额为1亿元（严格地说，清洗犯罪所得0.5亿元，另外0.5亿元是犯罪资金）。在某些特殊案件中，这几个金额可能相同。

样调查（以此作为此项统计样本总数），涉案金额总计 4 482. 6 亿元，平均每个洗钱案例涉及金额 11. 3 亿元。其中，68. 5% 的洗钱案例涉案金额在 1 亿元以下（涉案金额在 1 000 万元以下的洗钱案例占样本总数的 39. 5%）；31. 5% 的洗钱案例涉案金额超过 1 亿元，同时也有一定比例的巨额洗钱案件，如涉案金额超过 20 亿元的洗钱案例也占到 5%（见附图 3）。

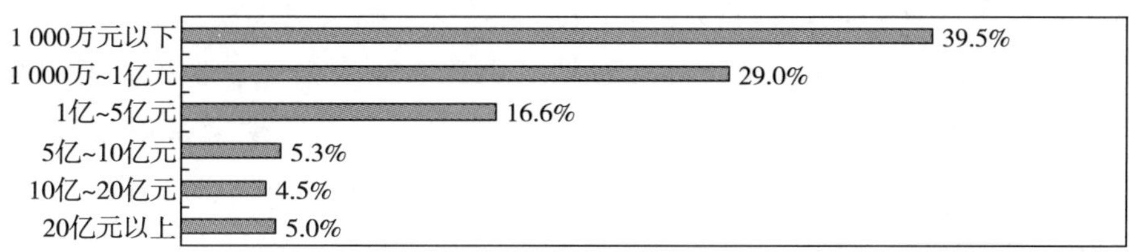

附图 3　洗钱犯罪涉案金额

4. 洗钱金额

这里的洗钱金额是指洗钱者通过各种方式掩饰隐瞒的上游犯罪资金及其收益的金额（含上游犯罪人自行洗钱）。① 课题组对 185 个洗钱案例的洗钱金额进行了抽样调查，分析估计洗钱金额折合人民币共计 1 009. 7 亿元，平均每个洗钱案例的洗钱金额约 5. 5 亿元。其中，61. 7% 的洗钱案例洗钱金额在 1 000 万元以下（洗钱金额在 100 万元以下的洗钱案例占样本总数的 24. 9%）；同时也有一定比例的巨额洗钱案件，如洗钱金额超过 1 亿元的洗钱案例也占到 18. 4%（见附图 4）。

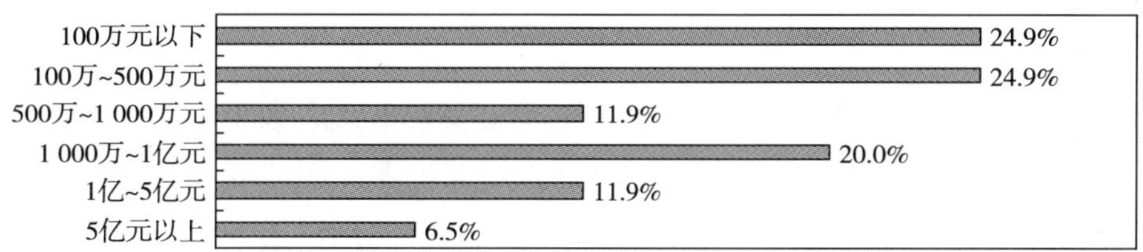

附图 4　洗钱金额

① 严格意义上的洗钱金额是指清洗上游犯罪所得的金额。而实践中，在犯罪过程中很难严格区分上游犯罪本金和收益，因而为统计方便，这里使用的洗钱金额包含了清洗上游犯罪本金的金额，因而其数额要比单纯的上游犯罪收益大。

5. 洗钱犯罪方式

在具体的洗钱案件中，洗钱者运用的洗钱方式多种多样，错综复杂，已经总结出来的典型洗钱方式有十余种。课题组抽样调查了273个具有典型洗钱方式的洗钱案例（此项样本总数），分析发现利用银行账户洗钱的案例占到样本总数的66.3%；其次是利用银行卡和现金交易洗钱，分别占41.0%和38.5%；通过投资方式（包括金融投资和实物投资）洗钱的案例占到样本总数的1.8%。此外，通过地下钱庄、空壳公司、虚构交易（债权债务、担保、收入）、票据、博彩业、进出口贸易、现金密集型场所、典当（租赁或买卖）、现金走私以及其他方式洗钱的案例也分别占有一定比例（见附图5）。

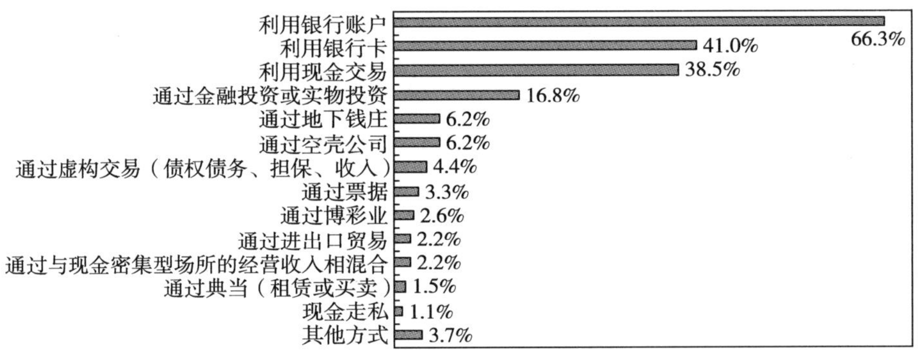

附图5　洗钱方式

6. 小结

综上所述，中国洗钱犯罪的上游犯罪主要集中在金融犯罪领域（如破坏金融管理秩序犯罪和金融诈骗犯罪）；其次是毒品犯罪和职务犯罪；赌博犯罪和税务犯罪目前尚不属于《中华人民共和国刑法》第一百九十一条规定的上游犯罪，但实践中案件比例较高，值得立法关注；洗钱犯罪活动部分个案的涉案金额、上游犯罪收益和洗钱金额较大；洗钱犯罪活动主要方式集中表现为通过银行账户、银行卡、现金交易和投资方式（包括金融投资和实物投资）洗钱。

（二）洗钱犯罪主体分析

洗钱犯罪主体包括实施洗钱犯罪的个人和单位。在洗钱案例抽样调查中，课题组分别对洗钱案例的犯罪主体（个人和单位）的组织情况、涉外情况、职业（行业）情况、特定关系等信息进行了采集和分析，从而对中国洗钱犯罪主体的分布情况进行评估。

1. 洗钱犯罪组织性

洗钱犯罪往往与上游犯罪活动纠结在一起，因而具有明显的组织性，犯罪主体往往涉及多人（单位）。课题组对 409 个洗钱案例进行抽样调查（此项统计样本总数），这些案例共涉及犯罪主体 4 104 个，其中个人占 81. 8%，单位占 18. 2%；平均每个洗钱案例涉及犯罪主体 11. 1 个（其中个人 8. 3 个，单位 2. 8 个）。其中，犯罪主体为 1 人（单位）的洗钱案例仅占 19. 3%，80. 7%的洗钱案例犯罪主体在 2 人以上；犯罪主体在 2 ~ 5 人（单位）的较为集中，占样本总数的 42. 3%；犯罪组织化程度较高的洗钱案例也占有相当的比例，如犯罪主体超过 10 人的洗钱案例达到了 21. 1%，超过 20 人的达到了 8. 8%（见附图 6）。

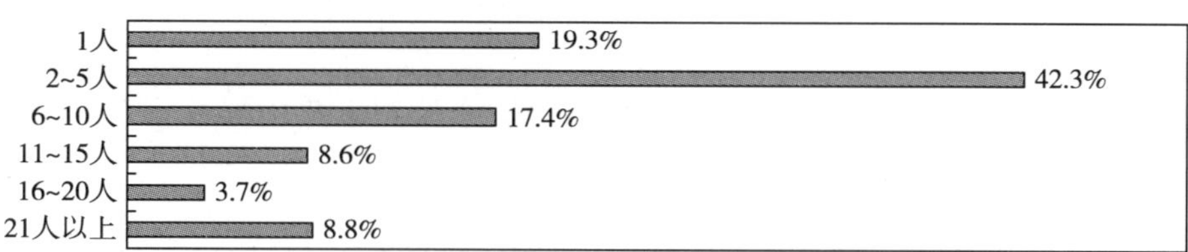

附图 6　洗钱犯罪主体的组织性

2. 洗钱犯罪单位基本情况

课题组对 101 个参与洗钱的单位的性质、经营规模、所属行业和所在地进行了抽样调查和分析。

单位性质。在抽样调查的 101 个洗钱单位中，公司企业最多，占 84. 2%；其余均是个体工商户，占 15. 8%。未发现党政机关、事业单位和社会团体参与洗钱的案例。

经营规模。课题组对 42 个洗钱单位的注册资金进行了抽样调查，注册资本总额达到 6. 98 亿元，平均每个单位注册资本约 1 701. 8 万元。其中，注册资本在100万元以下的小公司最多，占47.6%；但参与洗钱的较大型公司也占有一定比例，注册资本超过1 000万元的公司约占23.8%（见附图7）。

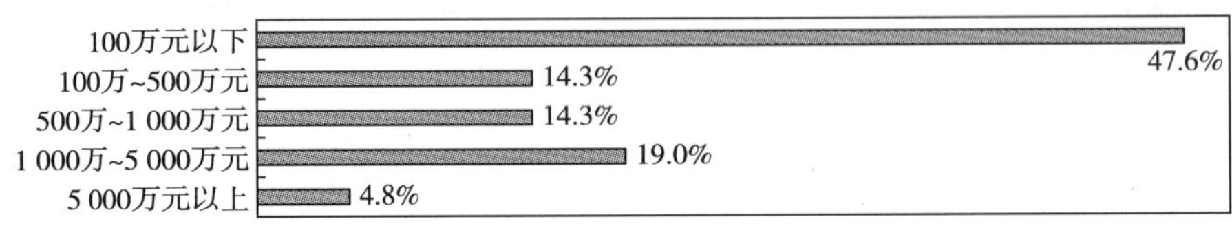

附图7　洗钱犯罪单位注册资本

所属行业。课题组抽样调查94个单位的所属行业信息，其中贸易行业（含进出口贸易）单位参与洗钱的案例最多，占39.4%；其次是零售、房地产和投资行业的单位，这些行业单位参与洗钱的案例分别占18.1%、14.9%和12.8%。此外，还有一定比例的洗钱单位从事咨询、再生（如废品回收）、金融、交通、能源等行业或领域。

3. 洗钱犯罪人员基本情况

课题组对409个洗钱案例中的洗钱犯罪人员（有些包括上游犯罪人员）的性别、犯罪时年龄、文化程度、职业、居住地和前科情况进行了抽样调查和分析。

性别。课题组对778名犯罪人员进行抽样调查，其中男性占77.8%，女性占22.2%。

犯罪时年龄。课题组对664名犯罪人员进行抽样调查，其中犯罪年龄最大的78岁，最小的17岁，平均年龄37.6岁；犯罪年龄主要集中在31～40岁之间，占39.0%（见附图8）。

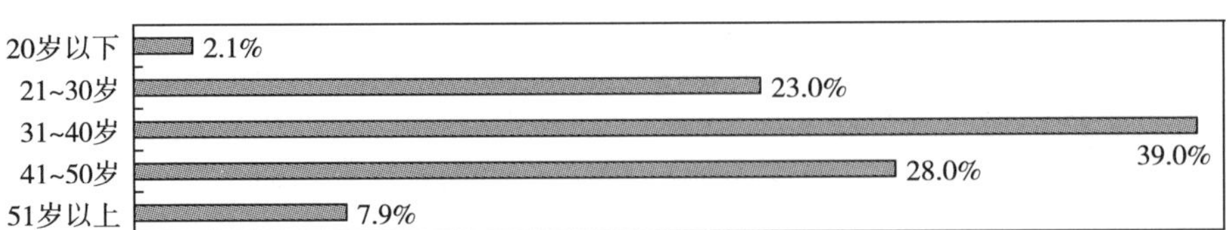

附图8　洗钱犯罪人员犯罪年龄分布

文化程度。课题组对477名犯罪人员的文化程度进行了抽样调查，其中初中文化的犯罪人员最多，占到39.2%；其次是高中文化的犯罪人员，占总数的26.6%；大学及以上文化程度的犯罪人员比例也比较高，占总数的26.2%（见附图9）。

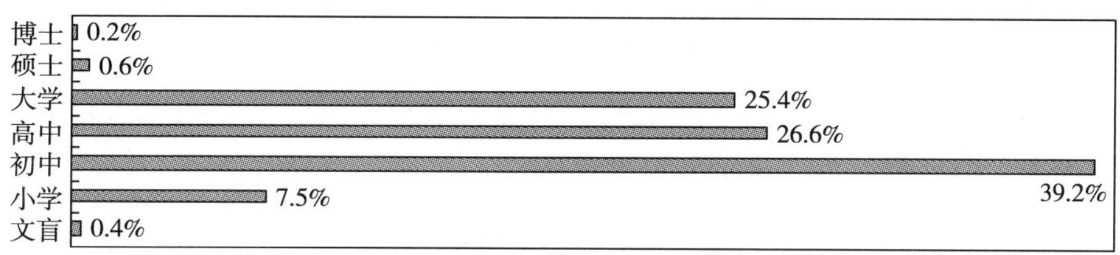

附图9 洗钱犯罪人员文化程度

前科情况。课题组对580名犯罪人员的前科情况进行抽样调查，其中563名犯罪人员没有前科，占97.1%；另有2.9%的犯罪人员曾有犯罪前科，前科主要集中在各种侵财性犯罪。

4. 洗钱犯罪主体特定关系情况

洗钱犯罪主体之间以及与上游犯罪主体之间往往存在一定的特定关系，如家庭成员、亲属关系等，这种关系使洗钱犯罪组织性更强。课题组对320个洗钱案例中犯罪主体的特定关系进行了抽样调查，其中犯罪主体之间存在特定关系的有69例，占21.6%。在这69个洗钱案例中，洗钱犯罪主体之间为家庭成员关系或其他亲属关系的占到79.7%（其中洗钱犯罪主体之间为家庭成员关系的占到53.6%）；其次是雇用关系，约占21.7%。犯罪主体之间存在情人关系的占到10.1%（见附图10）。

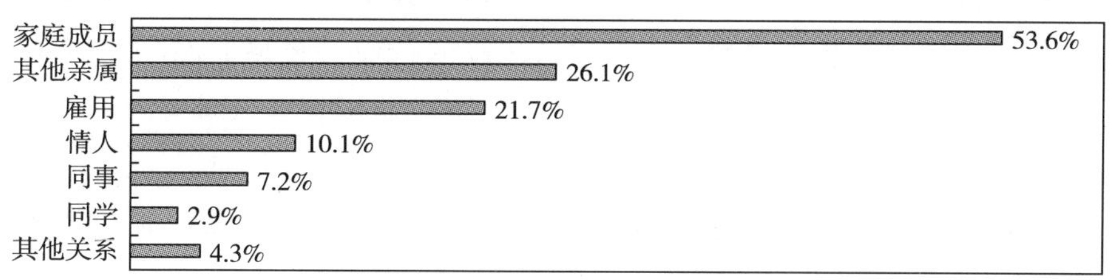

附图10 洗钱犯罪主体之间的特定关系

5. 自行洗钱与他人洗钱

在洗钱犯罪活动中，上游犯罪人可以通过他人协助洗钱，也可以自行清洗本人犯罪所得，后者在理论上一般称为“自行洗钱”，这一特征往往反映了洗钱犯罪的专业化程度。课题组对 237 个洗钱案例（此项样本总数）的这一情况进行了抽样调查，发现 52. 7% 的洗钱案例为上游犯罪人自行洗钱；有专门的洗钱人员独立进行洗钱或者与上游犯罪人共同洗钱的案例占 42. 2%（见附图 11）。这说明，中国洗钱犯罪仍以上游犯罪人自行洗钱为主，但已经具备一定的专业化程度。

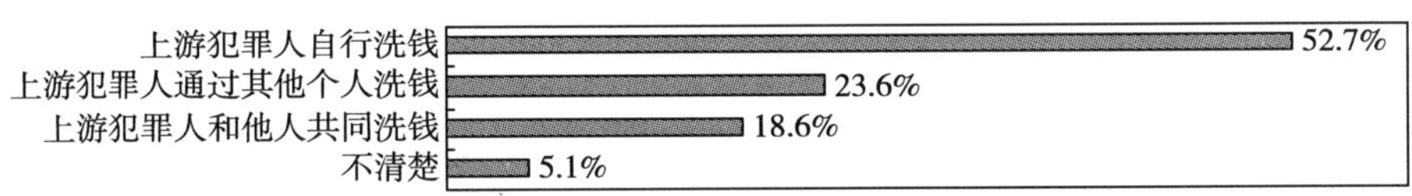

附图 11　自行洗钱与他人洗钱

6. 小结

综上所述，中国洗钱犯罪主体呈现以下特点：中国洗钱犯罪活动具有明显的有组织性，仍以上游犯罪人自行洗钱为主，但已经具备一定的专业化程度；洗钱犯罪主体之间的特定关系并不明显；洗钱犯罪人员以男性为主，犯罪时间集中在中年，文化程度偏低（但高教育人群约有 1/4），犯有前科比例不高；洗钱犯罪单位以公司企业和个体工商户为主，多数经营规模较小，经营范围以贸易、零售、房地产和投资行业为主。

（三）行业（领域）洗钱风险分析

在洗钱案例抽样调查中，课题组分别对洗钱案例的洗钱途径（通过哪种行业洗钱）、资金流向、洗钱人员职业和洗钱单位所在领域等行业性信息进行了采集和分析，从而对中国洗钱风险的行业（领域）分布情况进行评估。

1. 洗钱犯罪途径

洗钱犯罪活动往往通过一些合法行业掩饰、隐瞒、转移犯罪所得及其收益，从而对这些行业形成风险。实践中，容易被洗钱犯罪利用的行业包括银行业、证券业、期货业、保险业、信托业、支付清算业、拍卖业、典当业、律师业、会计师业、房地产业、博彩业、影视娱乐业等。通过对洗钱案例抽样调查，课题组获得了 255 个案例（作为此项统计的样本总数）的涉及行业信息。分析显示，中国洗钱犯罪活动主要集中在银行业、房地产业和证券业。其中，涉及银行业的案例数量最多，占到样本总数的74.5%；其次是房地产业和证券业，涉及该行业的案例数量分别占到样本总数的9.8%和8.2%；涉及期货业、保险业、信托业、支付清算业、拍卖业、典当业、律师业、会计师业、博彩业、影视娱乐业的案例比例基本在0.4%～3.5%（见附图12）。此外，部分案例还涉及慈善（基金会）、投资咨询、餐饮服务、来料加工、批发零售、药品、矿山、交通运输等行业。

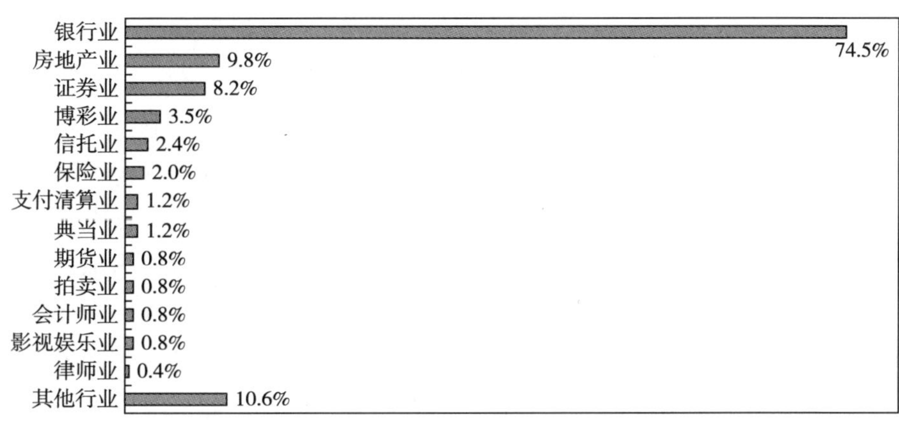

附图12　被洗钱犯罪利用的行业

2. 犯罪资金流向行业（领域）

犯罪资金经过清洗后，会变成表面“合法”的资金，并进入相应行业或领域进行循环或消费，从而对流入的行业（领域）产生风险。通过对洗钱案例抽样调查，课题组获得了145个案例（作为此项统计的样本总数）的犯罪资金流向行业信息。分析显示，中国洗钱犯罪资金主要流入金融、房地产和投资领域。其中，流入、进入金融领域的洗钱案例数量最多，占样本总数的40%；其次是流入房地产和投资领域，相应案例数量分别占样本总数的35.9%和26.2%。此外，还有19.3%的犯罪资金流入贸易、高档消费、赌博、交通、能源、慈善及其他行业或领域（见附图13）。

3. 犯罪资金投资对象

投资已经成为洗钱者最为青睐的洗钱方式（事实上，前面节中所列的

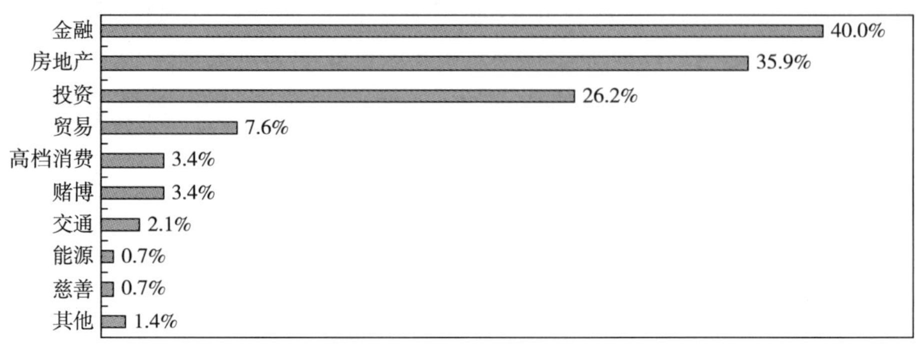

附图13　犯罪收益清洗流向行业

金融、房地产、贸易等均属于广义投资范畴），通过投资，不但可以达到洗钱的目的，同时还可以实现犯罪资金的增值保值。这种投资洗钱活动将对投资对象所在领域产生风险。通过对洗钱案例抽样调查，课题组获得了54个案例（作为此项统计的样本总数，因样本数量有限，仅作为辅助定性分析）的犯罪资金投资对象信息。分析显示，中国洗钱犯罪资金主要投资于金融和房地产领域。其中，投资于证券类产品的案例数量最多，占样本总数的33.3%；其次是投资于房地产和银行理财产品，相应案例数量分别占样本总数的31.5%和18.5%（见附图14）。此外，还有部分犯罪资金投资于企业、贵金属、保险产品、高档用品、期货类产品、基金产品、影视剧、艺术品或收藏品以及其他投资对象。

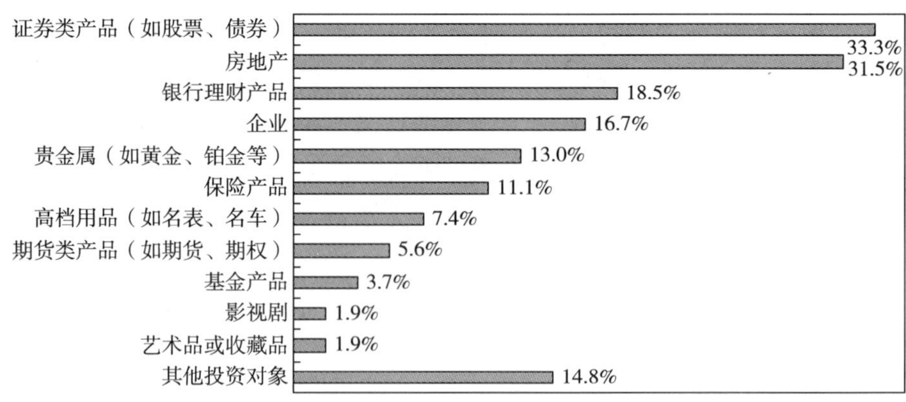

附图14　犯罪资金投资对象

4. 洗钱犯罪主体集中行业

实践中，特定行业人员或单位利用特定行业优势从事洗钱活动，或者帮助其他犯罪分子进行洗钱活动，从而在该行业（领域）形成特定的洗钱风险。通过对洗钱案例抽样调查，课题组发现有44个案例存在特定行业人员参与洗钱犯罪活动的情况，占抽样调查案例样本总数的10.8%（作为此项统计的样本总数，样本数量有限，仅作为辅助定性分析）。在这些特定行业人员洗钱案例中，涉及银行工作人员洗钱的最多，占其中的50%；涉及保险、律师行业人员洗钱的案例分别占其中的4.5%和2.3%（见附图15）。本次抽样调查暂未发现证券期货行业人员参与洗钱案例。

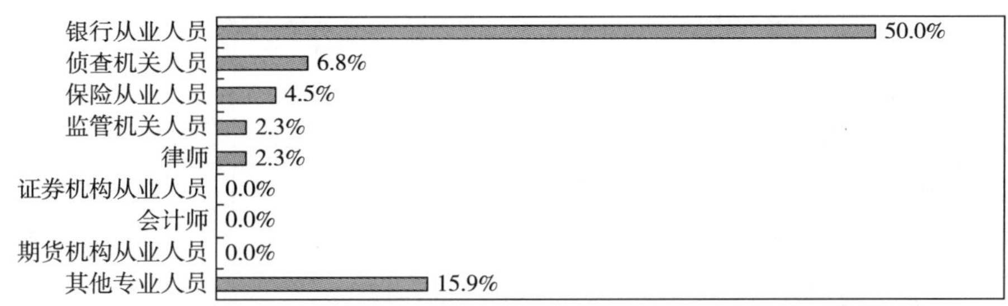

附图15　特定专业人员从事洗钱犯罪活动

通过对洗钱案例抽样调查，课题组获得了94个案例中的洗钱单位所属行业（领域）信息（作为此项统计的样本总数）。分析显示，贸易行业（含进出口贸易）单位参与洗钱的案例最多，占到样本总数的39.4%；其次是零售、房地产和投资行业的单位，这些行业单位参与洗钱的案例分别占样本总数的18.1%、14.9%和12.8%（见附图16）。此外，还有一定比例的洗钱单位属于咨询、再生（如废品回收）、金融、交通、能源等行业

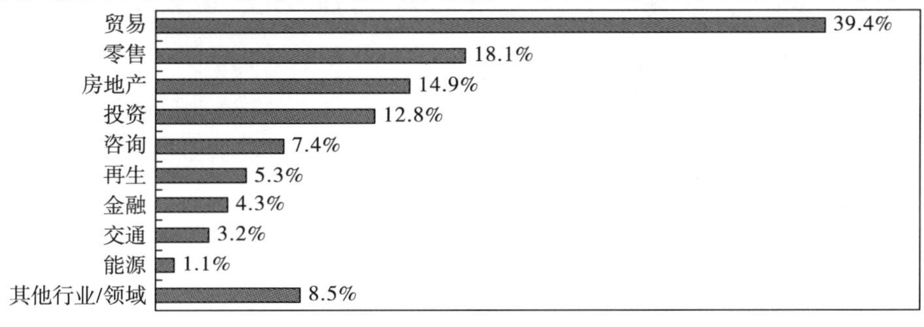

附图16　特定行业单位从事洗钱犯罪活动

或领域。

5. 小结

综上所述，金融和房地产行业的洗钱风险明显高于其他行业；在金融行业中，银行业和证券业的洗钱风险要高于保险、期货及其他行业；传统贸易行业（如进出口贸易）的洗钱风险仍然较大，同时洗钱风险已经向能源、交通、贵金属等资金密集行业蔓延；特定行业人员（如律师、会计师）和特定行业单位（零售、咨询、再生）存在与其特定行业特点相关的洗钱风险（见附表1）。

附表1　洗钱风险行业分布情况

分析角度	风险较高的行业或领域排名							
	1	2	3	4	5	6	7	8
洗钱途径	银行	房地产	证券	博彩	信托	保险	支付结算	典当
资金流向	金融	房地产	投资	贸易	高档消费	赌博	交通	能源
特定洗钱单位	贸易	零售	房地产	投资	咨询	再生	金融	交通
专业人员（辅助）	银行	侦查	保险	监管	律师	证券	会计师	期货
投资对象（辅助）	证券	房地产	银行理财	企业	贵金属	保险	高档用品	期货

（四）金融业务（产品）洗钱风险分析

对洗钱案例抽样调查显示，金融业已经成为洗钱犯罪活动的高风险行业，这点与传统观点和社会认知高度相符。但金融业中的具体业务和产品纷繁复杂，并不断创新，各种业务（产品）的风险程度不能一概而论，也难以一一评估。在对洗钱案例抽样调查过程中，课题组选取了传统观点认为洗钱犯罪活动比较容易利用的金融业务（产品）进行信息采集和分析，进而评估重点业务（产品）的风险。

1. 现金业务洗钱风险

通过现金洗钱一直是洗钱者惯用的洗钱方式。通过现金交易，洗钱者可以有效割断资金链条，阻碍金融机构的监控和警方的调查，从而达到洗钱的目的。在对洗钱案例抽样调查中，课题组获得了344个案例的现金交易信息，以下以此作为样本总数进行分析。

现金交易与非现金交易。在344个抽样案例中，有220个案例存在现金交易，占样本总数的 64%；未发现现金交易的占样本总数的 36%。

现金交易规模。在 220 个存在现金交易的洗钱案例中，课题组获得了 195 个案例的现金交易金额（作为此项统计的样本总数），折合人民币共计 203.2 亿元（按近年平均汇率 1 美元 =7 元人民币计算，下同），平均每个案例现金交易金额达到 1.04 亿元。其中，26.7% 的案例现金交易金额在 100 万元以下；现金交易金额在 100 万元至 500 万元的案例也占到 23.1%；交易金额在 500 万元以上的案例随金额上升越来越少，但超过 1 亿元的案例仍有 12.8%（见附图 17）。

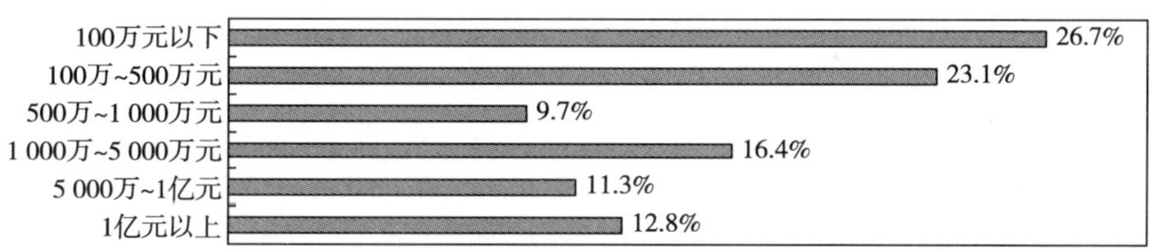

附图 17　洗钱案件中的现金交易金额分布

现金交易比重。在 220 个存在现金交易的洗钱案例中，还可能同时存在其他交易方式，因此课题组专门采集和分析了这些案例的现金交易比重信息。其中，46.4% 的案例以现金交易为主；现金交易与其他交易基本持平的洗钱案例占 20.5%；也有 26.8% 的案例以其他交易方式为主进行洗钱，现金交易比重较小（见附图 18）。

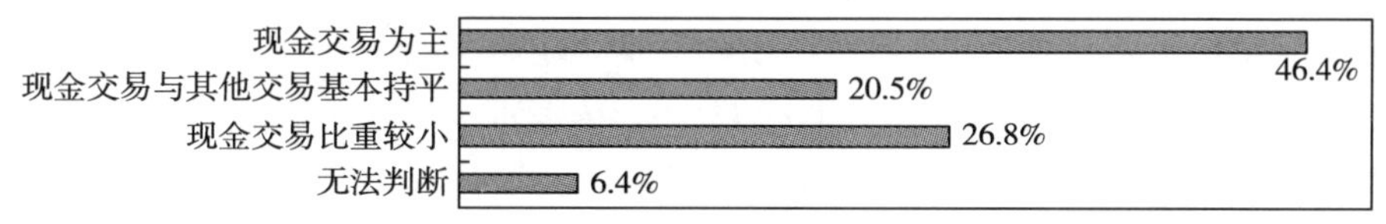

附图 18　洗钱案件中的现金交易比重

现金洗钱具体方式。通过现金交易洗钱的方式多种多样，如拆分交易、报告限额下存取现、ATM 取现、银行柜台取现、现金走私和运输、窝藏现金以及其他方式。在 220 个存在现金交易的洗钱案例中，课题组获得了 166 个案例的现金交易具体方式信息（作为此项统计的样本总数）。其中，56.6% 的案例中的洗钱者采用在银行柜台取现的方式洗钱；28.3% 的案例中的洗钱者则选择了在 ATM 上直接取现；拆分交易和报告限额下存取现是洗钱者逃避反洗钱监测的洗钱手法，使用这种手法的洗钱案例分别占到了 19.3% 和 11.4%。比较传统的现金洗钱方式（如窝藏现金与现金走私和运输）比例相对较小，分别占 9.0% 和 3.0%。此外，还有 7.8% 的案例中使用了现金购买理财产品、房地产、存入保管箱、POS 机套现等其他现金洗钱方式（见附图 19）。

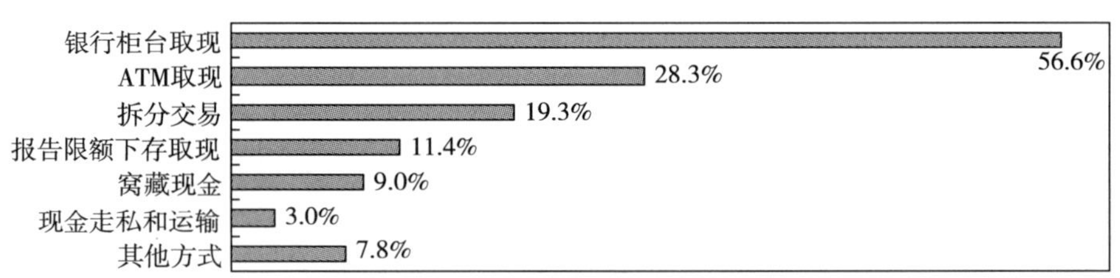

附图 19　现金洗钱的具体方式

2. 跨境业务洗钱风险

跨境业务（如汇款）是跨境洗钱犯罪活动最主要的洗钱方式，通过跨境交易，可以实现犯罪资金的跨境转移，达到洗钱目的。在对洗钱案例抽样调查中，课题组获得了 356 个案例的跨境交易信息，以下以此作为样本总数进行分析。

跨境交易与非跨境交易。在 356 个抽样案例中，有 66 个案例存在跨境交易，占样本总数的 18.5%；未发现跨境交易的占样本总数的 81.5%。抽样调查发现，并非所有的涉外洗钱案件都存在跨境交易，但跨境交易是涉外洗钱犯罪的主要洗钱方式，抽样调查获得涉外洗钱案例 80 个，其中存在跨境交易的案例占 82.5%。

跨境交易规模。在 66 个存在跨境交易的洗钱案例中，课题组获得了 51 个案例的跨境交易金额信息（作为此项统计的样本总数），折合人民币共计 204.4 亿元，平均每个案例跨境交易金额达到 4.01 亿元。其中，29.4% 的案例跨境交易金额在 1 000 万元以下；跨境交易金额在 1 000 万元至 5 000 万元的案例也占到 27.5%；跨境交易金额在 5 000 万元以上的案例随金额上升越来越少，但超过 1 亿元的案例仍有 25.5%（见附图 20）。

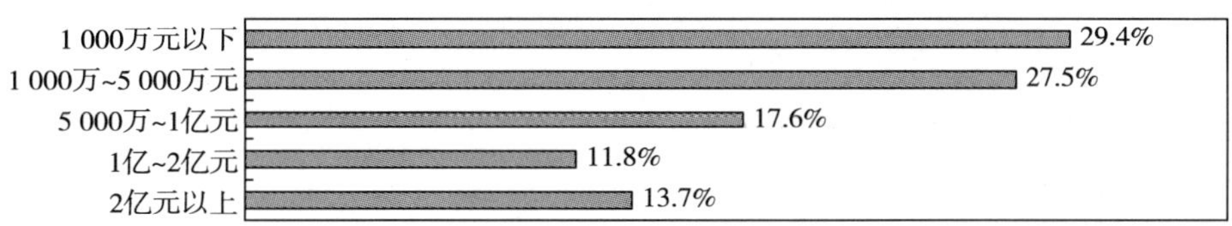

附图 20　洗钱案件中的跨境交易金额分布

跨境交易具体方式。通过跨境交易洗钱的方式多种多样，如通过银行、通过国际汇款机构（如西联汇款等）、通过地下钱庄等替代性汇款机制以及其他方式。在 66 个存在跨境交易的洗钱案例中，有 65. 2% 的案例中的洗钱者通过地下钱庄等替代性汇款机制跨境洗钱；33. 3% 的案例中的洗钱者选择了通过银行跨境业务洗钱；抽样调查没有发现通过国际汇款机构（如西联汇款等）跨境洗钱的案例。此外，还有 10. 6% 的案例中使用了现金走私等其他跨境洗钱方式（见附图 21）。

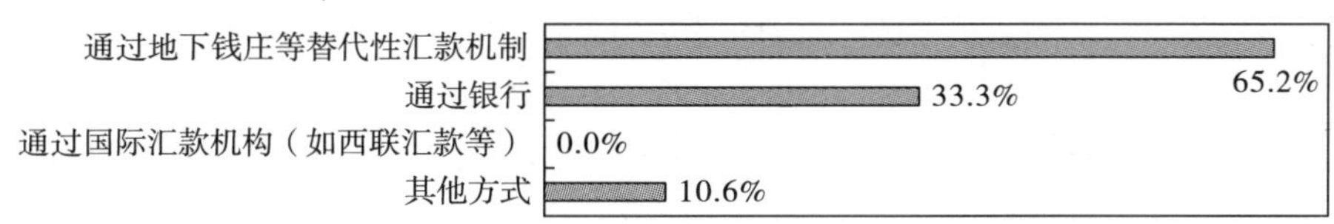

附图 21　跨境洗钱方式

跨境交易涉及国家或地区。在 66 个存在跨境交易的洗钱案例中，课题组获得了 61 个案例涉及对外国家或地区信息（作为此项统计的样本总数）。经分析，中国洗钱案例中的跨境交易对方主要涉及周边国家或地区，如中国香港、中国澳门、中国台湾、缅甸、越南、韩国、美国、老挝、泰国、菲律宾、马来西亚、新加坡等。其中，跨境交易涉及中国香港洗钱案例最多，占到样本总数的 52. 5%；其次是中国澳门和中国台湾，分别占样本总数的 16. 4% 和 8. 2%。这些案例类型以广东、深圳、福建等地的地下钱庄洗钱犯罪活动为主。跨境交易涉及缅甸、越南、泰国、老挝等中国西南周边国家的洗钱案例也比较集中，占样本总数的 21. 4%，案例类型以毒品、走私、赌博等洗钱犯罪活动为主（见附图 22）。

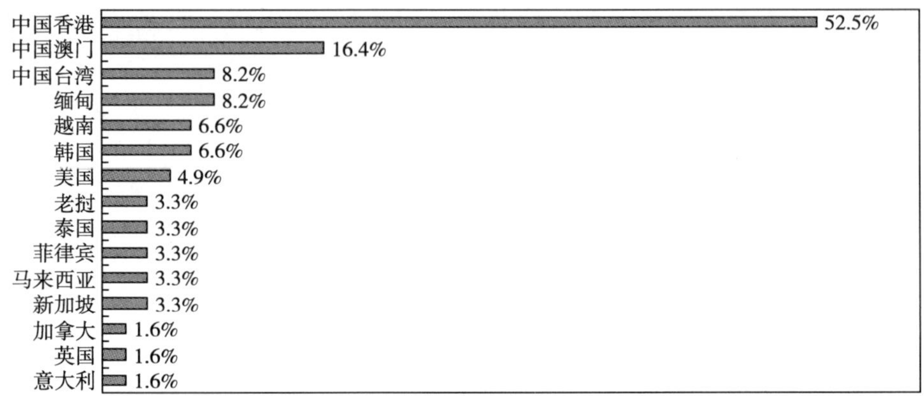

附图 22　跨境洗钱交易主要涉及的境外国家或地区

3. 电子业务洗钱风险

电子业务具有典型的“非面对面”特征，洗钱者通过电子业务，可以在不接触金融机构工作人员的情况下转移非法资金，从而降低被发现的风险。在对洗钱案例抽样调查中，课题组获得了 341 个案例的电子交易信息，以下以此作为样本总数进行分析。

电子交易与非电子交易。在 341 个抽样案例中，有 147 个案例存在电子交易，占样本总数的 43. 1%；未发现电子交易的占样本总数的 56. 9%。

电子交易具体方式。通过电子交易洗钱的方式多种多样，如网上银行、电话银行、手机银行、第三方支付、预付卡支付以及其他方式。在 341 个存在电子交易的洗钱案例中，有 39. 6% 的案例中的洗钱者通过网上银行洗钱；5. 9% 的案例中的洗钱者则选择了通过电话银行洗钱；通过第三方支付平台洗钱的案例占 4. 4%。抽样调查没有发现通过预付卡支付洗钱的案例。此外，还有 2. 6% 的案例中使用了其他电子业务洗钱方式（见附图 23）。

4. 外汇业务洗钱风险

外汇业务是洗钱犯罪活动传统利用的洗钱方式之一，通过外汇业务，洗钱者可以将非法资金转换币种，从而达到洗钱目的。在对洗钱案例抽样调查中，课题组获得了 346 个案例的外汇交易信息，以下以此作为样本总数进行分析。

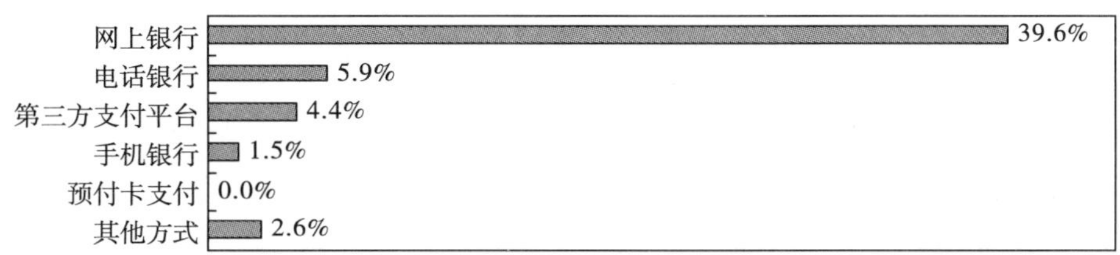

附图 23　电子洗钱方式

外汇洗钱与非外汇洗钱。在 346 个抽样案例中，有 64 个案例存在外汇交易，占样本总数的 18.5%；未发现外汇交易的占样本总数的 81.5%。

外汇洗钱具体方式。通过外汇洗钱的方式多种多样，如通过转账方式转移外汇、携带或走私外汇现钞、直接与外汇指定银行买卖外汇、与外汇“黄牛”买卖外汇、与“地下钱庄”进行跨境汇兑以及其他方式。在 64 个存在外汇洗钱交易的案例中，有 57.8% 的案例中的洗钱者通过与“地下钱庄”进行跨境汇兑的方式洗钱；通过转账方式转移外汇和与外汇“黄牛”买卖外汇方式洗钱的案例均占 25.0%；通过携带或走私外汇现钞洗钱的案例占 4.7%。此外，还有 3.1% 的案例中存在通过外汇兑换店兑换外汇等其他外汇洗钱方式（见附图 24）。

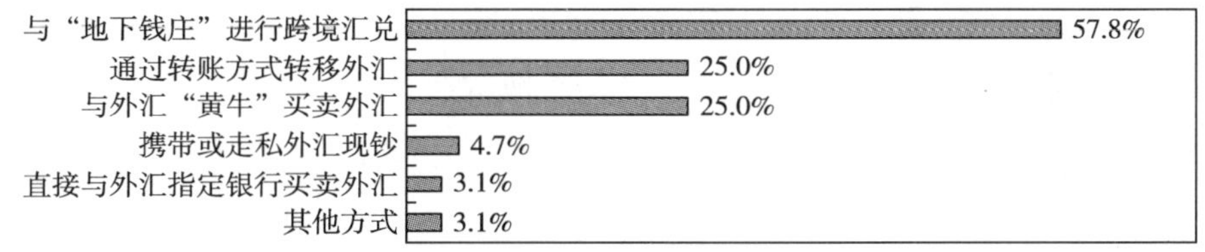

附图 24　外汇洗钱方式

5. 投资理财业务洗钱风险分析

如前面对犯罪资金投资对象的分析，投资已经成为洗钱者最为青睐的洗钱方式，而且往往是金融投资与实物投资（如房地产）并存。在课题组抽样调查的 54 个通过投资洗钱的案例中（作为此项统计的样本总数，因样本数量有限，仅作为辅助定性分析），有 85.2% 的案例存在金融投资洗钱活动，同时也有 74.1% 的案例中存在实物投资洗钱活动。

在通过金融投资理财进行洗钱的案例中，投资于证券类产品的案例数量最多，占样本总数的33.3%；其次是投资于银行理财产品，相应案例数量分别占样本总数的18.5%（见附图25）。投资于黄金投资产品和保险产品的案例分别占13.0%和11.1%。通过投资期货类产品和基金产品洗钱的案例比例不高，分别占5.6%和3.7%。

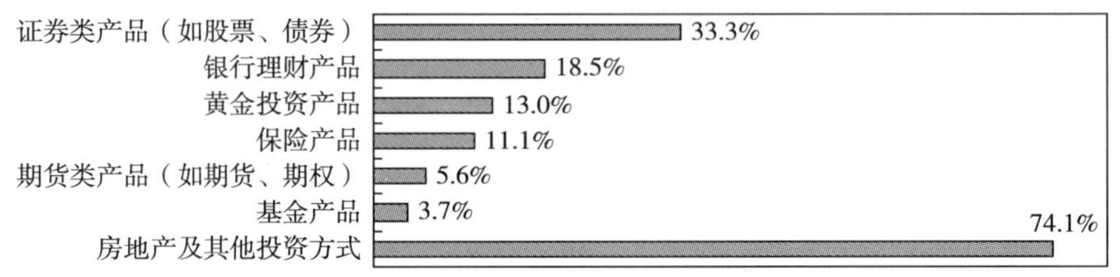

附图25　金融投资理财洗钱方式

6. 小结

综上所述，在金融业务（产品）中，现金业务、跨境业务、电子业务、外汇业务和投资理财业务（产品）的洗钱风险较高，特别是现金业务和电子业务洗钱风险更为突出；在现金业务中，银行柜台存取现和ATM现金业务风险较高；在电子业务中，网上银行业务的洗钱风险最高；第三方支付业务的洗钱风险应予关注；在跨境业务和外汇业务中，主要洗钱风险存在于金融机构外部（如地下钱庄），但与特定周边国家或地区的跨境汇款、汇兑业务洗钱风险仍应关注；在投资理财业务中，证券和银行理财产品洗钱风险较高，黄金和保险产品洗钱风险应予关注。

（五）地区洗钱风险分析

在洗钱案例抽样调查中，课题组分别对洗钱案例的发案地区、影响范围、跨国（境）情况、洗钱人员（单位）所在地等地区性信息进行了采集和分析，从而对中国洗钱风险的地区分布情况进行评估。

1. 洗钱犯罪发案地区

发案地区是指洗钱犯罪活动最初发生的地区，有的洗钱案件可能同时存在多个发案地区。对洗钱案例抽样调查显示，中国洗钱犯罪活动主要发生在广东、浙江、山东、福建、江苏、四川、湖北、云南、广西和内蒙古（取前十位）等地，从这些地区采集得到的洗钱案例数量占到案例样本总数（409）的78.2%；其中发生在广东的洗钱案例样本最大，占到案例样本总数的26.4%。

2. 洗钱犯罪影响范围

实践中，洗钱犯罪涉及的地区往往不限于发案地区，因而会在更广阔的范围内形成洗钱风险。对洗钱案例抽样调查显示，中国洗钱犯罪活动涉及的地区主要分布在广东、浙江、山东、福建、湖北、云南、江苏、上海、广西和四川（取前十位）等地，涉及这些地区的案例数量已经占到案例样本总数（409）的97.8%；其中，涉及广东的洗钱案例最多，占到案例样本总数的31.8%；其次是浙江，占到25.7%。此外，很多洗钱案例表现出明显的跨地域特点，在抽样调查中，跨地区的洗钱案例占到案例样本总数的17.6%；其中，涉及范围达到5个以上省级区域的案例占总数的8.3%。

3. 涉外洗钱犯罪风险

跨境洗钱是洗钱犯罪分子的常用手段，通过跨境洗钱，可以将犯罪收益在境内外之间转移，从而对中国境内特定地区形成风险。对洗钱案例抽样调查显示，涉及境外国家或地区（含港澳台地区，下同）的洗钱案例（80）占到样本总数（409）的19.6%。这些案例主要分布在广东、广西、云南、浙江、山东、上海、江苏、湖南、福建和辽宁（取前十位）等地，其中主要是沿海、沿边地区；此外，也有很多内陆地区的洗钱案件涉及境外国家或地区，如湖北、河南、江西、山西、安徽、北京、四川和重庆等。

同时，这些案例涉及的境外国家或地区主要是中国香港、中国台湾、中国澳门、缅甸和越南，涉及这些国家或地区的洗钱案例占到涉外洗钱案例样本总数（80，下同）的97.5%；其中，涉及中国香港的洗钱案例数量最多，占到涉外洗钱案例样本总数的55%（见附图26），这些案例主要分布在广东、浙江、上海，此外在北京、山东、湖南、河南、安徽等地也有分布，以地下钱庄洗钱为主要类型；其次是涉及缅甸和越南的洗钱案例，分别占涉外洗钱案例样本总数的11.3%和6.3%，这些案例主要分布在云南和广西，以跨境毒品、走私、赌博洗钱犯罪活动为主要类型。

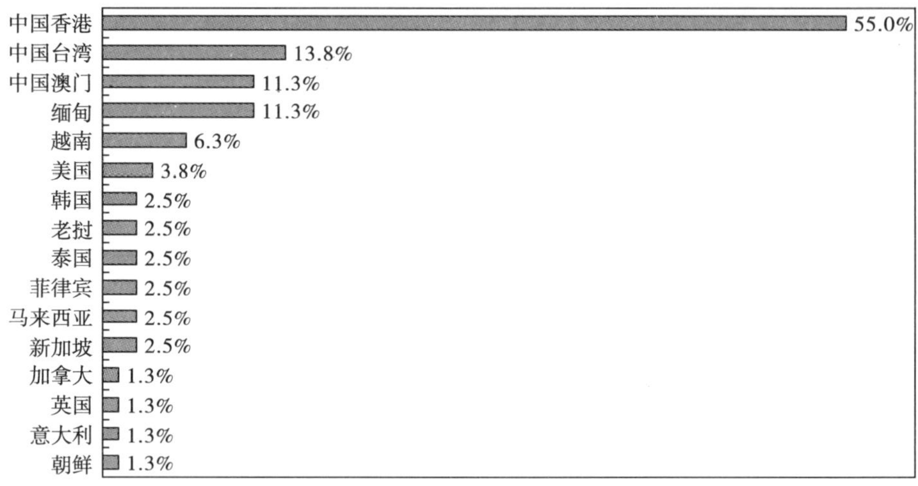

附图 26　涉外洗钱案例涉及的境外国家或地区

4. 洗钱犯罪主体集中地区

洗钱犯罪的第一构成要件就是犯罪主体，实践中表现为从事洗钱犯罪的个人和单位，这些人员和单位对其所在地区形成洗钱风险。在对洗钱案例进行抽样调查过程中，课题组获得了 750 名洗钱犯罪个人和 101 个洗钱犯罪单位的所在地信息（以此作为此项统计样本总数）。分析显示，这些洗钱犯罪个人的居住地主要分布在广东、浙江、山东、福建、江苏、四川、湖北、河北、上海和广西（取前十位）等地，居住在这些地区的洗钱犯罪个人数量占到样本总数（750）的 78.5%；此外，也有洗钱犯罪人员居住在缅甸及中国香港和中国台湾。洗钱犯罪单位的所在地主要分布在广东、浙江、山东、内蒙古、福建、湖北和甘肃等地，在这些地区的洗钱犯罪单位数量占样本总数（101）的 77.2%；此外，也有洗钱犯罪单位注册在泰国、新加坡和中国香港。

5. 小结

综上所述，中国洗钱风险主要集中在沿海经济发达地区，依次为广东、浙江、山东、福建、江苏、上海；某些沿海沿边地区的跨境洗钱风险较高，如广西、云南和辽宁；某些地区也呈现较高的洗钱风险，可能与特定上游犯罪有关，如湖北、四川、湖南、河北和内蒙古（见附表 2）。

附表 2　　洗钱风险地区分布情况

分析角度	风险较高的地区排名									
	1	2	3	4	5	6	7	8	9	10
发案地区	广东	浙江	山东	福建	江苏	四川	湖北	云南	广西	内蒙古
影响范围	广东	浙江	山东	福建	湖北	云南	江苏	上海	广西	四川
涉外洗钱	广东	广西	云南	浙江	山东	上海	江苏	湖南	福建	辽宁
主体地区	广东	浙江	山东	福建	江苏	四川	湖北	河北	上海	广西